FERRET - 1972

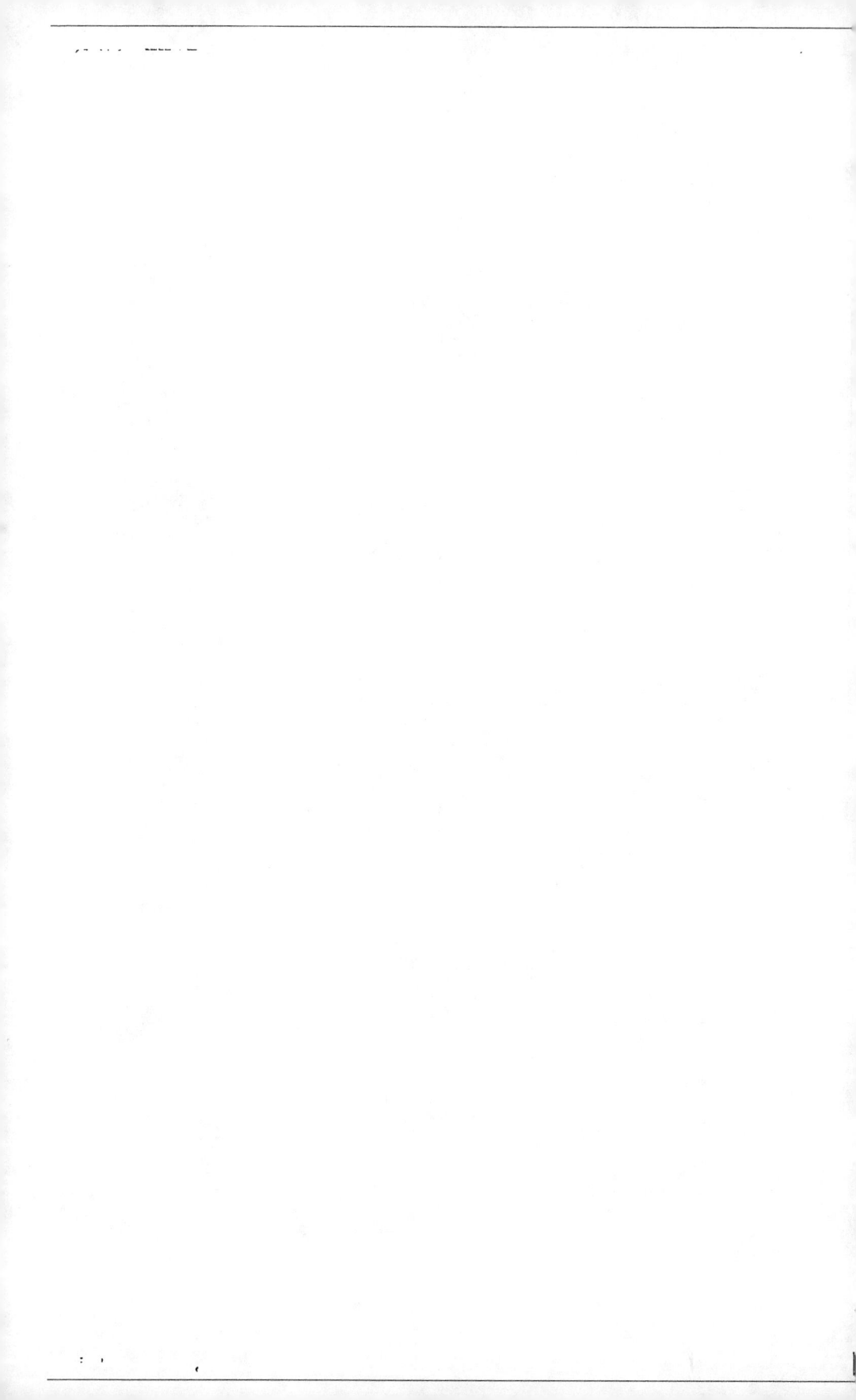

DE L'ALIÉNATION ET DE LA PRESCRIPTION

DES BIENS

DE L'ÉTAT, DES COMMUNES

et des Établissements publics

DANS LE DROIT ANCIEN ET MODERNE

PAR

ANATOLE DES GLAJEUX

DOCTEUR EN DROIT,
SUBSTITUT DU PROCUREUR IMPÉRIAL PRÈS LE TRIBUNAL DE
PREMIÈRE INSTANCE DE DREUX.

—————

Mémoire qui a obtenu la première médaille d'or au concours de doctorat
de 1857 à la Faculté de droit de Paris.

—————

PARIS

AUGUSTE DURAND, LIBRAIRE-ÉDITEUR,

RUE DES GRÈS, 7.

1860

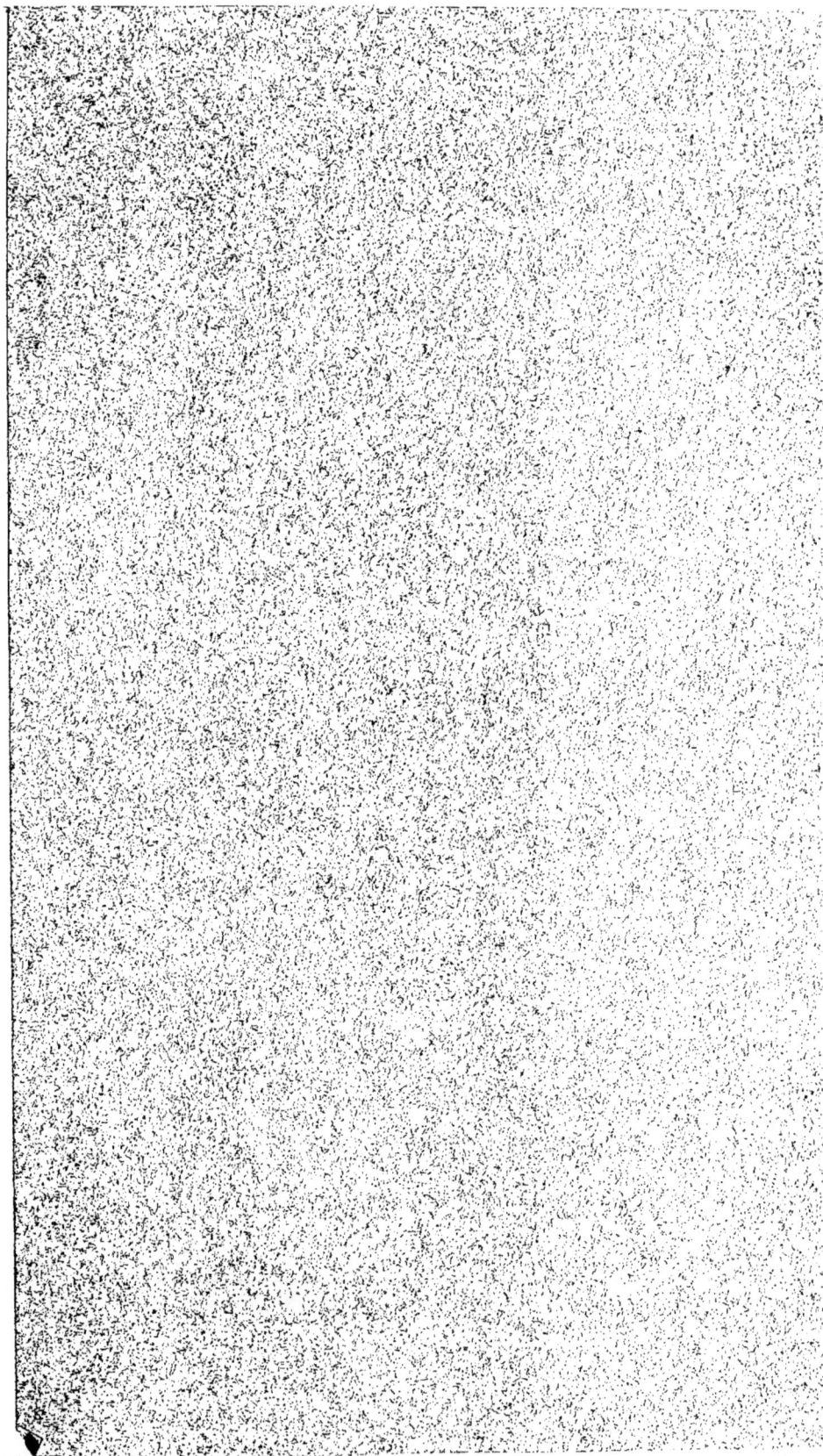

DE L'ALIÉNATION ET DE LA PRESCRIPTION

DES BIENS

DE L'ÉTAT, DES COMMUNES

et des Établissements publics

DANS LE DROIT ANCIEN ET MODERNE.

IMPRIMERIE DE V. REMQUET ET Cie,

rue Garancière, n. 5.

DE L'ALIÉNATION ET DE LA PRESCRIPTION

DES BIENS

DE L'ÉTAT, DES COMMUNES

et des Etablissements publics

DANS LE DROIT ANCIEN ET MODERNE

PAR

ANATOLE DES GLAJEUX

DOCTEUR EN DROIT,
SUBSTITUT DU PROCUREUR IMPÉRIAL PRÈS LE TRIBUNAL DE
PREMIÈRE INSTANCE DE DREUX,

Mémoire qui a obtenu la première médaille d'or au concours de doctorat
de 1857 à la Faculté de droit de Paris.

PARIS

AUGUSTE DURAND, LIBRAIRE-ÉDITEUR,

RUE DES GRÈS, 7.

1859

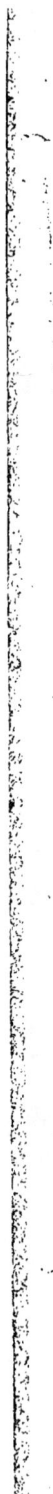

DE L'ALIÉNATION

ET DE

LA PRESCRIPTION DES BIENS

DE L'ÉTAT

DES COMMUNES ET DES ÉTABLISSEMENTS PUBLICS.

—◇◇◇—

INTRODUCTION

L'État, les Communes et les Établissements publics sont soumis à des règles spéciales qui tiennent aux principes les plus élevés du droit public.

Dans le droit privé, la liberté est la loi des conventions. L'homme est naturellement libre de s'engager au gré de sa volonté, sans observer d'autres règles que celles qui résultent des principes éternels de la morale. Mais il en est autrement des êtres collectifs dont la personnalité n'existe qu'en vertu d'une fiction de la loi. Comme toute association suppose une réunion de forces et que toute réunion de forces implique un danger, l'action de ces forces collectives doit être réglementée par la loi.

S'il s'agit surtout de personnes morales qui soient un démembrement de la société, et qui en représentent dans une sphère plus ou moins étendue les intérêts généraux, il est juste que la société prenne un rôle plus actif que celui

1

d'approuver leur constitution : elle doit prendre part à tous les actes qui les intéressent. C'est de ce principe que découle la minorité de l'État, des communes et des établissements publics. Ils ne peuvent agir sans que la société intervienne, directement par des lois ou indirectement par voie de tutelle administrative, pour sanctionner leurs actes. Si la liberté préside aux conventions des individus, celles des personnes morales, au contraire, sont sujettes à des formalités rigoureuses. La nature des êtres changeant, la loi, qui, suivant Montesquieu, est *le rapport des choses*, devait naturellement changer. Le droit privé s'efface en présence du droit public.

Aussi l'art. 537 du code Napoléon, après avoir posé en principe que les particuliers ont la libre disposition des biens qui leur appartiennent, ajoute-t-il : « *Les biens qui n'ap-* « *partiennent pas à des particuliers sont administrés et* « *ne peuvent être aliénés que dans les formes et suivant* « *les règles qui leur sont particulières.* »

Nous ne nous proposons pas d'étudier toutes les matières dans lesquelles l'État, les communes et les établissements publics s'écartent du droit commun. Ce serait embrasser dans son ensemble presque tout le droit administratif. Nous n'envisagerons l'État, les communes et les établissements publics, que dans leurs rapports avec le plus important de tous les droits, la propriété, en examinant les *règles relatives à l'aliénation et à la prescription de leurs biens.*

Comme ces règles naissent des principes mêmes du gouvernement, elles ont un caractère politique et se modifient avec les constitutions. On ne peut s'en rendre compte sans emprunter le secours de l'histoire, et c'est dans les vicissitudes mêmes du pouvoir politique qu'on doit chercher la raison des transformations qu'elles ont subies.

Mais, avant d'entrer dans cette étude, il est nécessaire d'établir comment l'État, les communes et les établissements publics sont propriétaires.

La réunion de toutes les forces et de toutes les volontes particulières, dit Montesquieu, *forme ce qu'on appelle l'É-* TAT POLITIQUE. Il serait curieux de savoir comment s'est formée la notion abstraite de l'État. Lorsque les hommes se furent agglomérés sur différents points du globe, poussés par ce besoin de société qui fait le fond de la nature humaine, les nécessités de la défense les obligèrent à mettre en commun leurs forces, et de cette communauté de forces unie à la communauté d'origine, d'intérêts et de territoire, naquit l'État. « C'est, dit Cicéron, une multitude de gens unis ensemble « par des lois communes auxquelles ils se soumettent vo- « lontairement par une communauté d'intérêts : *Multitudo* « *juris consensu et utilitatis communione sociata*. » L'État est donc un être moral qui résume l'universalité des habitants d'un pays. C'est la personnification la plus élevée de la nation dans les relations du corps social avec chacun de ses membres et des membres avec le corps social. L'État représente la masse par rapport aux individus, l'intérêt public par rapport aux intérêts privés, un être éternel et immuable, par rapport aux individus mortels et passagers.

Né du besoin qu'éprouve toute réunion d'hommes de s'associer pour se défendre, l'État a des droits et des devoirs : ses droits sont d'exiger le concours, ses devoirs sont d'accorder la protection ; et comme toute masse d'hommes est par elle-même inerte, et qu'il n'est pas dans la nature humaine d'exécuter sans contrainte ce qui nous gêne, l'État suppose un pouvoir public investi de l'exercice de ses droits. L'exercice des droits de l'État constitue la souveraineté. Que la souveraineté réside tout entière dans le prince, de sorte qu'il puisse dire ce mot fameux attribué à Louis XIV : « *l'État, c'est moi*, » ou qu'elle réside dans l'assemblée de la nation, ou qu'il y ait contrat entre le prince et le peuple, de telle façon que tout ce qui n'a pas été délégué au prince appartienne à l'État, peu importe : la souveraineté existe

1.

toujours. Le droit de percevoir l'impôt, celui de rendre la justice, le droit de paix et de guerre en sont les attributs indélébiles.

Mais la législation alla plus loin. Après avoir considéré l'État comme une personne morale dans les actes de la vie politique, on le considéra comme une personne civile dans les actes de la vie privée. On traita la nation comme une personne fictive, distincte des particuliers, ayant sa volonté, ses actions et ses droits propres. Un ancien commentateur exprimait cette idée sous une forme saisissante, en disant au sujet des cités : « *Est civitas instar unius hominis qui multos pedes habet, multasque manus, multosque sensus.* »

La qualité de personne civile ne fut reconnue à l'État que longtemps après l'existence des sociétés. En effet, il est dans la nature même de l'association de former un être moral, puisque tous agissent par l'entremise d'un seul : mais la personnalité civile n'existe qu'en vertu d'une fiction de la loi. Il serait trop long de tracer ici l'histoire des personnes juridiques. A Rome, les premières qu'admit la législation furent les municipes et les colonies. La personnalité civile de l'Etat ne fut constituée que beaucoup plus tard et sous le règne de Caracalla : on le désigna sous le nom de *fisc*. Il est facile de remarquer que les législations sont d'autant plus disposées à créer des personnes juridiques qu'elles sont arrivées à un état de civilisation plus avancé.

L'Etat, étant personne civile, a le droit d'agir comme tout propriétaire : il peut vendre, acheter, louer, donner à bail, transiger, recevoir des dons et legs, plaider, etc., etc.

Mais en même temps, comme le patrimoine de l'État est celui des citoyens, comme il y a un intérêt public à ce qu'il soit bien administré, l'État est soumis à des règles rigoureuses et restreint dans l'exercice de ses droits. *Rempublicam, ut pupillam, extra ordinem juvari moris est*, dit la loi 3, C., t. xxvi, liv. xi. La gestion des biens de l'Etat est confiée à une administration spéciale, qui n'est elle-même qu'une branche des grandes administrations publiques du pays. Encore cette administration n'agit pas seule : elle doit être autorisée par les fonctionnaires les plus élevés de l'ordre administratif, qui ont seuls le privilége de représenter l'Etat dans toutes les actions qui peuvent l'intéresser.

Tels sont donc les deux points de vue sous lesquels on peut considérer l'Etat : au point de vue politique, l'Etat est un être moral qui représente l'universalité des membres d'une nation ; au point de vue civil, l'Etat est assimilé à un simple citoyen, dont les droits s'exercent en vertu de lois particulières.

Ces principes posés, si nous avions simplement à examiner les règles qui concernent l'administration des biens de l'Etat, nous nous bornerions à chercher en vertu de quelles lois l'Etat peut agir : mais les règles qui concernent l'aliénation sont complexes ; elles ne peuvent être résolues qu'en distinguant l'impossibilité relative d'aliéner qui naît du défaut de capacité, et l'impossibilité absolue qui résulte de l'inaliénabilité en elle-même.

L'incapacité d'aliéner en effet est attachée à la personne et peut toujours être effacée par une autorisation : l'inaliénabilité, au contraire, est inhérente à la chose et ne peut jamais disparaître. Nous en trouvons un exemple dans le droit civil. La femme mariée sous le régime dotal ne peut aliéner ses biens dotaux pour deux raisons : parce qu'elle est incapable d'agir sans l'autorisation de son mari, et parce que ses biens sont frappés d'inaliénabilité ; mais elle peut être relevée de son incapacité par l'autorisation de son mari, et, à son défaut, par celle de justice, tandis que l'inaliénabilité ne cesse que dans des cas très-rares. Dans l'ancien droit lui-même, où l'inaliénabilité du domaine était l'un des principes fondamentaux de la monarchie, rien n'eût empêché le parlement, qui s'intitulait le tuteur de la royauté, de relever le roi de l'incapacité où il était d'aliéner son domaine, si l'inaliénabilité n'eût tenu qu'à la minorité fictive du monarque.

Nous laissons donc de côté la question d'incapacité. Si l'Etat ne peut faire des actes de simple administration, en dehors des cas et sans l'observation des formalités prescrites par les lois, à plus forte raison ne peut-il aliéner qu'avec les mêmes garanties. Mais la question est de savoir si l'Etat peut, en accomplissant les formes voulues, disposer de ce qui lui appartient, si en un mot ses biens sont inaliénables, et, comme toute aliénation et toute prescription supposent une translation de propriété, la question revient à celle-ci : Est-il essentiel à l'Etat d'être propriétaire à titre perpétuel ? La souveraineté implique-t-elle cette perpétuité ?

Pour résoudre cette question, remontons au principe constitutif de l'Etat. L'Etat est né du besoin de protection. Ses droits découlent de son origine. Pour protéger les citoyens contre les ennemis extérieurs, il a le droit de lever des armées et des flottes. Pour les défendre contre les ennemis intérieurs, il a la police et les rouages d'une vaste administration. Il a la juridiction, et il arme les magistrats du glaive de la justice. Et comme les armées et la police exigent des subventions, il a le droit de lever les impôts. Voilà les droits inhérents à la souveraineté, et qui sont inaliénables comme elle : *Quæ sceptris ita inhærent*, dit Chopin, *ut cum sceptris nata, nec sine iis interitura videantur.*

Mais la souveraineté n'implique nullement la propriété du sol : « *Imperium*, dit Wolf (*Jus naturæ*, I, chap. 3), *non includit dominium feudorum vel rerum quarumque civium.* »

« *L'Empire*, disait M. Portalis (exposé des motifs du titre II du code Napoléon sur la propriété), *ne renferme aucune idée de domaine proprement dit. Il ne donne à l'État, sur les biens des citoyens, que le droit de régler l'usage de ces biens par des lois civiles, le pouvoir de disposer de ces biens pour des objets d'utilité publique, la faculté de lever des impôts sur ces mêmes biens. Ces différents droits réunis forment ce que Grotius, Puffendorf et autres appellent le* DOMAINE ÉMINENT DU SOUVERAIN, *mot dont le vrai sens, développé par les publicistes, ne suppose aucun droit de propriété et n'est relatif qu'à des prérogatives inséparables de la puissance publique.* »

L'idée de souveraineté est donc tout à fait distincte de l'idée de propriété : les assimiler, c'est ériger le socialisme en doctrine, c'est briser la famille et les testaments !

Mais d'un autre côté, si l'État n'a que des droits incorporels sans posséder aucune parcelle de terre, comment répondra-t-il à sa destination ? comment protégera-t-il les citoyens ? les remparts des villes, les rivières, les grands chemins seront-ils à la merci des particuliers qui entraveront les intérêts généraux de la nation, et créeront, comme on l'a vu souvent dans l'histoire, un État dans l'État ?

Il y a donc une distinction à faire : elle résulte pour nous de la définition même de la propriété : « *La propriété*, a dit saint Thomas d'Aquin, *est le droit qu'a un être sur les choses qui se rapportent à lui comme à sa fin.* » Or, n'y a-t-il pas des choses dont les particuliers ne peuvent disposer et qui se rapportent à l'État comme à leur fin, les chemins, les rivières, les remparts, les vaisseaux, les armes ? Ces objets doivent être dans la main de l'État; à vrai dire, il n'en est pas propriétaire, car ils échappent par leur nature même à la propriété, et l'État n'a sur eux qu'un pouvoir d'administration dans l'intérêt de tous les membres de la société ; mais ce droit, quel qu'il soit, découle naturellement de la souveraineté : les choses qui en font l'objet ne sont ni aliénables ni prescriptibles.

Mais quant à celles qui, soit par leur nature, soit par leur destination, ne sont pas affectées à un service public, l'État n'en est pas nécessairement propriétaire. Il les possède au même titre qu'un simple particulier. Doit-il les conserver ou les aliéner? C'est une simple question d'économie politique : on examinera si la conservation de ces propriétés est pour l'État une charge ou un avantage.

Si l'État est propriétaire, il administrera comme incapable, en vertu des lois administratives qui lui défendent d'agir sans autorisation, et, de même qu'il pourra aliéner, de même il sera soumis à la prescription.

Tels sont les principes que révèle l'étude de la législation domaniale concernant l'aliénation des biens de l'État. Ces principes ne se dégagent que progressivement et à mesure que les notions de la souveraineté deviennent plus précises. On considère d'abord la souveraineté comme attachée à la possession du sol ; qui aliène l'un aliène l'autre, et de là les partages néfastes de la monarchie de Charlemagne. Plus tard on distingue la souveraineté de la possession du sol ; les biens de l'État sont aliénés sous les successeurs de Hugues Capet, sous réserve de souveraineté. Enfin, depuis l'édit de Moulins, le principe de l'inaliénabilité frappe à la fois le sol et les droits régaliens qui sont les attributs de la souveraineté. Le principe d'inaliénabilité entre dans les principes constitutifs de la monarchie, parce que les biens de l'État forment le revenu de la couronne et que la couronne ne peut se passer d'un revenu.

« De toutes les différentes sortes de biens du domaine, « dit Domat (*Droit public*, liv. I, t. IV, sect. I), *ceux qui* « *par leur nature sont au souverain et ne peuvent apparte-* « *nir à d'autres personnes, comme les tailles, le droit de* « *battre monnaie et autres, sont naturellement inaliénables.* « *Et ceux qui de leur nature auraient pu appartenir à* « *d'autres personnes, comme les terres de la couronne, ne*

« *sont inaliénables, que parce qu'ils ont passé à la posses-*
» *sion du souverain, et à cause de son privilége et de leur*
« *affectation au bien de l'État.* »

Mais qu'une constitution nouvelle assigne à la royauté
une autre source de revenus, l'inaliénabilité des biens de
l'État disparaît. C'est ce qui arriva en 1789. Les biens de
l'État cessant d'être affectés à la royauté cessèrent d'être inaliénables : l'assemblée constituante le proclama hautement,
et depuis cette époque il n'y eut plus qu'une seule classe de
biens inaliénables et imprescriptibles : ce sont ceux qui composent le domaine public, et qui, par leur nature même ou
par leur destination, sont affectés à la défense et à la conservation de l'État.

Protéger le domaine public, l'environner de toutes garanties, le déclarer inaliénable et imprescriptible,

Et en même temps assimiler les biens de l'État aux autres
propriétés, en supprimant et les priviléges et les tribunaux
d'exception : voilà la tendance de toutes les lois qui, depuis 1789, se sont succédé sur cette matière, comme nous
allons l'établir dans le cours de ce travail.

Les mêmes idées président à la législation sur l'aliénation
des biens des communes et des établissements publics. De
même que l'État représente l'universalité des habitants d'un
pays, de même la commune représente l'universalité des
habitants d'une circonscription limitée, et comme l'État, elle
a une personnalité civile : « *Personæ vice fungitur munici-*
pium et colonia, ff. 22, *De Minor.* » Lorsque dans le principe les villes municipales et les communes étaient chargées de pourvoir par elles-mêmes à leur défense, nul doute
que leurs remparts et tout ce qui se rattachait à cet objet
ne fût inaliénable. L'inaliénabilité s'applique encore aujour-
d'hui aux routes vicinales, aux canaux, aux édifices affectés à un service public, qui sont la propriété des communes. Ces différents biens forment le domaine public com-

munal. Mais à l'égard des biens patrimoniaux et communaux, ils n'étaient affectés d'une certaine inaliénabilité dans
l'ancien droit qu'en vertu de la convention qui en faisait la
dotation de la commune, à l'imitation du domaine qui formait la dotation de la couronne. Les communes ayant aujourd'hui des ressources d'un autre genre, l'inaliénabilité de
leurs biens n'aurait plus de raison d'être et pourrait mal servir leurs intérêts; tout au plus pourrait-on la maintenir
pour les biens communaux, en les considérant comme grevés d'une servitude perpétuelle au profit des habitants
pauvres.

Ce que nous disons des communes s'applique aux établissements publics. L'établissement public en lui-même, tel que
l'hospice, est inaliénable comme affecté à un service public,
mais les biens de l'établissement seront sujets à l'aliénation,
et, par voie de conséquence, à la prescription.

Nous exposerons en quelques mots la législation du domaine chez les Romains.

Entrant ensuite dans l'examen de notre droit domanial, nous diviserons en quatre périodes l'histoire de la législation :

PREMIÈRE PÉRIODE.

Aliénation du domaine et de la souveraineté depuis le commencement de la monarchie jusqu'à Hugues Capet.

DEUXIÈME PÉRIODE.

Aliénation du domaine sous réserve de souveraineté, depuis Hugues
Capet jusqu'à l'édit de Moulins de 1566.

TROISIÈME PÉRIODE.

Inaliénabilité du domaine et de la souveraineté depuis l'édit de
Moulins jusqu'à l'assemblée constituante.

QUATRIÈME PÉRIODE.

Aliénation du domaine de l'État, inaliénabilité du domaine public.

Cette quatrième période embrasse toute la législation moderne.

Nous étudierons les principes posés par l'assemblée constituante à deux points de vue :

1° Quant aux anciens domaines *engagés* et *échangés*, aux apanages et au domaine de la couronne ;

2° Quant à l'aliénation des biens de l'État.

Passant de là aux communes, nous chercherons quelle était la cause de l'inaliénabilité de leurs biens avant 1789 ; nous examinerons ensuite les modifications qu'elles ont subies durant la révolution, et la législation qui leur est applicable aujourd'hui.

Nous ferons le même travail sur les établissements publics, en nous efforçant de mettre en lumière les principes qui leur sont propres.

Nous terminerons en déduisant de l'exposé de la législation que nous aurons présenté, les règles fondamentales auxquelles sont soumises, dans le droit actuel, l'aliénation et la prescription des biens de l'État, des communes et des établissements publics.

DE L'ALIÉNATION

ET DE LA PRESCRIPTION DES BIENS DE L'ÉTAT

De la législation domaniale chez les Romains.

Nous insisterons peu sur les lois qui régissaient à Rome l'aliénation et la prescription des biens de l'État.

Le droit romain répand de vives lumières sur toutes les parties du droit privé qui ne touchent pas à l'organisation politique de la nation. Mais il n'a aucune autorité dans les matières où la loi est l'expression d'un système politique. Or, les lois sur le domaine sont des lois politiques. Le domaine est la propriété de la nation. L'exercice du droit de propriété se modifie, suivant que le propriétaire est majeur ou mineur. De même la nation aura plus ou moins de droits sur son domaine, suivant qu'elle sera en république ou en monarchie, sous un pouvoir absolu ou sous un régime constitutionnel. Avec une forme de gouvernement et un esprit national qui différaient essentiellement des nôtres, le droit domanial des Romains ne peut être qu'un objet d'érudition et de recherches.

Néanmoins il y a des principes qui sont communs à toutes les législations. Ce sont ces principes que nous rechercherons dans les lois romaines.

Un point incontestable, c'est qu'il existait à Rome un domaine public, distinct des propriétés des particuliers. Aristote (*Polit.*, 1. vii, 8) avait posé le principe de cette distinction qu'on a méconnu dans ces temps derniers en soutenant qu'il n'y avait pas dans une nation d'autre propriétaire que l'État : ἀναγκαῖον τοίνυν εἰς δύο μέρη διῃρῆσθαι τὴν χώραν, καὶ τὴν μὲν εἶναι κοινὴν, τὴν δὲ τῶν ἰδιωτῶν. Denys d'Halicarnasse affirme que dès l'origine de Rome, sous Romulus, lors du premier partage effectué du domaine lors existant, il y eut un fonds de réserve exclu positivement de l'appropriation privée. Romulus partagea le sol en trois portions égales, et assigna une de ces portions à chacune des trois curies. Mais il réserva des terres qu'il donna aux prêtres, et d'autres qu'il mit en commun, τινα εἰς ἱερὰ καὶ τινα τῷ κοινῷ γῆν καταλιπών.

Ce fut l'origine des choses sacrées et des choses publiques.

Le domaine de l'État s'accrut par suite du génie guerrier et conquérant des Romains. Les terres conquises devenaient propriété de l'État. Les Romains ne suivirent jamais un système uniforme dans leurs conquêtes. Dans les premiers temps de la République, lorsqu'ils avaient besoin de s'agrandir ou qu'ils trouvaient devant eux des rivaux dangereux, ils massacraient les populations ou les emmenaient en esclavage et s'emparaient de toutes les terres. Plus tard on transigea avec les vaincus. Des triumvirs, ou quinquévirs, ou décemvirs, envoyés par la république, étaient chargés de déterminer les terres que la république s'adjugerait par voie de conquête, et celles qu'elle laisserait aux habitants.

Indépendamment des conquêtes, le domaine s'augmentait encore par les legs que certains rois faisaient plus ou moins librement au peuple romain, et par le procédé mis en usage par le sénat pour terminer les différends dont il était arbitre: la confiscation des biens des deux parties. A l'égard des legs, la jurisprudence romaine, qui ne voulait pas que l'on pût instituer héritiers ou légataires des personnes incertaines, était si bien reconnue, que l'on jugea nécessaire d'interposer l'autorité du sénat pour accepter l'institution que le roi Attale avait faite du peuple romain pour son héritier.

Le droit civil attribuait peu de choses à l'État. Les successions vacantes furent longtemps considérées comme *res nullius*. Ce ne fut que sous l'empire que les droits du fisc sur les biens vacants furent proclamés; mais la république s'emparait des biens des condamnés, *bona damnatorum*.

Non-seulement ces biens n'étaient pas inaliénables, mais la république ne les exploitait même pas ; dès l'origine elle avait adopté l'usage de les mettre en adjudication, d'abord devant les consuls, plus tard devant les censeurs.

« Les Romains, dit Plutarque dans la vie des Gracques,
« avaient coutume de vendre une partie des terres qu'ils
« avaient conquises sur les peuples voisins, d'annexer les
« autres au domaine, et de les donner à ferme. »

« Les Romains, dit Appien (*Guerres civiles*, t. VII,
« p. 13), à mesure qu'ils soumettaient les différents peuples
« qui habitaient l'Italie, leur enlevaient une partie de leur
« territoire. Sur ce territoire, ils fondaient des villes, ou bien
« ils envoyaient des colons romains dans les villes déjà exis-
« tantes. Ces colonies leur servaient de défense. De ce do-
« maine, fruit de la conquête, la partie cultivée était toujours
« adjugée aux nouveaux colons, soit à titre gratuit, soit par
« vente, soit par bail à redevance. Quant à la partie inculte,
« qui était presque toujours la plus considérable, on n'avait
« pas coutume de la mettre en distribution, mais on en
« abandonnait la jouissance à qui voulait la défricher et la
« cultiver, en réservant au domaine la dixième partie des
« moissons et la huitième partie des fruits perçus. » (De là vient le surnom de *decumani* qu'on donnait souvent aux locataires de ces terres.)

Ainsi, dans le domaine public, on distinguait deux sortes de propriétés : 1° les terres cultivées; 2° les terrains incultes.

Les terres cultivées étaient données aux colons, ou vendues aux enchères, *sub hasta*. Les acquéreurs en devenaient propriétaires.

Quant aux terrains incultes, ils étaient mis aux enchères à bail, pour un temps plus ou moins long, suivant la nature du terrain, et pour un prix plus ou moins élevé qu'on appelait *vectigal*. Cette opération portait le nom de *censoriæ venditiones*, parce qu'elle était faite par les censeurs. « *Venditiones olim dicebantur censoriæ locationes*, dit Festus au mot Venditio, *quod velut fructus publicorum locorum venibant.* »

Les concessionnaires de terres publiques n'en étaient que détenteurs. Cicéron dit, en parlant de quelques villes de la Sicile dont le territoire avait été déclaré domaine public, que ce domaine est affermé par les censeurs, *is ager a censoribus locari solet*. Il est même probable, comme l'ont pensé la plupart des commentateurs, que la distinction si nettement formulée dans le droit romain entre la possession et la propriété, *dominium* et *possessio*, naissait de la différence des droits entre les acquéreurs ordinaires et les détenteurs des fonds de l'État. Ceux-ci étaient protégés par le préteur dans leurs rapports avec les tiers : ils pouvaient transmettre *pro donato, pro empto, pro dote*, sans l'emploi des formules juridiques qui transféraient la propriété. Mais à l'égard de l'État, ils étaient dans une situation précaire. L'État pouvait toujours révoquer les concessions. La prescription ne lui était pas opposable, car elle eût été contredite par le titre de la possession.

Tels étaient les principes. Mais, en fait, les concessionnaires de l'*ager publicus* tendirent toujours à convertir leur possession en propriété, en se dispensant de payer le *vectigal*. Ils y réussirent, soit parce que leurs baux étaient faits pour un temps très-long, soit parce que les concessionnaires qui étaient des patriciens, et plus tard des compagnies de

chevaliers, endormaient facilement le sénat sur leurs usurpations.

Elles furent au contraire exploitées par les tribuns, comme
un sujet d'attaque contre l'aristocratie. De là les lois agraires.
Les lois agraires n'eurent jamais pour but de demander un
partage général des terres : « *Toute disposition que faisait*
« *la république de ses terres*, dit Nieburh (1), *était appelée*
« *loi agraire ; il en fut donc de même de celle qui distribua*
• *les terres particulières des rois à la commune, ainsi que*
« *de celles qui fondaient les colonies.* » — Les lois agraires
avaient deux objets : 1° le partage des terres nouvellement
conquises ; 2° la rentrée de la république dans toutes celles
qui, concédées primitivement, avaient été usurpées par les
possesseurs.

Nous ne voulons pas entrer dans le détail des lois agraires
depuis celle de Spurius Cassius jusqu'aux lois agraires de
César. Mais elles ont un caractère que nous devons remarquer, parce que c'est le même que présentent les lois de la
révolution sur les anciens domaines engagés : les lois agraires
aboutissent à une transaction.

Spurius Cassius propose purement et simplement de réintégrer la république dans toutes les terres usurpées.

Licinius Stolon va moins loin : il permet aux détenteurs
de conserver cinq cents arpents de terres publiques ; par conséquent, il confirme les usurpations jusqu'à concurrence de
cinq cents arpents, *quingenta jugera*.

Tiberius Gracchus accorde une indemnité aux possesseurs
évincés, pour leurs améliorations.

Après sa mort, une réaction aristocratique a lieu. Une loi
dont la date nous est inconnue, mais dont l'existence nous est
révélée par Ulpien, fait abandon définitif aux possesseurs de
toutes les terres publiques, à la condition de payer une rede-

(1) *Hist. rom.*, t. III, p. 175.

vance qui serait distribuée aux citoyens. Le droit de propriété de la république est converti en une sorte d'impôt, dont une loi subséquente affranchit les possesseurs.

Ainsi s'effacèrent les principes du droit. C'était la conséquence de la nature même des choses. Quand les commissaires, nommés par les lois agraires pour opérer la réintégration de l'État dans ses terres, se mettaient à l'œuvre, ils trouvaient devant eux des tiers-détenteurs qui n'avaient pas usurpé, dont les contrats étaient en bonne forme et qui avaient même transformé un sol ingrat en terrain fertile. Les uns avaient donné leurs fonds en dot à leurs filles, les autres les avaient hypothéqués à leurs créanciers, d'autres y avaient placé le tombeau de leurs ancêtres. Fallait-il bouleverser ces droits sacrés, dépouiller des tiers qui n'étaient nullement complices de l'usurpation, et cela pour faire rentrer dans le trésor public des fonds qui ne vaudraient pas les sommes payées aux détenteurs comme indemnités de leurs améliorations (1)?

Les lois agraires furent donc stériles. Le temps fut le grand complice des fermiers de l'État pour convertir leur jouissance en une véritable propriété.

Un autre genre d'aliénation des terres de l'État, c'était la fondation des colonies et la distribution des terres aux soldats. La fondation des colonies était faite dans un but militaire. Les colons étaient propriétaires des terres qui leur étaient concédées, au moins en Italie ; dans les provinces, leur propriété était assimilée à celle des autres habitants ; mais ils ne payaient pas de redevance. Quant aux distributions de terres aux soldats, elles ne furent faites que dans les derniers temps de la république. Elles comprirent, non pas les terres publiques dont il ne restait rien, puisque, suivant les *Philip-*

---

(1) Voir sur ces différents points le savant ouvrage de M. Macé, *Lois agraires chez les Romains.*

piques de Cicéron, il n'y avait plus à partager que le champ de Mars, mais les terres des particuliers. On le voit par les *Églogues* de Virgile.

Les lois agraires, les colonies, les distributions de terres aux soldats cessèrent avec l'empire. Le peuple et les soldats ne voulaient plus de terres ; ils voulaient de l'argent, ils voulaient vivre sans travail : ils préféraient aux terres les *donativa*.

En même temps, la monarchie ayant succédé à la république, nous devons rechercher les modifications que le changement de constitution introduisit dans le domaine de l'État.

Les lois du domaine à cette époque ne sont plus à étudier dans les historiens. Nous ne poserons aucun principe qui ne s'appuie sur un texte des jurisconsultes.

La distinction entre le domaine public et le domaine de l'État existait à Rome, sinon dans les noms, au moins dans la pensée des jurisconsultes.

On appelait public *lato sensu* tout ce qui n'appartenait pas à des particuliers, les choses sacrées, les biens des cités, etc., etc. (L. xvii, *D.*, *de Verb. signif.*)

Mais dans un sens moins étendu, *publica* exprimait l'idée des choses dont la propriété était au peuple romain. C'est ainsi qu'on peut concilier les lois 15 et 16 *de Verbor. signific.* avec la loi 17 *ejusd. tit.*

Parmi les choses publiques étaient les fleuves, les places, les champs, les lacs, les étangs, etc., etc. Le caractère général des choses publiques, c'est que, bien que la propriété en fût au peuple, l'usage en était commun à tous. La police était réglée par les interdits.

Mais toutes les choses publiques n'étaient pas abandonnées à l'usage de tous. Les fonds qui étaient affermés moyennant un vectigal, et qui firent l'objet des lois agraires formaient pour le peuple un vrai patrimoine distinct des choses communes. Ils répondaient à ce que nous appelons aujour-

2.

d'hui les *biens de l'État*. Nous saisissons cette distinction dans la loi xi, *de Acquir. rer. domin.* : *Littora publica non ita sunt ut ea quæ in patrimonio sunt populi, sed ut ea quæ primum a natura prodita sunt et in nullius adhuc dominium pervenerunt...* Elle ressort encore plus explicitement de la loi ii, § 14, *Ne quid in loco publico fiat...* : *Hoc interdictum ad ea loca quæ sunt in fisci patrimonio non puto pertinere... res enim fiscales quasi propriæ et privatæ principis sunt.*

Quel fut sous l'empire le sort des biens et des revenus patrimoniaux du peuple? Depuis Auguste, ils furent partagés entre l'*ærarium*, trésor du peuple, et le *fisc*, trésor du prince.

Sous les successeurs d'Auguste, l'*ærarium* fut absorbé par le *fisc*. A quel moment ce changement eut-il lieu? Il est difficile de le préciser. Tibère ayant supprimé tout ce qui rappelait les libertés de Rome, on lui attribue généralement la suppression de l'*ærarium*. Néanmoins, Heineccius affirme que la distinction entre le *fisc* et l'*ærarium* se maintint jusqu'à Sévère.

A mesure que s'effaça la distinction entre le domaine du peuple et celui du prince, une autre distinction prit naissance : ce fut celle des biens privés du prince et des biens de l'État.

Jamais les biens privés du prince ne furent confondus avec ceux de l'État, lors de son avénement au trône, quoique la plupart eussent acquis par leurs conquêtes des propriétés considérables. Marc-Aurèle donna en dot à sa fille son domaine privé, et vivait sur ses propres fonds.

L'administration des biens privés ne fut régulièrement constituée que sous Sévère. C'est sans doute pour cela qu'Heineccius fixe au règne de ce prince la disparition de l'*ærarium*. Sévère confia l'administration des biens privés à un comte du palais qu'on appela d'abord *procurator rei privatæ*, puis sous le bas-empire *comes rerum privatarum*. Jusque-là elle avait été abandonnée aux affranchis du prince, quelquefois à des chevaliers qui n'avaient aucun caractère officiel.

La distinction entre le fisc et les biens privés du prince résulte de la loi xxxix, § 8, 9 et 10, *de Leg.*, liv. i, *Dig*. Cette loi forme l'hypothèse de deux sortes de legs différents : le premier legs est celui des jardins de Salluste, qui sont à Auguste, et du fonds Albain consacré aux usages du prince : voilà les biens de l'État. Le second legs a pour objet les fonds qui, ayant été incorporés dans le patrimoine du prince, sont placés sous l'administration du procureur de ce patrimoine : voilà les fonds patrimoniaux, *patrimoniales fundi*, appelés dans d'autres textes *fundi rei privatæ*, ou *Cæsaris ratio*.

Nous allons examiner successivement les règles de l'aliénation et de la prescription : 1° quant aux biens du fisc; 2° quant aux biens privés.

Sous la république, le domaine de l'État s'accroissait surtout par les conquêtes. Sous l'empire, les conquêtes étaient trop éloignées pour qu'on pût tirer profit du sol. Le fisc s'accroissait par les moyens du droit civil.

Le fisc avait droit :

1° Aux dispositions faites en faveur des incapables. On sait combien les incapacités avaient été étendues sous Auguste par les lois caducaires qui ne furent abolies que sous Constantin ;

2° Aux successions dont les héritiers étaient déclarés indignes ;

3° Aux successions laissées au prince, soit par testament, soit même par codicille. Théodose ne voulait pas que le prince pût recevoir en vertu d'un codicille; mais Justinien admit qu'il pouvait être valablement institué dans cette forme. (L. xxii, 2, *de Jure fisci*.) « Tibère, dit Tacite, liv. ii, *An-« nales*, ne voulut pas la succession de ceux qui l'instituaient

« en haine de leurs proches, parce qu'il ne faut pas rendre le
« fisc odieux. »

4° Au trésor. Le trésor trouvé dans les lieux qui appartiennent au fisc, à César ou aux villes, appartenait pour
moitié au fisc et pour l'autre moitié aux inventeurs. Mais il
faut que l'inventeur se dénonce lui-même : autrement tout
revient au fisc.

5° Aux biens de ceux qui ont été condamnés pour crime
capital et exécutés. Car, si le criminel est mort naturellement, ses biens ne sont pas confisqués, à moins qu'il ne se
soit donné à lui-même la mort pour éviter le supplice ou
qu'il s'agisse de l'un de ces crimes qui ne sont pas éteints
par la mort de l'accusé. (L. ult. *ad. Leg. Jul. Maj.*)

6° Aux biens des déportés. La confiscation est attachée de
droit à la déportation; mais elle ne suit la rélégation qu'autant que la rélégation est perpétuelle. — *Bona fisco citra
pœnam exsilii perpetuam, adjudicari sententia non opor-
tet.* (L. xxxix, pr., *de Jure fisci.*)

7° Aux amendes et aux confiscations de toute sorte.

Voilà quels étaient les revenus du fisc en droit romain.

Ces biens ne furent jamais inaliénables.

Ils étaient vendus aux enchères publiques, *sub hasta*. De
là est venu le mot de subhastation qui désignait les enchères
publiques dans l'ancien droit. *Hastæ subjiciebantur ea quæ
publice venundabant,* dit Festus, *quia signum præcipuum
est hasta.* Le signe de la vente était la lance plantée au milieu du Forum. C'était un vestige des ventes faites à l'en-
can, au milieu des camps, après la conquête. Les formalités
de la vente étaient résumées dans ces mots : *proscriptio,
auctoritas procuratoris, præco, quæstor, addictio.*

Le fisc jouissait d'un privilége remarquable. Après l'adjudication d'un bien du fisc, il était permis à tout le monde de
surenchérir et de se rendre adjudicataire de la chose, à moins
que le premier adjudicataire ne fût prêt à donner au fisc au-

tant que le nouveau. (L. ɪv, C. *de Fide et jure hastæ fisc.*)

Cette faculté de surenchérir n'existait pas dans les ventes faites par les cités. (L. ɪ, *de Vend. reb. civit.*)

Quel était le délai de la surenchère? Aucun texte ne l'a déterminé. Cujas pense que c'était le délai le plus communément fixé par les parties pour l'*in diem addictio.* Or, ce délai était de deux mois. (Arg. L. xxxvɪɪɪ, *de Minor.*)

Un autre privilége du fisc, en matière de vente, c'est que son acheteur était tenu de laisser le locataire en jouissance pendant l'année, quoique cela n'eût pas été convenu. L. xxx, *de Jure fisci.* C'était un droit nouveau introduit par Papinien en faveur du fisc pour le dispenser de payer des indemnités aux locataires expulsés.

La loi xlɪ, *de Jure fisci,* traite d'un privilége spécial au fisc dans les ventes de succession. Quand le fisc avait vendu une succession vacante, les créanciers de la succession n'avaient aucun recours contre lui. Ils devaient agir contre l'acheteur. Dans le droit commun, le contraire avait lieu. Les créanciers de la succession s'adressaient à l'héritier, car quoiqu'il eût vendu, il était toujours héritier. (L. xlɪ, *de Jure fisci.*)

Le fisc avait reçu de Zénon un privilége d'un autre genre en matière de vente. Marc-Aurèle avait permis à celui qui avait acheté du fisc la chose d'autrui, de repousser, après cinq ans de possession, la revendication du propriétaire au moyen d'une exception, à moins que la chose n'appartînt au mineur de vingt-cinq ans. Sous Zénon, la tradition de la chose d'autrui par le fisc transmet à tout acquéreur, même donataire, la propriété libre de toute hypothèque, sauf le recours du propriétaire ou des créanciers hypothécaires contre le trésor public pendant cinq ans.

Cette constitution n'avait pas le même objet que la L. xlɪ, *de Jure fisci,* dont nous parlions tout à l'heure. La constitution de Zénon ne protégeait l'acheteur que contre les revendications de propriété ou d'hypothèques. La Loi xli le défendait de toutes les réclamations possibles, dettes, fidéi-commis, questions d'état, etc., etc.

La vente des biens du fisc était faite par le procureur de César. (L. un. C., *de Vendit. rer. fisc.*)

Il lui était défendu de vendre les choses litigieuses ou les esclaves qui servaient de délateurs au fisc. (L. viii, 30 et 46, § 7, *de Jure fisci.*)

La vente pouvait être rescindée : 1° lorsqu'elle n'avait pas été faite *sub hasta* ou avec l'autorisation du procureur de César (L. i et ii, *de Jure et fide hast. fisc.*) ; 2° quand la chose n'avait pas été vendue à sa juste valeur. (L. iii, C., *de Jure fisci.*)

Mais quand la vente avait été faite dans les formes, elle ne pouvait être attaquée ni sous prétexte d'un rescrit, ni en alléguant que le fisc avait vendu un bien de mineur (L. v, *de Jure et fide hast. fisc.*). Le fisc, de son côté, ne pouvait revenir sur une vente légalement faite. (L. i et ii, *Ne fiscus rem quam vendidit evincat; L. iv, C. de Rescind. vendit.*)

Malgré les ravages de la guerre, le fisc ne laissait pas d'avoir quelques terres. Ces terres, qui formaient l'*ager publicus* sous la république, s'appelaient sous l'empire *agri vectigales*. Nulle partie du *publicus* n'était concédée, même aux pauvres, sans que l'Etat la frappât d'une redevance. Le vectigal avait pour but de distinguer le fonds de l'Etat des propriétés privées.

Ces *agri vectigales* étaient loués tous les cinq ans. Un usage assez singulier, c'est qu'au bout de cinq ans on pou-vait retenir le preneur, le publicain, si on ne trouvait pas à louer au même prix, parce qu'on supposait qu'il avait mis les choses en mauvais état.

Voilà pour ce qui touche l'aliénation des biens de l'Etat en droit romain

En était-il de même du domaine privé?

Le domaine privé portait le nom de *res privata*. On appelait au contraire *fundi patrimoniales* les fonds de l'État qui formaient le patrimoine du prince : c'était, à proprement parler, le domaine de la couronne.

Au temps de Justinien, on entendait par fisc, dans un sens général, l'ensemble de tous les droits qui appartenaient à l'empereur, soit en son nom privé, soit comme chef de l'État.

En effet, au titre des *Fundi patrimoniales*, il est dit que l'empereur peut les donner *salvo jure fisci*, et au titre des *Fundi rei privatæ*, il est question des possessions du prince vendues par le fisc. D'où il suit que le fisc embrassait à la fois le domaine de l'État et le domaine privé.

L'empereur pouvait vendre, donner, louer ou donner à emphytéose les *fundi patrimoniales*. (L. i, § 6, *de Fund. patrim.*) La véritable condition de ces fonds, c'était d'être loués. La loi x dit, en parlant des fonds qui sont loués, qu'ils sont dans leur état normal, *conditione propria constituti sunt*.

L'inaliénabilité frappait cependant une partie des *fundi patrimoniales :* c'étaient ceux d'Orient. Théodorse et Valentinien défendent, l. xiii, de les transporter dans le droit privé : ils prononcent une amende de 50 livres d'or contre celui qui les demanderait et contre l'officier qui accéderait à la demande.

A l'égard du domaine privé, le principe de l'aliénabilité ne fit jamais de doute. C'est même au titre du domaine privé qu'est relatée la constitution de Constantin, d'après laquelle ce qui a été vendu par le fisc ne peut jamais être retiré des mains des acquéreurs. (L. i, *de Fund. rei priv.*) L'aliénation n'était valable qu'en vertu de l'autorisation du prince... *commercium eorum sine jussu principis non est, cum distrahi non soleant.*

Au reste, tous les priviléges du fisc étaient applicables au domaine du prince et de l'impératrice.

Les biens du fisc étaient-ils imprescriptibles?

Durant toute la république, on ne peut douter que l'*ager publicus* ne l'ait été. Autrement, il n'y aurait pas eu de lois agraires.

Les choses affectées à un usage public furent toujours considérées comme imprescriptibles. « *Præscriptio longæ « possessionis ad obtinenda loca juris gentium publica « concedi non solet.* » (L. LXXXV Pap., *de Usurp. et usucap.*) En était-il de même des biens du fisc?

Les textes des Instituts et du Digeste les déclarent imprescriptibles. *Res fisci nostri usucapi non potest.* (Inst. *de Usuc.* —L. XCI D., *de Us. et usurp.*—L. XVII et XXIV, § 1 *ej. tit.*)

Mais l'empereur Anastase, dans une constitution qui forme la loi IV C. *de Præscr. XL annorum*, admet que toutes les actions, même celles qui concernaient le droit public, se prescrivaient par quarante ans. Cette constitution était-elle applicable au fisc?

Nous trouvons dans le Code des textes contraires. Ainsi, tout le titre 28, *Ne rei dominicæ vel templorum vindicatio temporum præscriptione summoveatur*, et la L. II *de Usuc.* supposent les biens du fisc imprescriptibles. Dans un sens opposé, la L. XIV C. *de Fundis patrimonialibus* applique la prescription aux fonds patrimoniaux, soit que le possesseur ait un titre ou non, et la Loi VII C. *de Fundis rei privatæ* admet qu'on peut opposer aux officiers du prince une ancienne possession, *nec temporis sibimet contra nostra commoda præscriptione (excepto vetustatis auxilio) b'andiri.* Cujas s'est prononcé pour la prescriptibilité des biens du fisc, Pothier pour leur imprescriptibilité. L'opinion de Cujas est préférable : on ne peut guère invoquer les textes des Instituts et du Digeste, parce qu'ils se réfèrent à l'usucapion qui a été abolie par Justinien, et en outre parce qu'ils sont antérieurs au Code. Dans le Code qui doit seul nous occuper, la prescription des fonds patrimoniaux n'est pas contestable en présence de la L. xiv *de Fundis patrimonialibus*. Cette loi est d'Anastase : pourquoi Anastase n'eût-il pas appliqué au domaine privé et aux biens du fisc les mêmes règles qu'aux fonds patrimoniaux? Cela est d'autant plus vraisemblable que la loi 7, *de Fundis rei privatæ*, admettait à l'égard du domaine privé lui-même les effets d'une ancienne possession, *excepto vetustatis auxilio*. La constitution d'Anastase est très-générale : on doit induire de ses termes qu'elle s'appliquait au droit public : *Nullum in publicum vel privatum in quacumque causa vel quacumque actione quod prædictorum 40 annorum extinctum est jugi silentio moveatur*. Et ce qui le prouve, c'est qu'Anastase excepta dans la suite les redevances ordinaires et extraordinaires dues au prince comme une reconnaissance de sa souveraineté, qu'il appelle *publicas functiones*. (L. vi, *ejusd. tit.*)

La plupart des domanistes de l'ancien droit admirent la prescription des biens du fisc ; mais ils soutinrent en même temps que cette prescription était la prescription centenaire, en vertu de la constitution xxiv de Justinien, de *sacro-sanctis Ecclesiis*, quoique Justinien, dans cette constitution, n'eût parlé que des biens de l'Église.

On voit, par cet exposé, que la législation domaniale, à Rome, était toute de faveur. En effet, les priviléges qui appartenaient au fisc, en matière d'aliénation et de prescription, n'étaient pas isolés : ils se rattachaient à un ensemble de priviléges. Ainsi le fisc avait une hypothèque tacite sur les biens de ses débiteurs, *jus taciti pignoris*. Il avait trois ans pour faire rétracter les sentences qui lui étaient contraires. Il avait le *privilegium editionis*, c'est-à-dire qu'en matière fiscale, la preuve incombait toujours à l'adversaire du fisc.

Le caractère de la législation domaniale, à Rome, était donc d'être spéciale et privilégiée.

PREMIÈRE PÉRIODE.

Aliénabilité de la souveraineté et du domaine depuis la fondation de la monarchie jusqu'à Hugues Capet.

Le domaine de la royauté date de la conquête de Clovis, comme la royauté elle-même.

Les anciens domanistes prétendaient qu'antérieurement à la conquête des Gaules, par Clovis, il y avait eu dans l'histoire du domaine une époque primitive, pendant laquelle toutes les propriétés privées étaient dans la main de l'État : l'État était propriétaire général de tout le sol de la Gaule. Cette doctrine reposait sur deux textes de César (*Bello gallico*, VI, 22 ; *De Suevis*, IV, § 1), et sur plusieurs passages de la *Germanie* de Tacite, XIV et XXVI... *Agri, pro numero cultorum, ab universis vicis occupantur : arva per annos mutant...* Elle a été réfutée par M. Pardessus, dans sa dissertation 8e sur la *Propriété foncière chez les Francs*, où il établit que la loi salique protégeait les habitations et les champs particuliers ; qu'elle établissait même un système de succession, dispositions inconciliables avec l'état précaire et presque de communauté générale que suppose le texte de Tacite.

Après la bataille de Soissons, Clovis se trouva maître du pays vaincu. Y eut-il une dépossession générale de tous les Romains et une distribution de terres ? Il est permis d'en douter. Un fait aussi remarquable aurait été constaté par la loi salique, comme il le fut chez les Bourguignons et les Visi-

goths par les codes de ces peuples. Il aurait été remarqué
par les historiens, et nous en cherchons vainement les traces.
Il est plus vraisemblable que les vainqueurs, peu nombreux
d'ailleurs et moins avides de terres que de dépouilles, se con-
tentèrent de confisquer les bénéfices des magistrats, des
chefs, des soldats romains, les biens des familles détruites
par le fait de la guerre ou qui s'étaient expatriées, tout ce
qui composait le domaine impérial, peut-être même une partie des biens des cités.

Soit que l'ensemble de ces propriétés ait été divisé en lots,
et tiré au sort, soit que plutôt, comme font présumer les habi-
tudes des Germains, chaque chef ait été s'établir, avec ses
compagnons d'armes dans un arrondissement territorial, de
manière à ce que les relations militaires fussent cimentées
par les relations du voisinage, il est incontestable que le chef
de ces bandes guerrières, Clovis, eut la part la plus forte
dans le butin.

Cette part s'appela le fisc, *fiscus, bona fiscalia*. Ce fut
l'origine et la source du domaine de la couronne.

Outre ces immeubles, le fisc eut encore l'administration
des diverses portions du territoire que leur destination à des
services publics avait fait exclure du partage, et qui étaient
publiques en droit romain : tels étaient les places, les routes,
les fleuves, les rivages de la mer, etc., etc., sur lesquels le
fisc percevait une multitude de droits que du Cange fait connaître aux mots *anchoragium, foraticum, nautaticum, ri-
paticum, teloneum, viaticum,* etc., etc.

Faut-il mettre au nombre des droits du fisc la contribution foncière? L'abbé Dubos, dont le système historique
consiste à représenter l'entrée des Francs en Gaule comme
un acte d'amitié et non comme un acte de conquête, a soutenu que Clovis avait pris sans aucune modification la place
des empereurs romains et qu'il avait maintenu le système
d'imposition de l'empire. Mademoiselle de Lézardière affirme

au contraire que le *fisc n'eut jamais le droit de lever des tributs sur les terres des églises et des particuliers* (1). Entre ces deux opinions extrêmes se place celle d'Adrien Valois, *Notitia Galliarum*, reproduite par M. Pardessus, dissertation huitième, et par Savigny, *Mémoires sur les impositions romaines*. Elle se résume dans le titre même de la dissertation d'Adrien Valois, *Franci immunes, Galli tributarii.* Au moment de la conquête, les Francs furent affranchis de l'impôt pour les propriétés que le partage leur attribua, parce que ces propriétés représentaient celles qu'ils avaient dans leur ancienne patrie, où les cadastres et les contributions foncières de l'empire romain étaient inconnus, et, en outre, parce que c'était la solde du service militaire auquel ils étaient assujettis. Mais les Gallo-Romains restèrent soumis à l'impôt. Le doute s'élève à l'égard des terres des Gallo-Romains qui furent achetées par les Francs. Il est probable que les nouveaux acquéreurs, qui n'étaient pas habitués à payer l'impôt, ne voulurent pas s'y soumettre, et qu'à une époque de troubles, la raison du plus fort resta la meilleure. Mais le principe des contributions foncières n'existait pas moins.

Ajoutez à cela les confiscations, dont le principe est consacré par la loi salique elle-même et que nous voyons appliquées aux déserteurs par un capitulaire de Charlemagne de l'an 801, les droits de deshérence que le fisc royal percevait comme héritier du fisc romain : tels étaient les droits qui composaient, avec les terres, fruit du partage, le domaine primitif de la monarchie.

On saisit déjà la double distinction entre le domaine corporel et incorporel, entre les droits régaliens qui sont l'attribut de la souveraineté et les droits inhérents à la propriété.

_____

(1) *Théorie des lois politiques de la France*, t. VIII, 1ʳᵉ part., p. 30 et suiv.

Mais quelle conséquence peut-on tirer de cette distinction au milieu de la confusion générale de cette époque ?

L'inaliénabilité du domaine eût été une dérision, puisque la souveraineté elle-même était à la fin de chaque règne démembrée entre les enfants du roi mort.

Les dots des filles de France enlevaient à la monarchie ses plus belles provinces pour les transporter à des princes étrangers. Charles le Chauve donna en dot à sa fille Judith le comté de Flandre, lorsqu'il ratifia le mariage de cette princesse avec Baudoin qui était *forestier* ou gouverneur de cette province. Gisèle, fille de Charles le Simple, reçut en dot la Normandie, lorsqu'elle épousa Raoul, qui prit le titre de duc de cette province, et aux descendants duquel la Normandie resta, quoiqu'il n'ait pas eu d'enfants de Gisèle.

La perception des impôts fit l'objet de nombreuses concessions de la part des rois, surtout depuis qu'ils n'avaient plus de domaines à distribuer. Dans un diplôme de 562, Chilpéric donne à l'église de Tournay le *teloneum* qui appartient au fisc sur l'Escaut. Une charte de Dagobert Iᵉʳ, de 629, fait une concession du même genre au monastère de Saint-Denys.

La justice elle-même était séparée de la souveraineté. Ce n'était pas qu'il y eût absence de tribunaux royaux. Le *placitum palatii* jugeait l'ingénu *francus*, accusé d'un crime emportant la peine capitale. Il connaissait des plaintes en déni de justice ou en violation de la loi, et de toutes les causes qui intéressaient les antrustions, personnes appelées par leurs fonctions à entourer le roi. Au-dessous du placitum palatii, il y avait les *grafs* ou *comtes* qui étaient assistés dans leurs jugements par les hommes libres de la cité, les *rachimburgi ;* ceux-ci plus tard, au temps de Charlemagne, furent remplacés par les échevins, et enfin au dernier échelon de la hiérarchie judiciaire étaient les *vicomtes* et les *centeniers.*

Mais dès la première race, l'Eglise avait obtenu des chartres d'immunité qui affranchissaient ses domaines de la juridiction commune. Ces immunités dans le principe avaient été spéciales aux terres concédées à l'Église par le roi ; on les étendit ensuite aux domaines acquis d'une autre source et même à ceux que l'Église acquerrait dans l'avenir. Les laïques obtinrent les mêmes immunités que l'Église. Une chartre de Chilpéric de 717 contient la déclaration que toute concession d'un bien du fisc emporte de plein droit celle de l'immunité : *Cum omnis fiscus concessus, hoc jus immunitatis habeat concessum ac indultum.*

D'où venait cette étrange confusion entre la juridiction et la possession du sol ? Montesquieu l'explique par les lois germaines : « Ceux qui obtinrent des fiefs, dit-il, eurent à « à cet égard la jouissance la plus étendue ; ils en tirèrent « tous les fruits et tous les émoluments, et comme un des « plus considérables était les produits judiciaires, *freda*, » que l'on recevait par les usages des Francs, il suivait « que celui qui avait le fief avait aussi la justice qui ne « s'exerçait que par des compositions aux parents et des « profits au seigneur ; elle n'était autre chose que le droit « de faire payer les compositions de la loi, et celui d'exiger « les amendes de la loi. » Charlemagne établit dans chaque domaine fiscal un *judex*, comme l'atteste le capitulaire *de Villis*. Ces domaines furent donnés par ses faibles successeurs soit à des leudes, soit aux églises. Les bénéficiers désirèrent conserver les droits de juridiction, et, par conséquent nommer le judex. On leur accorda ce privilége et peu à peu toutes les terres furent soumises à des juridictions privées.

Les terres elles-mêmes étaient sorties du domaine de la couronne par les concessions que les rois en avaient faites, soit aux églises, soit aux antrustions.

Cee concessions étaient-elles révocables ? Les dons faits

aux églises étaient de véritables aliénations. La raison s'en trouve dans le texte même des diplômes. Elles étaient faites, suivant le style du temps, au saint sous l'invocation duquel l'église était placée ou bien au titulaire de l'établissement, tant pour lui que pour ses successeurs. L'intention, la volonté de perpétuité, n'étaient pas équivoques. Il n'y avait aucune raison pour invoquer une précarité arbitraire. Il est bien vrai qu'à la mort d'un titulaire ecclésiastique, véritable usufruitier quant à l'église propriétaire, le fisc prenait l'administration des biens dont le titulaire avait joui; mais ce n'était point à titre de retour, qui eût exigé une donation nouvelle, c'était comme une mesure de conservation intérimaire, et ce qui le prouve, c'est que cette mesure fut étendue aux autres propriétés des établissements religieux dont le roi n'était pas donateur (1).

Charles Martel distribua une partie considérable des bénéfices eccclésiastiques à ses hommes de guerre. Mais il n'invoqua d'autre droit que la force. Encore pour colorer cette violence, il donna les biens dont il s'emparait à titre de précaire et à la charge de quelques redevances envers l'Église. Postérieurement même, Pepin et Charlemagne reconnurent les droits du clergé en transigeant avec lui : cette transaction fut la consécration de la dîme.

A l'égard des antrustions, la nature de la concession était différente. Le chef germain, au témoignage de Tacite, donnait à ses guerriers des chevaux, des armes, des repas splendides. Quand les Francs furent établis en Gaule, on leur donna des terres. Ces terres étaient un gage de fidélité. Ils en étaient déchus s'ils manquaient à leurs engagements. Les terres ainsi concédées par le roi à ses leudes s'appelaient *bénéfices*, par opposition aux terres distribuées lors du partage originaire qui portaient le nom d'*alleux*.

(1) Pardessus, *Dissertations sur la loi salique.*

3

Les bénéfices étaient-ils amovibles? On a soutenu qu'ils avaient traversé trois phases, qu'ils avaient été d'abord ir- révocables, puis viagers et enfin héréditaires. Un fait cer- tain, c'est que la royauté exerça souvent la révocation. Était-ce en vertu d'un droit? Il n'y avait rien d'absolu. La révocabilité du bénéfice dépendait du titre de la concession. Si le bénéfice était attaché à une fonction publique, il était révocable comme la fonction. Si la concession était faite en termes généraux au titulaire et à ses successeurs, elle n'é- tait pas amovible arbitrairement, mais seulement dans le cas où la révocation était prononcée en justice pour félonie.

Les concessions de bénéfices engloutirent en peu de temps le domaine royal reconstitué par l'épée de Charlemagne. « Louis le Débonnaire, raconte Nitard, son historien, avait « donné des biens fiscaux à tous ceux qui en avaient voulu « et par là avait anéanti la république... *Hinc libertates,* « *hinc publica in propriis usibus distribuere suasit et rem-* « *publicam penitus annulavit.* »—«Le fisc se trouva si pauvre, « ajoute Montesquieu, que sous Charles le Chauve on ne « maintenait personne dans les honneurs, on n'accordait la « sûreté à personne que pour de l'argent; quand on pouvait « détruire les Normands, on les laissait échapper pour de « l'argent, et le premier conseil que Hincmar donne à Louis « le Bègue, c'est de demander dans une assemblée de quoi « soutenir les dépenses de sa maison. »

Confusion de la souveraineté avec la propriété, tel est le caractère de cette époque. Donner un héritage à des prin- ces, c'est leur donner une couronne : donner un bénéfice à des leudes, c'est leur conférer la juridiction.

De cette confusion d'idées naquit la féodalité. Les béné- ficiers du prince conférèrent eux-mêmes des bénéfices : ils se firent des vassaux. Les propriétaires d'alleux, exposés aux invasions des Normands et aux violences de leurs voi- sins, se placèrent sous la protection des seigneurs en leur faisant hommage de leurs terres par le bénéfice de reprise, et les hommes indépendants en se recommandant.

La royauté n'avait plus de domaine, plus de justice, plus d'impôts : elle n'existait que par le lien fragile qui rattachait encore les fonctions publiques et les bénéfices au roi, comme à leur source. En **877**, le capitulaire de Quercy, consacrant un état de choses déjà existant, déclara les fonctions héréditaires et les fiefs inamovibles. L'État, qui est, comme nous l'avons dit, la réunion de toutes les forces d'une nation, disparut et son domaine avec lui. La souveraineté fut morcelée comme le territoire.

3.

DEUXIÈME PÉRIODE.

Inaliénabilité de la souveraineté, aliénabilité du domaine, depuis Hugues Capet jusqu'à l'édit de Moulins de 1566.

Durant cette période, la souveraineté devint inaliénable : le domaine de la couronne, aliéné sous les premiers successeurs de Hugues Capet, marcha rapidement vers le principe de l'inaliénabilité.

Comment s'opéra cette révolution ? La féodalité s'était couronnée elle-même dans la personne de Hugues Capet. Il avait été choisi par les possesseurs de bénéfices, afin que chacun, sous son règne, étant précisément dans la même position que lui, demeurât possesseur héréditaire et irrévocable de son fief et de la puissance publique qui y était attachée. Mais l'élu des seigneurs s'effaça devant le roi, et la dynastie capétienne, élevée au trône par la féodalité, mit tous ses efforts à la détruire.

« Hugues Capet, jusque-là seigneur féodal, dit M. Du-
« pin (1), apporta sur le trône les secrets de la féodalité. Il
« savait, par son expérience propre, que ce qui faisait la
« force de celle-ci causait précisément la faiblesse du trône.

« Il ne voulut pas qu'il en fût de lui et des siens comme
« des rois qu'il avait vus tomber.

---

(1) *Traité des apanages*, p. 4.

« Alors commença un autre système : affaiblir la féoda-
« lité, fortifier le trône, et pour cela ne plus le partager. »

Hugues Capet n'agit pas en vertu d'un système, mais il
suivit la voie qui lui était faite par sa position.

Il apportait à la couronne deux choses : 1° le fief de l'Ile-
de-France, qui lui était propre, et qui devint, à partir de
son règne, le domaine royal ; 2° le titre de souverain fieffeux
du royaume, qu'il avait reçu par élection. Deux choses sont
donc à considérer dans ce prince, la suzeraineté de ses propres terres et la souveraineté du royaume. Ce fut la base du
domaine royal pendant toute la monarchie. Nous lisons, en
effet, dans le *Dictionnaire raisonné des domaines*, la définition suivante du domaine, citée par Foucart (1) : « *On com-*
« *prend sous la dénomination de la couronne tout ce qui*
« *appartient au roi, soit comme* SOUVERAIN, *soit comme sei-*
« *gneur des terres dépendantes du domaine...* »

Comme *souverain fieffeux*, Hugues Capet n'aliéna aucun
de ses droits régaliens : au contraire, il s'efforça de ressaisir
ceux qui étaient épars entre les mains des seigneurs.

Mais, comme *seigneur des terres de son domaine*, Hugues
Capet et ses successeurs firent de fréquentes aliénations, jusqu'à ce que des raisons de droit public, que nous examinerons, eussent fait admettre le principe d'inaliénabilité.

Le principe subversif de la souveraineté était celui des
partages. Les partages furent remplacés par les apanages.
L'étymologie d'apanage est *apanare, panis. Apanare,* selon
du Cange, *id est cibum ac panem porrigere.*

On a distingué trois âges dans les apanages.

De Hugues Capet, en 987, à Louis VIII, en 1223, les
apanages passent aux collatéraux ainsi qu'aux filles. « Le
« duché de Bourgogne fut donné à Robert, fils de Robert,
« pour le tenir en pleine propriété, et pour passer à ses hé-

(1) *Droit administratif,* t. II, p. 245.

« ritiers, successeurs et ayants cause. » (Mémoire de Husson à la fin du t. ɪɪ des *OEuvres de Duplessis.*)

De Louis VIII à Philippe le Bel, en 1285, les collatéraux sont exclus de la succession des apanages, mais les filles maintenues dans le droit d'y succéder. En 1268, Louis IX, constituant en apanage à Jean, son quatrième fils, le comté de Valois, à son cinquième fils, les seigneuries de Mortagne et le comté d'Alençon, à Robert, sixième fils, le comté de Clermont, déclare, dans les lettres de concession, que tous ces apanages sont à charge de retour au domaine de la couronne, *à défaut d'hoirs en ligne directe*, ce que signifient énergiquement ces mots : *sine hærede de corpore suo.*

Ce point fut, au reste, reconnu par un arrêt du parlement de Paris, rendu dans le fameux procès du comte d'Artois. Louis VIII avait donné le comté d'Artois à Robert Iᵉʳ, son second fils ; à celui-ci succéda Robert II, fils unique de Robert Iᵉʳ, qui eut deux enfants, Mathilde ou Mahaut, qui lui survécut, et Philippe, mort avant lui, laissant un fils, Robert III. La représentation n'ayant pas lieu en Artois, Robert ne pouvait se dire héritier, par représentation, de son père. Mais il soutint que les filles ne pouvant pas succéder à la couronne, ne pouvaient pas succéder à l'apanage, partie du domaine de la couronne. Il fut débouté par sentence arbitrale de Philippe le Bel, du 13 octobre 1309, et ensuite par arrêt de 1315.

Enfin, depuis Philippe le Bel, les filles elles-mêmes furent exclues de l'apanage. Voici le texte des lettres patentes de ce prince, qui furent retrouvées dans l'un des volumes de la bibliothèque Séguier, déposée en l'abbaye Saint-Germain-des-Prés. Quoiqu'elles ne concernent que le comté de Poitiers, on peut les regarder comme une véritable ordonnance de Philippe le Bel touchant les apanages :

« Philippe, etc., etc., nous regardant qu'il pourroit advenir que le dit Philippe ou aucun de ses hoirs ou succes-

« seurs comtes de Poitiers pourroient mourir sans hoirs
« mâles de leur corps, laquelle chose nous ne voudrions pas
« ni que le comté fût en main de femelle ; sur ce avons or-
« donné, ainsi comme il en suit, c'est à savoir qu'au cas
« que le dit Philippe ou aucuns de ses hoirs comtes de Poi-
« tiers mourroient sans laisser hoirs mâles de son corps,
« nous voulons et ordonnons que le comté de Poitiers re-
« tourne à notre successeur roi de France, et soit rejoint au
« domaine du royaume, et en ce cas voulons le dit notre suc-
« cesseur être tenu et obligé à donner deniers suffisants pour
« marier les filles, si aucune y en avoit... »

Les lettres d'apanage données en 1461 par Louis XI à
Charles de France, son frère, sont encore plus explicites
parce qu'elles sont générales :

« Voulons que s'il advenoit que notre dit frère Charles
« n'eût aucuns enfants mâles et qu'au temps à venir sa li-
« gnée cheût en ligne femelle : en ce cas le dit duché et sei-
« gneurie de Berry reviendroit à nous et à nos successeurs
« rois et au domaine de la couronne de France, *tout pour la*
« *forme et manière que font et doivent faire en semblable*
« *cas les autres terres et seigneuries baillées en apanage*
« *de France.* »

Les apanages subirent une transformation plus radicale
encore. — « *Sapientis Caroli diplomate*, dit Chopin,
liv. II, § 9, *nummaria duntaxat pensio traditur panagii
nomine, pro qua æstimati fundi præstantur.* » Dans le
principe, une province entière constituait un apanage. Ainsi
la Bourgogne fut donnée par Philippe le Bel en apanage à
Philippe le Hardi en 1363. On sentit le danger de créer des
maisons souveraines dont les forces tiendraient en échec la
royauté, et Charles V, dans l'édit du mois d'octobre 1374,
auquel Chopin fait allusion, substitua aux provinces et sei·
gneuries un revenu fixe en fonds de terre.

« Art. 1er. Que comme notre fils Charles doit être roi de

« France après nous et succéder en notre royaume... notre
« fils Louis ait pour tout droit de partage ou apanage à lui
« appartenant en nos terres et seigneuries pour raison de
« notre succession ou autrement, 12,000 livres de terres au
« tournois avec titre de comte, et 40,000 livres en deniers
« pour lui mettre en état. » — Chopin cite un autre
exemple : Charles VI donna en apanage à Charles de Navarre 12,000 livres de rente. — « *Inde enim Navarrus*, dit
« Chopin, *annuæ pensitationis vice nactus est Nemorensem*
« *agrum cum aliorum accessione, ducatus titulo illustratum.* »

Les mêmes modifications s'opèrent dans les dots des filles
de France. Jusqu'à Philippe-Auguste, elles furent constituées en domaines, comme elles l'étaient sous les premières
races. Hugues Capet donna à sa fille Gille la seigneurie
d'Abbeville qu'elle porta en dot à Hugues de Ponthieu. Mar-
guerite, fille de Louis VII le Jeune, reçut de son père le
Vexin normand, lorsqu'elle épousa Henri, fils de Henri II,
roi d'Angleterre, et l'Angleterre conserva cette province,
quoiqu'il ne fût pas né d'enfants de ce mariage, jusqu'à la
conquête qui en fut faite par Philippe-Auguste en 1193.
Philippe-Auguste lui-même, mariant sa sœur Alix avec
Guillaume de Ponthieu, lui donna en dot Villiers, Rue,
Saint-Valery et Saint-Régnier, qui passèrent à Marie de
Ponthieu, sa fille, et après elle dans les maisons de Dam-
martin, de Castille et d'Angleterre.

Mais, à partir de cette époque, l'usage contraire préva-
lut. On peut faire remonter le premier exemple d'une dot
constituée en argent au testament du roi Louis VIII du mois
de juin 1225, par lequel il donna à Isabelle de France, sa
fille, une somme de 20,000 livres.

Saint Louis donna à Blanche de France 10,000 livres en
la mariant avec Ferdinand, prince de Castille; à Margue-
rite, mariée à Jean, duc de Lorraine et de Brabant, 15,000
livres, et à Agnès une somme de 10,000 livres.

On ne trouve depuis qu'un seul exemple d'une terre don-née en dot à une fille de France : c'est celui de la ville de Sommière, donnée par Charles, régent pendant la prison du roi Jean, à Isabelle, sa sœur, en la mariant avec Jean Ga-léas de Milan, au lieu de laquelle ville le roi, à son retour, en la retirant, lui donna le comté de Vertus.

Cette dot ainsi constituée pendant l'absence du roi Jean, peut avoir donné lieu à la disposition qu'il fit à son retour, qu'on ne doterait les filles de France qu'en deniers. Chopin, *de Dom.*, lib. ii, t. iii, § 8, cite cette ordonnance et la date de 1374 : « *Carolus V domestica lege caverat, suis etiam filiabus dotale modo aurum semel erogandum.* »

Cette disposition ne fut pas une ordonnance, puisque Cho-pin l'appelle *domestica lex*. Cependant, depuis ce jour, les dots des filles de France furent constituées en deniers payés actuellement, et lorsque les payements n'avaient pas été faits, on n'accordait aux filles de France que la jouissance de quelques domaines jusqu'au payement, ce qui ne consti-tuait qu'un simple engagement. Ainsi Louis XI, par lettres données à Montargis le 2 juillet 1466, concéda le domaine de Langeais en assignation de dot et pour garantie de 40,000 écus d'or qu'il promettait à Agnès de Savoie, sa belle-sœur. C'est dans ce dernier sens qu'on doit entendre l'ordonnance de 1559, qui permettait d'aliéner le domaine « *pour doter les filles de France.* »

Les douaires des reines changent également de nature. Ils deviennent viagers d'irrévocables qu'ils étaient auparavant, et sont assignés, soit sur des terres domaniales, soit sur d'autres revenus de l'État.

La souveraineté reste donc intacte entre les mains du roi.

Voyons s'il en était de même des terres du domaine de la couronne.

On peut déjà tirer une conséquence des principes que nous avons posés. C'est que, si les apanages étaient transmissibles aux collatéraux et même aux filles jusqu'à Philippe le Bel, si les dots des filles de France consistaient en domaines, même sous le règne de Philippe-Auguste, le domaine de la couronne ne fut pas inaliénable à partir de Hugues Capet, comme plusieurs domanistes, et notamment le procureur général de la Guesle, l'ont soutenu.

Ceci suffirait également pour faire rejeter cette prétendue assemblée tenue à Montpellier en 1272, dans laquelle les princes chrétiens auraient stipulé par eux ou leurs ambassadeurs l'inaliénabilité de leurs domaines. Outre qu'une pareille assertion repose uniquement sur l'autorité suspecte de Fléta, il est absurde de supposer que les princes chrétiens, dans une telle assemblée, eussent traité d'une affaire qui intéressait chaque souverain en particulier, ou qu'ils eussent donné la forme d'une convention à ce qui devait être une loi de chaque État.

En constatant que l'inaliénabilité du domaine ne remonte pas à Hugues Capet, nous constatons que ce principe ne prit pas sa source dans le droit féodal, et que ce n'est pas, comme on l'a soutenu, parce que le seigneur ne pouvait démembrer son fief que le roi ne pouvait démembrer sa couronne. Le principe féodal de non-démembrement du fief s'opposait à ce que le roi aliénât la moindre parcelle du territoire, soit par partage, soit autrement, parce que c'était une atteinte portée à la souveraineté; mais quand le roi aliénait tel ou tel de ses domaines, sa souveraineté n'en souffrait pas, car l'acquéreur restait toujours son vassal.

Le principe d'inaliénabilité a donc une autre cause : on la découvre facilement en examinant les dates des premières ordonnances qui l'ont établi.

La première ordonnance qui prononce la révocation des aliénations du domaine est celle de Philippe le Long, du 18 juillet 1318, art. 15 : « *Et n'est pas notre intention que* « *nous ne dognons point de notre domaine ne de notre hé-*

« *ritage, si ce n'est du cas que nous le dayons faire par*
« *raison.* » Elle fut suivie d'une autre du même roi du 29
juillet 1318, portant révocation de tous les dons du domaine
depuis saint Louis, et d'une troisième aussi du même, du 16
novembre suivant, par laquelle il défend qu'on lui fasse des
demandes de dons à l'héritage, si ce n'est en son grand conseil.

Charles le Bel, dans une ordonnance du 5 avril 1321,
ordonne la révocation de toutes les aliénations du domaine,
comme étant contraires aux lois du royaume : *male alienata.*

On trouve également une ordonnance de Philippe de Valois du 22 octobre 1349 pour la vicomté de Paris.

Charles V donna deux ordonnances pour la réunion des
biens du domaine qui avaient été aliénés : l'une, en 1358,
comme lieutenant général du royaume, l'autre en 1366
comme roi, avec exception néanmoins des choses qui avaient
été données à Dieu et à ses ministres, par une libéralité dé-
vote et pleine de piété. Chopin, *de Dom.*, l. ii, t. iv, § 17.

Le *Dictionnaire des arrêts* de Brillon, v° *Domaine*, n° 7,
cite un édit du mois de décembre 1360, portant réunion au
domaine de la couronne de tous les domaines qui avaient été
aliénés, et au n° 26, une déclaration de 1364, portant révocation de toutes les aliénations du domaine, à l'exception
des dons faits aux ducs d'Anjou, de Berry et de Bourgogne.

Charles VI suivit l'exemple de ses prédécesseurs. Il fit
même serment, lors de son sacre en 1380, de ne point aliéner son domaine. « *Ce seroit chose merveilleuse*, disait Ju-
« vénal des Ursins écrivant sous Charles VII, *que les rois*
« *pussent aliéner l'héritage de leur couronne et de le non*
« *aliéner jurent à leur sacre.* » Il paraît que ce prince eut
des vues encore plus étendues pour la conservation de son
domaine, si on en croit le témoignage un peu suspect du
procureur général de la Guesle. Celui-ci rapporte que sous

le règne de Charles VII, il se fit une ordonnance solennelle, en forme de pragmatique, jurée et promise sur les saints Évangiles par le roi, les princes et les grands officiers de la couronne, laquelle prohibait, cassait et annulait les dons du domaine, soit de l'ancien que le roi tenait alors, soit de ce qui pouvait lui échoir et avenir par dons, achat, succession, forfaiture et confiscations.

Brillon, dans son *Dictionnaire des arrêts*, n° 29, cite des extraits des remontrances que les parlements adressèrent aux rois au sujet des aliénations de leurs domaines, et dans l'une de ces remontrances il est dit que la coutume de vendre et donner les terres du domaine à perpétuité et sans faculté de réméré, a duré jusqu'à l'an 1401, auquel *les états généraux étant assemblés à Paris*, Charles VI ordonna sur leurs remontrances que les terres du domaine royal ne pourraient être à l'avenir aliénées à perpétuité, mais aussi quant à l'usufruit et jouissance ; au n° 41, Brillon ajoute que le « 14 février 1401 furent expédiées par Charles VI, lettres de chartes, contenant loi et édit et constitution pragmatique en assemblée et par délibération des princes de son sang, du connétable de France qui lors étoit, de son chancelier, des gens de son grand conseil, des gens de sa cour de parlement et de sa chambre des comptes et des trésoriers de France, par lesquels fut ordonné que de là en avant ne seroient faits aucuns dons à vie, à héritage ou à volonté de quelques terres, seigneuries, possessions, rentes, revenus, justices, ni autre chose appartenant au domaine de la couronne, tant du domaine présent qu'à venir, avec clause expresse de décret, irritant tout ce qui seroit au contraire. Et sur la dite loi, ordonnance et constitution pragmatique jurée par le roi, par les princes du sang, connétable, chancelier, gens de parlement et gens des comptes, fut ordonné qu'elle seroit publiée à son de trompe par tout le royaume, afin que personne ne pût s'en dire ignorant, et fût lue et publiée, vérifiée et enregistrée en la cour du parlement, le **17** avril suivant que l'on comptoit 1402. »

Brillon cite aussi, au n° 26, une déclaration du dernier février 1402, enregistrée le 17 avril 1403, portant règlement pour le domaine de la couronne, avec défense de le vendre, aliéner, ni échanger, soit en propriété, soit en usufruit, et explication des biens qui font partie de ce domaine.

Fontanon, tome IV, p. 1320, en cite une autre qu'il date du mois de mai 1413, par l'article 90 de laquelle Charles VI révoqua tous les dons des domaines ci-devant faits, et ordonna qu'il n'en serait fait aucun, à l'avenir, pour quelque cause et à quelque personne que ce soit, sinon pour apanage, et que si, par inadvertance, importunité ou autrement, il en était fait, il les déclarait nuls et de nulle valeur.

Avant d'aller plus loin, il est impossible de ne pas remarquer un fait : c'est que les premières ordonnances, qui établissent l'inaliénabilité du domaine, coïncident avec les premières réunions des états généraux. En 1316, Philippe le Long réunit les états généraux ; en 1318, il rend une ordonnance sur le domaine. Nouvelles convocations des états généraux sous Charles IV le Bel et Philippe de Valois ; nouvelles ordonnances sur le domaine. Les règnes de Charles V et de Charles VI sont l'époque où les états généraux jouent en France un véritable rôle politique : Charles V, soit comme régent, soit comme roi, déclare à plusieurs reprises les terres de la couronne inaliénables, et Charles VI introduit l'usage que les rois jurent, lors de leur sacre, de ne point aliéner leur domaine. Enfin, ce qui est plus décisif encore, ce sont les lettres patentes du 14 février 1401, rendues sur les remontrances des états généraux. De là ne peut-on pas conclure que ce qui fit admettre le principe d'inaliénabilité dans notre droit, ce furent les doléances des états généraux ? « *Les états généraux*, dit Mézerai, *n'ont guère servi qu'à* « *voter des subsides ;* » mais, en votant des subsides, ils se plaignirent toujours de voir dilapider le domaine qui devait servir à l'entretien de la couronne; et, pour leur donner satisfaction, les rois proclamèrent le principe de l'inaliénabilité domaniale.

A partir de Charles VIII, la législation du domaine entre dans une nouvelle phase. D'un côté, le principe de l'inaliénabilité est proclamé, et les parlements sont disposés à le défendre ; de l'autre, la royauté a besoin d'argent. Pour concilier les lois avec les nécessités de l'État, on admet que le roi pourra aliéner son domaine, mais sous réserve de rachat perpétuel : ce genre d'aliénation s'appela *engagement*. Aussi, depuis Charles VIII jusqu'à l'édit de Moulins de 1566, la législation présente ce contraste continuel d'édits qui prononcent la révocation des aliénations du domaine, et d'édits qui en ordonnent de nouvelles aliénations !

Pasquier, dans ses *Recherches*, livre VI, chapitre 29, nous apprend que l'engagement du domaine était inconnu avant le roi Charles VIII, et que ce prince, après l'extinction de la maison d'Anjou, ayant entrepris la conquête du royaume de Naples sans avoir pourvu à la dépense, se trouvant dénué d'argent dans la ville de Plaisance, y décerna ses lettres du mois d'octobre 1494, pour *engager* son domaine jusqu'à la somme de six vingt mille écus.

D'après Chopin, au contraire, le premier engagement est de l'an 1519, sous le règne de François Ier.

Quelle que soit la date des premiers engagements, nous croyons que, dans le principe, ils furent regardés comme irrévocables, toutes les fois qu'ils avaient été faits pour nécessité de guerre.

Il suffit, en effet, de lire les ordonnances royales qui prononcent révocation des aliénations des domaines, pour voir qu'elles exceptent formellement celles faites pour nécessité de guerre. Ainsi l'édit de François Ier, du 13 décembre 1517, réserve *les terres aliénées pour les frais de la guerre*. Un édit postérieur, du 10 septembre 1543, contient la même exception ; et l'édit de François II, du 18 août 1559, maintient formellement les « *ventes, aliénations et engagements à prix d'argent faits par les rois précédents pour subvenir aux besoins urgents* POUR LE FAIT DES GUERRES ET DÉFENSES DU ROYAUME, *dont les deniers sont entrés dans les finances réaument et de fait, et dont les aliénations se trouveront avoir été faites conformément aux commissions et pouvoirs sur ce expédiés.* » Néanmoins, le parlement considérait la faculté de rachat comme sous-entendue dans le contrat. Il enregistrait les lettres patentes de Charles VIII de 1494, *sans tirer à conséquence*, et dans l'acte d'enregistrement de l'édit de François Iᵉʳ de 1519, il insérait cette clause, rapportée par Chopin : « ... *Proviso quod emptores utantur rebus acquirendis, tanquam boni patresfamilias.* »

Jamais on ne fit plus d'édits pour révoquer les aliénations du domaine, et jamais, par une contradiction qui s'explique par des guerres ruineuses, on n'aliéna davantage. Ainsi nous trouvons, à la date des 13 décembre 1517, 25 février 1519, juillet 1521, 13 avril et 30 juin 1529, etc., etc., des édits et déclarations de François Iᵉʳ, enregistrées au parlement, portant révocation du domaine, et le 1ᵉʳ juin 1522, ce même prince aliénait jusqu'à concurrence de 300,000 livres de rente ; au mois d'août 1543 jusqu'à concurrence de 600,000 livres de rente ; le 14 juin 1437, il aliénait le domaine de la couronne dans la province du Languedoc, puis dans le comté de Poitou, dans les duchés d'Orléans et de Touraine, etc., etc. Le total des aliénations ordonnées dans les déclarations registrées au parlement s'élève à 1,851,508 livres de rente.

Sous Henri II, les aliénations ne furent pas moins fréquentes. L'aliénation des domaines du roi en Bretagne, en Poitou, en Champagne, dans la généralité de Tours, fit l'objet de lettres patentes successives, depuis 1547 jusqu'à 1555. Elles montèrent à 262,000 livres de rente.

Les choses étaient arrivées à un tel point, que l'année même de son avénement, François II publia l'édit du 13 août 1559, dans lequel il révoquait « tous dons, cessions, trans-
« ports, aliénations, constitutions faites par ses prédéces-
« seurs, des membres, portions et revenus du domaine de
« la couronne, pour quelque cause que ce fût, à perpétuité,
« à vie, à temps ou par engagement, vente, récompense ou
« autrement : il ordonnait que, dorénavant, il ne pourrait
« être fait aucune donation ni aliénation, tant des domaines
« qu'il tenait de présent que de celui qui pourrait lui avenir
« ci-après ; si n'était pour la condition de dot ou douaire
« des reines ou filles de France, ou pour l'apanage des
« frères ou enfants du roi... »

Telle est l'ordonnance qui précède immédiatement l'édit de Moulins.

Ainsi, par la substitution des apanages aux partages de la monarchie, par la transformation des dots en domaines en dots pécuniaires, la souveraineté avait cessé d'être morcelée.

Les aliénations du domaine continuent jusqu'à Philippe-Auguste : à partir de ce prince jusqu'à l'édit de Moulins, les seules aliénations qui soient maintenues sont les engagements pour nécessité de guerre : les autres aliénations sont révoquées.

Quant aux droits régaliens, il faut distinguer.

Ils ne sont plus concédés que dans lettres patentes, portant création d'apanages. C'est ainsi que les lettres patentes de 1268 et 1550 permettaient aux ducs d'Alençon d'ériger, sous le nom d'échiquier, un tribunal qui fut longtemps égal en pouvoir et en autorité à l'échiquier du roi, sauf pour les cas royaux. Mais la juridiction resta toujours attachée au fief jusqu'en 1789, sous le nom de justice seigneuriale. Les efforts de la royauté tendaient seulement à en restreindre la compétence.

Nous trouvons néanmoins, comme vestiges des anciennes

concessions de droits régaliens, des lettres patentes du 10 octobre 1556, portant commission pour aliéner le domaine, les *aides* et les *gabelles*, jusqu'à concurrence de 50,000 livres, et un édit du mois de décembre 1553, qui ordonne la vente à faculté de rachat perpétuel des domaines du roi, *aides* et *gabelles*, jusqu'à concurrence de 74,500 livres de revenu annuel, à raison du denier 10 en Normandie, et du denier 12 dans les autres provinces.

Durant tout le cours de cette période, le domaine prit d'immenses accroissements. Ces progrès étaient l'œuvre patiente des légistes qui entouraient Philippe le Bel et qui composaient seuls la cour de justice du roi, depuis que saint Louis avait substitué au duel judiciaire les preuves légales et que l'usage s'était introduit dans les mœurs de juger par les principes du droit romain. Ainsi, les légistes firent rentrer dans le domaine du roi le droit d'aubaine et le droit de bâtardise, dont les seigneurs s'étaient emparés.

Les bâtards et les aubains étaient assujettis aux droits de chevage et for-mariage et réputés incapables de disposer au delà de 5 sols. Comme les successions des serfs appartenaient aux seigneurs, ceux-ci s'emparèrent aussi de celles des aubains et des bâtards. Mais par une première ordonnance du mois de mai 1315, Louis X le Hutin décida que les seigneurs ne pourraient prétendre que les successions des bâtards nés de leurs *femmes de corps de condition serve de leurs seigneuries*. Cette ordonnance fut suivie de lettres patentes de Charles VI de 1386, par lesquelles le roi déclara que les biens des aubains et des bâtards lui appartenaient à lui seul, en quelques justices qu'ils décédassent. Les droits d'aubaine et de bâtardise devinrent ainsi droits royaux.

On retourna contre la féodalité ses propres armes en invoquant contre elle le principe de la commise ou confiscation féodale. D'après la loi des fiefs, tout vassal qui se rendait coupable de félonie encourait la confiscation. La félonie avait

4

lieu de deux manières : 1° par la dénégation du seigneur ;
2° par quelque outrage qui lui était fait. « *Le vassal*, dit
l'art. 22 de la coutume de Paris, *qui dénie son seigneur,
confisque son fief.* » Après le meurtre d'Artus de Bretagne,
Philippe-Auguste cita Jean sans Terre à comparaître devant
la cour de Paris en qualité de vassal pour le fief de Normandie : Jean sans Terre n'ayant pas comparu fut déclaré
déchu de son fief pour félonie, et la Normandie réunie à la
couronne. Chopin cite un autre arrêt de l'an 1370. Les
Anglais occupaient des provinces françaises et s'avançaient
au milieu du territoire, sans qu'il y eût déclaration de guerre.
Charles V fit prononcer, en la cour *garnie de pairs*, la
confiscation de tous les domaines des Anglais en Belgique et
en Aquitaine, et d'immenses possessions revinrent ainsi à la
couronne.

Les confiscations pour les crimes ordinaires, en vertu de
la maxime, *Qui confisque le corps confisque les biens*,
appartenaient aux seigneurs hauts justiciers, mais il en était
autrement des crimes de lèse-majesté. Les biens du connétable de Bourbon revinrent à la couronne après sa condamna-
tion pour haute trahison, par arrêt du parlement du
6 avril 1527.

Aux acquisitions faites en vertu des principes de droit,
qu'on ajoute celles qui résultaient des conquêtes, des traités,
des actes à titre gratuit ou onéreux, qu'on y joigne les
provinces apportées en dot aux rois, comme le fut la Bretagne
par le mariage de François Ier, on comprendra comment de
tant de sources s'était formé pour la royauté un magnifique
patrimoine.

A la fin du xvie siècle, au moment où parurent les grandes
ordonnances domaniales, rien n'était plus beau que le
domaine du roi. Des villes entières, des duchés, comtés,
marquisats, seigneuries et justices se rattachaient à la couronne, non pas seulement à un point de vue politique, comme

un démembrement du pays, mais comme propriétés privées dont le roi faisait labourer le sol et percevait tous les produits.

Le plus beau fleuron de la couronne, c'étaient ses grandes forêts couvertes d'arbres séculaires, débris de celles que César avait trouvées en mettant le pied en Gaule, où la marine venait chercher le bois de ses flottes, et que l'État engageait comme sa dernière ressource, au jour de ses plus grandes calamités.

En présence de ces riches domaines, qu'on se représente la cour de François Ier, de Henri II, de Charles IX, telle que l'histoire nous l'a peinte, avide de fêtes, de luxe, de plaisirs, éprise du goût des arts, que les guerres récentes d'Italie ont introduit en France. L'entourage du prince sollicite sans cesse de lui des concessions de terres, auxquelles il ne peut se refuser; car François Ier a inauguré le règne du bon plaisir. D'un autre côté, le parlement, qui se considère comme le dépositaire des pouvoirs publics, gémit de ces concessions multipliées qui feront augmenter les impôts, et qui sont obtenues par cette noblesse d'épée, rivale de la magistrature.

Pour se soustraire aux exigences des uns et aux remontrances des autres, la royauté se lie à elle-même les mains : elle proclame le principe de l'inaliénabilité.

4.

TROISIÈME PÉRIODE.

Inaliénabilité de la souveraineté et du domaine depuis l'édit de Moulins jusqu'à l'assemblée constituante.

Laissons de côté tout ce qui touche à la souveraineté.

Si quelques parcelles de droits régaliens font encore l'objet d'aliénations abusives, nous l'indiquerons en traitant des apanages et des engagements.

La condition du domaine corporel est fixée par l'édit de Moulins. Il devient inaliénable.

L'édit de Moulins détermine l'époque de cette inaliénabilité, non pas qu'elle n'eût déjà été proclamée antérieurement, mais parce que ce fut un édit solennel, rédigé par le chancelier de l'Hospital, édit qui dérogea aux ordonnances précédentes, et auquel les ordonnances postérieures n'ont pas dérogé.

Tous les principes de la législation domaniale, jusqu'en 1789, sont renfermés dans l'édit de Moulins.

Aussi n'avons-nous plus d'époques à distinguer dans l'histoire du domaine, car nous n'avons plus de principes nouveaux à signaler.

Examinons les principes posés par l'édit de 1566 :

Chapitre Ier. Du principe de l'inaliénabilité.

Chapitre II. Exceptions au principe de l'inaliénabilité.

Chapitre. III. Des aliénations permises par l'édit de Moulins.

Chapitre IV. De la prescription.

CHAPITRE PREMIER.

DU PRINCIPE DE L'INALIÉNABILITÉ.

En remontant dans l'histoire, nous avons vu que l'idée d'un domaine inaliénable apparaissait au moment des premières convocations des états généraux.

D'où nous avons conclu que le principe d'inaliénabilité n'avait pas une origine féodale, mais devait sa naissance aux sollicitations des états généraux.

Si telle est l'origine du principe, quelle en est la cause ? Pourquoi les États Généraux réclamèrent-ils l'inaliénabilité ? Pourquoi le xvie siècle, dont la gloire est d'avoir formulé tous les principes constitutifs de la monarchie française, inscrivit-il dans la constitution de la France celui de l'inaliénabilité ? Comment concilier l'indisponibilité du domaine entre les mains du roi avec le pouvoir absolu de la royauté, ou plutôt comment cette indisponibilité était-elle la conséquence de la constitution monarchique elle-même ?

Un des principes fondamentaux de la constitution française, c'était la confusion entre le prince et l'État. La nation et le roi n'avaient pas deux personnalités distinctes. Tout ce qui appartenait à la nation appartenait au roi : les conquêtes, les confiscations, les écheoites de toute nature accroissaient au domaine du roi. C'était le roi qui administrait, sous le nom de domaine de la couronne, toutes les propriétés de la nation.

De cette confusion entre le prince et l'État, les grands jurisconsultes du xvie siècle avaient tiré une conséquence, c'est que, si les biens de l'État appartenaient au prince, les biens du prince devaient appartenir à l'État.

M. du Belloy, avocat général du parlement de Toulouse, dit que le patrimoine particulier du prince se confond et se réunit à la couronne par l'élévation d'icelui au sceptre royal. La communication des biens propres du prince avec ceux de l'État et la communication d'iceux, procède et se fait en vertu de ce mariage politique que le roi fait avec sa couronne. Tout ce qui lui appartient, lors de son avénement, est dû à la chose publique, ainsi que tout ce qui lui advient par succession, acquisition ou autre moyen quelconque.

« Une chose particulière à cet État, dit Lebret (*Traité* « *de la souveraineté*, liv. III, chap. IV), c'est qu'on ne met « point de distinction entre le domaine privé du roi et celui « de la couronne..... Il faut tenir pour certain qu'entre les « lois fondamentales de cette monarchie, celle-ci est une des « principales qui veut que toutes les terres et seigneuries « que possèdent nos rois soient acquises à la couronne, sitôt « qu'on leur a mis un sceptre en main, et qu'ils ont pris « possession de la royauté. »

Et le *Dictionnaire des domaines*, résumant avec force ces principes, dit : « La personne du roi est tellement consa- « crée à l'État qu'elle s'identifie en quelque sorte avec l'É- « tat même, et que, comme tout ce qui appartient à l'État « est réputé appartenir au roi, tout ce qui appartient au roi « est réciproquement censé appartenir à l'État ; c'est pour- « quoi on n'admet pas en France de distinction entre le « domaine de l'État et le domaine du prince, et qu'on ne « reconnaît qu'une seule espèce de domaine, celui de la cou- « ronne, auquel se réunit de plein droit tout ce que le prince « possède lorsqu'il monte sur le trône. Le roi devient « l'homme de son État, au moment où il commence à en « être le maître : il contracte avec sa couronne une société « perpétuelle et indissoluble qu'une exacte analogie a fait « appeler *mariage saint et politique*, qui, communiquant « au roi tous les avantages attachés à la couronne, commu-

» nique aussi à la couronne tous les droits propres à la per-
« sonne du roi. »

Le principe de *dévolution*, en vertu duquel les biens du
prince se réunissent à son avénement au domaine de la
couronne, n'est pas un principe féodal. Il est vrai que Hugues
Capet composa le domaine de la couronne avec ses propres
domaines, et que le fief royal étant devenu le fief central de
la France, il semblait logique que les fiefs particuliers des
princes qui arrivaient au trône fussent absorbés par confusion.
Néanmoins, les idées romaines qui reconnaissaient au prince
des *fundi patrimoniales* prévalurent sur les principes féodaux. Dumoulin explique lui-même qu'il n'y a pas incompa-
tibilité entre les deux qualités de seigneur et de vassal : —
« *Qualitates et relationes feudales magis sunt reales quam
personales, unde quamdiu res dominans et res serviens re-
manent separatæ et distinctæ, etiamsi spectent ad eamdem
personam, quia non gerit utrumque extremum respectu
ejusdem rei, sed respectu diversarum et separatarum rerum,
super quibus proprie, et non super persona, illæ relationes
fundantur.* »

Lefèvre de Laplanche, liv. II, chap. III, cite un grand
nombre de domaines possédés par les princes des deux premières races au moment de leur avénement au trône, qui
n'ont pas été réunis à la couronne; mais au XVIe siècle, le
principe de la dévolution était en vigueur. Si Louis XII, en
1509, donna des lettres patentes pour déclarer qu'il n'entendait pas que les comtés et seigneuries de Blois, Dunois,
Soissons et Coucy qui lui étaient propres, fussent confondus
avec le domaine royal et public; si le parlement n'enregistra
ces lettres qu'après une vive résistance qui ne céda qu'à la
puissance absolue du roi, et sans le concours du procureur
général qui refusa de requérir, c'est que le principe de la
dévolution était déjà celui de la monarchie.

Et, comme les lettres patentes de Louis XII pouvaient

avoir laissé des doutes dans les esprits, l'édit de Moulins déclara dans son art. 13 que « *les articles précédents au-roient lieu de loi et ordonnance, tant pour le regard de l'ancien domaine uni à la couronne que autres terres de-puis accrues ou advenues, comme Blois, Coucy, Montfort et autres semblables.* » Disposition qui prouve plus que toute autre combien le principe de dévolution faisait corps avec la monarchie, puisque le chancelier de l'Hospital ju-geait inutile de le proclamer, et qu'il se contentait d'en tirer les conséquences!

Henri IV voulut suivre l'exemple de Louis XII. Il donna en 1590 des lettres patentes portant que ses biens et notam-ment la couronne de Navarre demeureraient séparés de la couronne. Mais le parlement de Paris, séant à Tours, après plusieurs remontrances, arrêta sur les lettres de jussion, le 29 juillet 1591, qu'il ne pouvait procéder à l'enregistre-ment des lettres patentes. Il en fut expédié de nouvelles en 1596, et elles trouvèrent la même opposition. Enfin, Henri IV revint lui-même aux vrais principes de la monarchie, et dans son édit du mois de juillet 1607, reconnut que « les « rois ses prédécesseurs s'étaient dédiés et consacrés au pu-« blic, duquel ne voulant rien avoir de distinct et de séparé, « ils avaient contracté avec leur couronne une espèce de « mariage, communément appelé *saint* et *politique*, par « lequel ils l'avaient dotée de toutes les seigneuries qui à « titre particulier leur pouvaient appartenir. »

En conséquence, il révoqua ses lettres patentes, confirma l'arrêt du parlement de Paris du 29 juillet 1591 ; ce fai-sant, déclara, « *les duchés, comtés, vicomtés, baronnies, et autres seigneuries mouvantes de sa couronne... que dès le moment de son avènement à la couronne de France, elles étaient devenues de même nature et condition que le reste de l'ancien domaine de France,* » estimant, disait Lebret, lors de l'enregistrement de l'édit, que, comme sitôt que les fleuves mêlent leurs eaux dans celles de l'Océan, ils perdent leurs noms et ne sont plus reconnus, de même il était convenable que les terres et seigneuries des nouveaux rois retournant à leur première source, fussent tellement unies et incorporées au domaine de la couronne, qu'elles ne pussent après en être jamais désunies et séparées.

Depuis lors le principe de la dévolution reçut à l'avénement de chaque monarque son application.

Ainsi la personne privée du prince s'effaçait devant le monarque.

Ainsi, l'avénement du prince au trône avait un double effet, le dépouiller de tous les biens qui lui appartenaient en propre, l'investir de tous ceux qui appartenaient à la nation.

De cette double communication des biens privés du prince avec ceux de l'État, naissait le domaine de la couronne, c'est-à-dire, un domaine spécial qui n'appartenait ni au prince comme prince, ni à l'Etat comme corps politique, mais au roi. Et, comme le roi ne mourait pas en France, comme chaque souverain n'était qu'un anneau d'une longue suite de monarques, comme il n'avait reçu de ses prédécesseurs que pour transmettre à ses successeurs, comme enfin le domaine était l'unique revenu de la couronne, et que la couronne ne peut se passer d'un revenu, il en résultait que le domaine était inaliénable. L'Etat ne pouvait aliéner parce qu'il s'était dépouillé de ses droits en faveur du monarque, et le monarque ne pouvait aliéner, parce que la propriété des biens de la couronne était grevée entre ses mains d'une substitution perpétuelle en faveur de ses descendants.

Voilà la raison du principe d'inaliénabilité. Les rois dans leurs édits l'attribuaient au caractère sacré de la couronne...

« Considérant notre dit domaine et *patrimoine de la couronne de France*, disait François Ier dans son édit du 30 juin 1539, *être inaliénable par quelque espèce ou manière*

*que ce soit ;.... attendu que ledit domaine est réputé sacré
et ne peut tomber au commerce des hommes.... »*

Et François II répétait la même idée en disant : « *Étant*
« *le dit domaine comme sacraire inaliénable...* »

Au xviiie siècle, on fit dériver l'inaliénabilité d'un principe contraire : « Le prince, disait Vatel, liv. i, chap. 31,
« n'étant naturellement que l'administrateur et non le pro-
« priétaire de l'État, sa qualité de chef de la nation ne lui
« donne pas le droit d'aliéner ou d'engager les biens pu-
« blics...» Et Puffendorf n'était pas moins explicite, liv.
« viii, chap. v, §8: « Pour ce qui est du domaine de l'État,
« le roi n'en a que la simple administration, dans laquelle
« il doit se proposer uniquement le bien public, et agir avec
« autant de soin, de fidélité et d'économie qu'un tuteur à
« l'égard des biens de son pupille. Il ne peut les aliéner sans
« le consentement du peuple. »

Ces idées étaient répandues en France au xviiie siècle.
Mais ce ne furent pas celles qui au xvie firent proclamer par
l'Hospital le dogme de l'inaliénabilité. Le roi était considéré
comme propriétaire du domaine de la couronne, mais avec
clause de substitution : *Sicut enim a lege Julia dos est a
marito inalienabilis*, disait Chopin, *ita regium coronæ patri-
monium individua reipublicæ dos.* Or, on sait que si la
loi Julia défendait au mari d'aliéner les biens dotaux,
c'est qu'il en était le propriétaire : « *Dotale prædium ma-
ritus per legem Juliam prohibetur alienare*, QUAMVIS IPSIUS
SIT. *Inst.*, liv. ii, t. viii.

Quel que soit le fondement du principe d'inaliénabilité,
l'édit de Moulins le proclame en termes solennels :

Art. 1. « Le domaine de notre couronne ne peut être
« aliéné qu'en deux cas seulement, l'un pour apanage des
« princes mâles de la maison de France, auquel cas il y a
« retour à notre couronne par leur décès sans mâles, en pa-
« reil cas et condition qu'était le dit domaine lors de la ces-

« sation de l'apanage, nonobstant toute disposition, posses-
« sion, acte exprès ou taisible, fait ou intervenu pendant
« l'apanage ; l'autre pour l'aliénation à deniers comptants
« pour la nécessité de la guerre après lettres patentes pour
« ce décernées et publiées en nos parlements, *auquel cas il*
« *y a faculté de rachat perpétuel.* »

En 1576, sur les demandes faites par les états généraux
de Blois, Henri III envoie au parlement de Paris une ordonnance en 363 articles : elle porte que « les édits faits
« par les rois, ses prédécesseurs, pour la conservation du
« domaine de la couronne, notamment celui de 1566, con-
« tenant les règles et maximes anciennes concernant cette
« matière, seront inviolablement gardés et observés...

En 1667, Louis XIV publie sa grande ordonnance sur la
réunion des domaines :

« Voulons et ordonnons que tous les domaines aliénés à
« quelques personnes, pour quelques causes et depuis quel-
« que temps que ce soit (à l'exception toutefois des dons faits
« aux Églises, douaires, apanages et échanges faits sans
« fraude ni fiction, en conséquence d'édits bien et dûment
« vérifiés), seront et demeureront à toujours réunis à notre
« couronne, sans qu'ils puissent être ci-après distraits ou
« aliénés pour tout ou partie, pour quelque cause que ce
« puisse être, si ce n'est pour apanage des enfants mâles
« puînés de France, et à la charge de réversion, le cas
« échéant..... »

Enfin Louis XV, par son édit du mois de juillet 1717,
concernant les princes légitimés, reconnut que les lois fondamentales du royaume le mettaient dans une heureuse impuissance d'aliéner le domaine de la couronne.

Ainsi rien de plus constant que l'inaliénabilité du domaine. « *Hæc regni sacro-sancta lex*, dit d'Argentré (Comment. in Britonum consuet., art. 266, cap. xix, de Dom. coronæ), *quæ res ipsas et curias parlamentares sacramento*

obstringit, ne contra fieri patiantur, neve desideriis regum obsequantur, si quando contra statuant. »

Deux exceptions à ce principe sont faites par l'édit de Moulins, les *apanages* et les *engagements ;* une troisième résulte de l'édit de 1667, les *échanges*.

Mais, avant de les examiner, voyons sur quels biens frappe le principe d'inaliénabilité, en d'autres termes, de quoi se compose le domaine de la couronne.

« Le domaine de la couronne, » dit l'article 2 de l'édit de Moulins, « est entendu celui qui est expressément consacré, « uni et incorporé à notre dite couronne, ou qui a été tenu « et administré par nos receveurs et officiers pendant l'es- « pace de dix années, et est entré en ligne de compte. »

L'article 2 de l'ordonnance de 1667 reproduit textuellement la même disposition.

Un bien devenait donc domanial de deux manières, par union *expresse* et par union *tacite*.

L'union *expresse* était celle qui résultait des traités de paix, des conquêtes, d'une déclaration du roi donnée en forme de lettres patentes, par laquelle il ordonnait que telle province ou telle terre, acquise à quelque titre que ce fût, ferait dorénavant partie du domaine de la couronne. L'union *tacite* résultait de la confusion faite, pendant dix ans, des revenus d'une terre avec les revenus de la couronne.

On distinguait encore l'*ancien* domaine, qui dépendait de la couronne depuis un temps immémorial, et le *nouveau* dont la domanialité remontait à une époque connue.

L'union *tacite* a soulevé, dans l'ancien droit, de grandes difficultés. En l'absence d'une incorporation expresse, disait-on, l'édit de Moulins ne considère, comme domaniaux, que les biens du souverain qui ont été, pendant dix ans, administrés avec ceux de la couronne. Donc, si ces biens sont administrés séparément, ou si les dix ans ne sont pas encore

révolus, ils appartiennent au prince : donc le prince peut
avoir un domaine privé.

Cette théorie prise en thèse générale était fausse, car elle
était contraire à la constitution monarchique de la France,
dont le principe fondamental était la confusion du prince
avec l'État. L'application du principe de la dévolution excluait
d'abord l'existence d'un domaine privé, composé des biens
que le prince eût possédés avant son avénement au trône :
ces biens s'unissaient de plein droit à la couronne, sans qu'il
y eût besoin de déclaration expresse ou d'une confusion de
revenus pendant dix ans.

Mais que faut-il décider à l'égard des biens que le prince
acquérait ou qui lui advenaient depuis son avénement ?

Ces biens étaient de deux sortes : les acquisitions
faites à titre gratuit ou onéreux par le prince, et les
écheoites.

Les acquisitions faites à titre onéreux par le prince ne
pouvaient lui appartenir, car le trésor du prince étant celui
de l'État, elles avaient été faites avec les deniers de l'État.
Le trésor du prince était tellement confondu avec celui de
l'État, que lorsqu'il était échu au roi une succession comprenant des rentes sur la ville, ces rentes s'éteignaient par confusion. (Déclaration du 28 octobre 1711 adjugeant aux hôpitaux la totalité des confiscations.) — « Quand Louis le
« Grand, » dit Brillon au mot *Domaine*, n° 65, « eut acheté
« le palais d'Orléans, autrement nommé le Luxembourg, il
« dit à M. le procureur général de Harlay, depuis premier
« président, que c'était pour remplacer le Palais-Royal, qu'il
« avait donné à M. le duc de Chartres, son gendre. Ce ma-
« gistrat lui demanda en quel nom il l'avait acheté : *Au
« mien*, répondit le roi. — Tant pis, Sire, répliqua le pro-
« cureur général, car tout ce que vous acquérez en votre
« nom appartient à la couronne; par conséquent, l'achat du
« Luxembourg ne remplace point l'aliénation que vous avez.

« faite : pour assurer la possession du Palais-Royal à M. le
« duc de Chartres, il fallait acheter le Luxembourg en son
« nom, pour en faire un échange contre le Palais-Royal. »

Quant aux acquisitions faites à titre gratuit par le prince,
ou la donation, la succession, s'adressaient au souverain, et,
dans ce cas, les biens s'incorporaient de droit au domaine de
la couronne, où elles s'adressaient au roi personnellement,
mais cette personne privée n'avait-elle pas disparu par
l'avénement à la royauté ?

La seule classe de biens qui ne fût pas domaniale de plein
droit, c'étaient *les écheoites*, c'est-à-dire les biens qui étaient
adjugés à S. M. à titre de déshérence ou biens vacants et
ligne éteinte par droit de bâtardise, confiscation, aubaine,
ainsi que les épaves. Ces biens étaient considérés comme de
simples casuels, comme des fruits du domaine, et restaient
en la libre et entière disposition du roi, jusqu'à ce qu'ils
eussent été unis expressément ou tacitement au domaine de
la couronne (1).

(1) Par lettres patentes données à Cosne le 23 août 1632, et men-
tionnées dans l'arrêt du parlement de Toulouse du 30 octobre suivant,
le roi Louis XIII confisqua les terres de Chantilly, Gouvieux et Dammartin sur le duc de Montmorency. Dans les lettres de confiscation et
divers actes subséquents, il s'en réserva personnellement la jouissance et les fit administrer par ses officiers. En 1643, Louis XIV fit
remise, par lettres patentes, des trois terres confisquées à la maison
de Condé. L'administration des domaines pensa que cette remise avait
été faite en violation du principe d'inaliénabilité qui s'était appliqué
aux terres de Chantilly, Gouvieux et Dammartin dès l'instant de leur
confiscation, et en 1829, elle somma le prince de Condé de faire les
soumissions prescrites par la loi de ventôse. Le duc d'Aumale, héritier du prince de Condé, répondit que le principe d'inaliénabilité n'a-
vait jamais été étendu aux biens qui entraient dans les mains du roi
par voie de confiscation, et c'est ce qui fut jugé par arrêt de la cour
d'Amiens du 31 décembre 1842. L'affaire présentait un côté plus dé-
licat : le roi Louis XIII étant mort dans l'intervalle de la confiscation à
l'acte de remise, on pouvait dire que les biens confisqués comme tous

Voilà donc, dans la rigueur du droit, les seuls biens qui pussent devenir domaniaux par l'union *tacite*.

Mais restait toujours le point de savoir dans quelle catégorie seraient les biens acquis par le prince et possédés par lui *privativement* : car si la logique déclarait qu'ils étaient domaniaux de plein droit, l'édit de Moulins au contraire semblait les exclure, puisqu'il ne reconnaissait comme domaniaux que les biens dont l'union serait *expresse* ou *tacite*. On admit alors que ces biens seraient unis de plein droit par le seul fait de leur acquisition, mais que leur union pourrait être rétractée pendant dix ans, si le prince les laissait administrer confusément avec les biens de la couronne, et indéfiniment, pendant toute la durée de la vie du roi, s'ils étaient possédés privativement. L'union était immédiate, l'inaliénabilité momentanément suspendue.

A la mort du roi, ces biens, s'il n'en avait pas disposé, rentraient dans le domaine de l'État : c'était une règle non écrite, mais qui résultait de la confusion de personnalité entre le prince et l'État.

Ainsi, malgré la rigueur des principes, le prince pouvait posséder en propre les biens qui lui étaient advenus à titre d'écheoites, et ceux mêmes qu'il avait acquis à titre gratuit ou onéreux depuis son avénement au trône, pourvu qu'ils eussent une administration distincte de celle des biens de la couronne. C'est en ce sens qu'il faut entendre les auteurs

---

les autres biens que le roi possédait à titre privé, étaient réunis à la couronne par l'effet d'un changement de règne. Mais la cour ne s'arrêta pas à cette objection ; elle considéra que cette règle ne s'appliquait pas au domaine casuel, possédé par le roi en vertu d'un droit régalien, et en outre que, malgré le principe d'inaliénabilité du domaine, le droit de restituer aux familles des condamnés les biens confisqués n'avait jamais cessé d'appartenir au souverain, comme conséquence du droit de grâce, qui était le plus bel attribut de la souveraineté.

qui parlent du *domaine propre* du prince, et notamment
Domat, dont la section VIII, Droit public, est intitulée : *Du
patrimoine et domaine propre du prince.*

C'est ainsi qu'on peut expliquer comment Louis XIV
jouissait de Versailles, séparément des autres biens de la
couronne.

C'est ainsi qu'en 1759, lorsque Louis XV acheta du
maréchal de Belle-Isle le duché de Gisors, les commissaires
du roi déclarèrent dans le contrat que S. M. n'entendait pas
qu'il se fît aucune réunion dudit duché au domaine de la
couronne, et que son intention était de le posséder et d'en
jouir à titre de seigneurie et de propriété privée, jusqu'à ce
qu'elle en eût disposé autrement.

« Cette déclaration, dit Merlin, *Rép.*, v° Domaine public,
« prise dans le sens littéral, eût été nulle, puisqu'il n'était
« pas au pouvoir du roi de détruire ni de modifier l'identité
« qu'il y avait en lui, entre la personne publique et la
« personne privée. Cependant on l'a déclarée comme vala-
« ble, puisqu'on a cru ne pouvoir y déroger que par des
« lettres patentes, qui ont été enregistrées au parlement
« de Rouen le 18 novembre 1761. »

Quel pouvait donc être l'effet d'une pareille déclaration ?
Elle n'en avait point d'autre, que d'empêcher pendant tout
le temps qu'il plaisait au roi qu'on n'appliquât aux biens
nouvellement acquis tous les principes de la domanialité, et
surtout que ces biens ne fussent à jamais inaliénables.

Ces sortes de déclarations ne faisaient donc que rendre
indéfinie, ou du moins étendue à tout le temps de la vie du
roi qui les faisait, une suspension que les édits de 1566 et
1667 limitaient à dix ans.

Conformément à ces principes, la jurisprudence a toujours
déclaré qu'il ne suffisait pas, pour qu'un bien fût domanial,
qu'il eût été en la possession du roi, mais qu'il devait en
outre avoir été réuni et incorporé au domaine de la couronne,

par une déclaration expresse, ou administré par les agents du domaine pendant dix ans (1).

Les mêmes principes étaient appliqués aux meubles de la couronne, avec cette différence que, comme les meubles ne produisaient pas de fruits dont on pût compter à la chambre des comptes pour prouver une jouissance continuée pendant dix ans, leur union au domaine ne pouvait s'opérer que par déclaration expresse ou par un acte équivalent, tel qu'un inventaire dressé par l'ordre du roi et dont un double serait déposé à la chambre des comptes. Mais à la mort du roi qui les avait acquis, ils devenaient domaniaux de plein droit :

(1) L'affaire la plus remarquable dans laquelle ces principes furent appliqués fut celle des héritiers de Caraman contre l'État. Lorsque Louis XIV eut approuvé les plans du canal de l'Océan à la Méditerranée, il l'érigea « en plein fief, relevant de notre couronne, duquel fief le propriétaire, ses successeurs ou ayants cause jouiront à perpétuité, incommutablement et noblement, voulant en outre qu'il soit pris et perçu à perpétuité un péage pour l'entretien dudit canal ; » de plus il était dit : « que l'adjudicataire ne pourrait être dépossédé qu'en le remboursant de la finance qu'il avait payée. — L'adjudicataire du canal fut Riquet. Divers arrêts du conseil réglèrent les droits de péage en sa faveur. La famille de Caraman était en possession lorsque la régie voulut lui appliquer les dispositions de la loi de ventôse. Elle se fondait sur ce principe général que tout ce qui était acquis par le roi était uni au domaine de l'État, et sur cette raison particulière au canal du Midi, qu'il avait été créé par le roi à l'aide de finances publiques et de contributions extraordinaires, ce qui constituait une augmentation du fonds du domaine.

Mais la cour de Toulouse jugea que le canal n'était pas domanial parce qu'il n'avait jamais été incorporé expressément ni tacitement au domaine de la couronne ; que le roi, en donnant des fonds pour sa construction, avait usé du droit qu'il avait, sous l'ancienne monarchie, de disposer à son gré des revenus de l'État, et que si le domaine en lui-même était inaliénable en vertu de la loi, aucune disposition législative n'avait réglé ni modéré l'usage des revenus.

Cet arrêt fut confirmé par la cour de cassation, ch. des req., 23 avril 1844.

5

« *Comme c'est un principe certain qu'un roi ne reçoit rien*
« *de son prédécesseur qu'en qualité de roi, parce qu'on ne*
« *distingue point parmi nous le domaine privé du domaine*
« *public dans ce qui vient aux rois par la succession de*
« *leurs pères, on ne peut pas douter que les meubles mêmes*
« *qui n'ont pas été compris dans l'inventaire fait du vi-*
« *vant du feu roi, ne fassent partie des meubles de la cou-*
« *ronne, puisque le roi son successeur ne les possède qu'en*
« *vertu du même titre qui lui défère la couronne.* » Ce
passage est extrait du cinquième mémoire de d'Aguesseau,
sur la *vente des meubles de la couronne*. D'Aguesseau y
établit que les meubles du château de Marly et de quelques
maisons royales, dont Louis XIV n'avait pas fait dresser
inventaire, étaient devenus domaniaux par le décès de ce
prince, et par conséquent ne pouvaient être aliénés qu'en
vertu de lettres patentes enregistrées au parlement. C'est
en cette forme que l'aliénation en fut faite.

Ainsi, par l'effet de la confusion de la personne du prince
dans celle de l'Etat, tous les biens possédés par le roi étaient
domaniaux, à l'exception des écheoites, parce qu'ils étaient
considérés comme des fruits du domaine, et des acquisitions
volontaires du prince, parce qu'on n'avait pas voulu le priver de la faculté de se rétracter.

Tous les biens domaniaux étaient frappés d'inaliénabilité.

Trois exceptions seulement étaient admises par l'édit de
Moulins :

1° Les apanages ;
2° Les engagements ;
3° Les échanges.

CHAPITRE II.

§ I. — *Des Apanages.*

Les apanages étaient, comme nous l'avons vu, de vastes concessions de terre faites par le roi à ses frères ou fils *puînés*, pour qu'ils pussent soutenir l'éclat de leur naissance.

« Par la loi salique, le royaume ne se démembre pas, di-
« sait Loysel, *Inst. Cout.*, liv. IV, t. III, mais doit le roi
« apanage à messieurs ses frères et enfants mâles *puînés*,
« et mariage à mesdames ses sœurs et filles. »

Les princes du sang qui n'étaient ni fils ni frères des rois, n'avaient pas de droits à l'apanage. Voilà pourquoi la maison de Condé n'en a jamais eu.

Depuis l'édit de Moulins, nous trouvons cinq édits principaux constitutifs d'apanage, savoir :

1° Édit de juillet 1626, portant don à Gaston-Jean-Baptiste de France, frère de Louis XIII, des duchés d'Orléans et de Chartres, et du comté de Blois, pour en jouir en apanage et les tenir en pairie.

2° Édit de mars 1661, pour l'apanage de Monsieur Philippe de France, frère unique du roi, composé des duchés d'Orléans, Valois et Chartres, avec la seigneurie de Montargis.

Ces deux édits ont constitué l'apanage d'Orléans.

3° Édit de juin 1710, pour l'apanage de Charles de France, duc de Berry, petit-fils de Louis XIV, composé

5.

notamment des duchés d'Alençon et d'Angoulême, du comté de Ponthieu.

4° Édit d'avril 1771, donné par Louis XV, pour l'apanage de son petit-fils, Louis-Stanislas-Xavier, comte de Provence, comprenant le duché d'Anjou, le comté du Maine, le comté du Perche.

5° Édit d'octobre 1773, qui constitue en apanage à M. le comte d'Artois, les duchés et comtés d'Auvergne, le duché d'Angoulême, auquel on a ajouté le duché de Berry par lettres patentes de juin 1773.

Le caractère essentiel des apanages, c'est que les terres dont ils se composaient étaient démembrées du domaine de la couronne.

L'apanage était constitué par lettres-patentes enregistrées au parlement. On faisait dans la même forme les retranchements ou suppléments d'apanage.

Ces lettres patentes contenaient création d'un apanage jusqu'à concurrence de telle somme ou revenu.

Après l'enregistrement des lettres patentes, on procédait à l'évaluation de l'apanage. Elle était faite par des commissaires nommés par le roi, conformément à l'édit de 1711 que nous examinerons au sujet des échanges, et par des commissaires choisis par l'apanagiste, et pris le plus souvent parmi les membres de son conseil.

On dressait des procès-verbaux qui restaient déposés en double minute en la chambre des comptes et dans les archives du prince pour lui servir de titre, et pour assurer le retour à l'État, le cas échéant.

Aux apanages étaient attachés des droits *régaliens* et des droits *utiles*.

A l'égard des droits *régaliens*, il est un fait qu'on ne peut s'empêcher de remarquer : c'est que plus on avance dans l'histoire, moins les concessions d'apanages comprennent de droits régaliens ; tant il est vrai que le progrès de la législation est de distinguer ces deux idées, d'abord confuses, la propriété et la souveraineté.

Les concessions d'apanage n'énoncèrent d'abord que la réserve de l'hommage-lige. Saint Louis hasarda celle des droits régaliens. Dans la concession du duché de Bourgogne, faite par le roi à Philippe le Hardi, il retint la supériorité du ressort, la foi et hommage. A mesure que les cas royaux s'étendirent, l'autorité du roi dans les apanages devint plus sérieuse. Une instruction donnée par Charles V, en 1374, réservait tout ce qui peut toucher à la souveraineté, ressort et droits royaux dans la ville et baronnie de Montpellier, cédée au roi de Navarre. Néanmoins les juges établis par le roi pour la conservation de ses droits ne pouvaient résider dans l'étendue des domaines des apanagistes. Nous voyons par les lettres de Charles V, de l'année 1374, données sur les remontrances du duc de Berry, son frère, que le roi ordonne aux juges d'exemption qu'il avait établis de demeurer hors des domaines et seigneuries de sondit frère.

Les apanagistes avaient des chambres des comptes : elles tenaient leurs grands jours où elles jugeaient les appels de leurs baillifs. Les parlements ne pouvaient en prendre connaissance que par appel des gens des comptes.

François 1er restreignit ces priviléges dans son édit d'apanage de 1540. Charles IX, dans un édit qui précéda d'un an l'ordonnance de 1566, et par lequel il apanageait MM. les ducs d'Anjou et d'Alençon, ses frères, fixa le droit des apanages. « *On doit le regarder*, dit M. de Vaucelle(1), *comme formant avec l'ordonnance de 1566 le véritable code de la jurisprudence des apanages.* »

Voyons donc les principes qui ressortaient de cet édit.

Au point de vue des impôts, les princes apanagistes n'a-

(1) *Essai sur les apanages.*

vaient aucun droit aux profit et émoluments des aides et équivalents, et émoluments des greniers et gabelles.

Au point de vue de la juridiction, il faut distinguer entre la juridiction ordinaire et la juridiction extraordinaire.

La juridiction extraordinaire, telle que celle des bureaux de finance, élections, greniers à sel, prévôtés des marchands, etc., etc., appartenait au roi.

La juridiction ordinaire appartenait aux apanagistes.

Mais il y avait les *cas royaux*, pour le jugement desquels un tribunal spécial était institué sous le nom de *juges des exempts*. Ces juges étaient nommés par le roi.

La juridiction des princes apanagistes n'était au reste qu'une juridiction de première instance. L'ordonnance de 1560, donnée aux États d'Orléans, avait supprimé les juridictions d'appel dans toutes les villes où la justice était exercée au nom du roi, et voulait que l'appel des baillifs fût relevé sans moyen en la cour du parlement. Cette ordonnance avait été étendue aux terres des seigneurs en 1563, et par conséquent les Grands-Jours, dans les apanages, étaient supprimés.

On alla même plus loin : on supprima la double juridiction, et voici comment : l'usage s'introduisit que l'apanagiste nommât et présentât au roi, comme juges des exempts, les magistrats qu'il avait désignés comme juges dans son apanage. Par ce moyen, la justice demeurait royale, et les plaideurs évitaient les conflits de juridiction. (Déclaration de Charles IX de juillet 1568.) Il y avait audience à part et registre à part pour les cas royaux.

Le droit d'aubaine faisait partie des concessions d'apanages, malgré les remontrances des parlements ; mais il fut retranché dans les apanages du comte de Provence et du comte d'Artois.

Au moment où les apanagistes perdaient leurs droits régaliens, ils gagnaient des prérogatives honorifiques. Ainsi leurs apanages étaient concédés *en tous droits et titres de pairie*, et la déclaration de décembre 1576, de Charles IX, leur donnait, comme princes du sang, le pas sur tous les autres seigneurs et pairs de France, de quelque qualité qu'ils pussent être.

Remarquons encore que, si le droit des apanagistes était fixé par Charles IX, il n'était pas défendu aux rois d'y déroger, et c'est ce qui eut lieu dans les édits de 1626 et de 1661, en faveur de la branche d'Orléans. « *Le roi*, disait M. l'avocat général Séguier, dans un procès entre les églises de Chartres et d'Orléans et le duc d'Orléans, *le roi a donné à son frère lesdits duché et seigneurie, sans en rien réserver ni retirer que l'hommage et la souveraineté, la garde des églises, et la connaissance des cas royaux.* »

Quant aux droits *utiles*, l'apanagiste exerçait ceux d'un propriétaire. On agitait la question de savoir s'il devait être considéré comme usufruitier ou comme propriétaire. A vrai dire, l'apanagiste n'était ni l'un ni l'autre : il était moins qu'un propriétaire, puisque son domaine était inaliénable et grevé de substitution avec retour à la couronne, et il était plus qu'un usufruitier, puisqu'il avait le droit d'intenter toutes actions, même immobilières, sans mettre en cause les représentants du domaine. Le droit des princes apanagistes de plaider seuls en leur nom dans les procès relatifs à leurs apanages, n'a jamais été mis en doute ; non-seulement l'adjonction du procureur général n'était pas exigée, mais les apanagistes plaidaient eux-mêmes contre le procureur général, sans qu'il soit venu à l'idée de personne de soutenir qu'ils n'avaient pas qualité suffisante pour agir.

Il y a plus : ils avaient le droit de rentrer dans les domaines engagés, usurpés ou aliénés ; les lettres patentes de 1766 déclarent que cette faculté est *de l'essence de l'apanage*.

S'il fallait opter entre la qualité d'usufruitier et celle de

propriétaire, nous reconnaîtrions dans l'apanagiste un propriétaire : « *Quoique le bien qu'il possède soit réversible à la
couronne,* » disait d'Aguesseau, 16ᵉ requête, « *on ne peut
mieux juger de son état qu'en le comparant à ceux qui sont
chargés de substitution : ils n'en sont pas moins propriétaires pour cela.* » Et, pour tout dire en un mot, l'apanagiste était propriétaire de son apanage comme le roi l'était de
son domaine, *ne connaissant,* suivant Loyseau, *d'autres
bornes à sa jouissance que celles qu'aurait le roi lui-même.*

De même que le roi avait la libre disposition des écheoites,
l'apanagiste avait la libre disposition des fruits.

Étaient considérés comme fruits : 1° les biens confisqués :
*Fundi confiscati sunt in fructu, quamvis jus confiscandi sit
in patrimonio.* (Grotius, *de Jure belli ac pacis,* c. 6, n° 12.)

2° Les biens acquis à titre de commise pour félonie envers
l'apanagiste. Ces biens étaient acquis *ex causa nova.* Il en
était autrement des biens acquis *ex causa antiqua,* par l'extinction de la famille à laquelle le fief avait été concédé, ou
l'expiration du temps de la concession. Ceux-ci rentraient
dans le domaine royal.

3° Les biens acquis par l'exercice du retrait féodal. Ces
biens étaient acquis à prix d'argent, ils étaient donc person-
nels à l'apanagiste ; il ne les tenait pas de la main du roi ; ils
n'étaient point un démembrement du domaine, et par conséquent ils n'étaient point grevés de la clause de réversion. On
argumentait encore, dans cette opinion, d'une déclaration du
19 juillet 1695, par laquelle le roi, en accordant aux engagistes le droit de retirer féodalement les terres mouvantes
de l'engagement, renonçait au droit de rentrer lui-même
dans les terres ainsi retirées par l'engagiste, même en le
remboursant. La condition de l'apanagiste, disait-on, ne
peut pas être plus rigoureuse.

Charondas et Chopin étaient d'un avis contraire. Ils n'admettaient pas que l'apanagiste pût disposer des biens dont il

avait opéré le retrait féodal. Ils se fondaient sur les coutumes de Bourgogne et d'Artois qui considéraient les biens
retraités féodalement comme *propres de communauté*.

Au point de vue féodal, l'apanagiste devait foi et hommage au roi.

Au point de vue de la propriété privée, les charges de
l'apanage consistaient, suivant Lefèvre de Laplanche, t. III,
p. 437, au payement des fiefs et aumônes et à l'acquittement des autres charges du domaine, à entretenir et faire
entretenir les fondations des églises, les maisons, châteaux
et forteresses en bon état de réparations.

De la clause de retour inhérente aux apanages, il suivait
que l'apanagé ne pouvait ni aliéner, ni même hypothéquer.

L'aliénation était permise dans un seul cas, pour payer
la rançon de l'apanagé. (Chopin, liv. III, c. 12, n° 3).

Suivant Lefèvre de Laplanche, il était permis à l'apanagé
d'hypothéquer son apanage à la dot de sa femme ou au
douaire de sa veuve, mais cette hypothèque était résoluble
comme la propriété elle-même. En outre, elle n'assurait le
payement de la dot que sur les fruits, et ne pouvait en aucun cas donner lieu à une expropriation.

Pour que l'hypothèque produisît des effets plus étendus,
il fallait un ordre du roi. Le comte de Provence affecta tous
ses biens et notamment ceux de son apanage à la sûreté de la
dot de sa femme, Louise de Savoie. Cette affectation faite
par Monsieur en forme de lettres patentes, *après avoir reçu
à ce sujet les ordres du roi, attendu qu'il s'agissait d'un engagement qui devait s'effectuer en cas d'extinction de ses
descendants et de réversion de son apanage à la couronne,*
eut besoin d'être confirmée par lettres patentes du roi, de
juillet 1773, enregistrées le 30 au parlement.

L'apanage s'éteignait en trois cas.

1° Par l'avénement du titulaire à la couronne.

2° A défaut d'hoirs mâles, c'est-à-dire toutes les fois que le titulaire mourait sans enfants mâles, ou que ses enfants mâles étaient décédés eux-mêmes sans descendance mâle, *« dans le cas où le prince apanagé, disent les édits constitutifs d'apanages, ou ses descendants mâles viendraient à décéder sans descendants mâles descendus de leur corps en loyal mariage, en telle sorte qu'il ne demeurât aucun enfant mâle descendant par ligne de mâle, encore qu'il y eût fils ou fille, descendants d'iceux par fille... »*

Entre enfants de l'apanagé, la succession de l'apanage était réglée comme celle de la couronne : tel est le principe posé par Chopin : *« In panagio, quod regni naturam ex quo delibatum est imitatur, unus est tantum gradatim hœres. »* Ainsi les apanages se transmettaient de mâle en mâle : les filles en étaient exclues. L'apanage passait au fils aîné de l'apanagiste, à l'exclusion des puînés. En cas de défaillance de mâle dans la ligne de l'aîné, l'apanage passait à la branche cadette et ainsi de suite, mais les collatéraux ne pouvaient succéder qu'autant qu'ils descendaient en ligne directe du premier apanagiste.

3° Par confiscation pour crime de félonie. Jean II, duc d'Alençon et comte du Perche, s'étant révolté contre Charles VII, fut pris en 1456, condamné à Vendôme, ses biens confisqués, l'exécution remise : le roi retint Alençon, Verneuil, Domfront, qui furent réunis à la couronne, le reste laissé aux enfants.

L'édit de 1566 et l'ordonnance de 1667 gardent le silence sur les *dots des filles de France*. Nous devons en conclure qu'elles avaient cessé d'être une cause légitime d'aliénation du domaine.

Les *douaires des reines*, au contraire, sont formellement exceptés de la révocation prononcée par l'ordonnance de Louis XIV.

Il ne faut pas en conclure que les douaires constituassent

de véritables aliénations. D'après l'ordonnance de Blois, les douairières du royaume jouissaient de leurs douaires en terres et domaines, mais, la propriété du domaine demeurant à la couronne, elles percevaient ce qu'elles devaient avoir de leurs douaires par les mains des fermiers qui devaient donner des cautions bonnes et suffisantes de les payer de terme en terme, et s'obliger même par corps au payement. Il était laissé en outre aux douairières une maison ou château pour leur demeure seulement.

Les reines avaient donc un simple usufruit : elles étaient considérées comme délégataires. Le roi devait une rente : pour payement de cette rente, il assignait des héritages qui produisaient un revenu, montant exactement au niveau de la rente : le surplus de la jouissance, s'il y en avait, était une libéralité.

Loiseau, *des Offices*, l. iv, c. 29, n° 22, dit que les douaires des reines jouissaient des mêmes prérogatives que les apanages.

Néanmoins, il y avait plusieurs différences entre elles et les apanagistes. Elles ne recevaient pas d'hommage. La justice n'était pas rendue en leur nom. Elles n'avaient que le droit de nommer les officiers au roi qui leur donnait les provisions.

En retour, M. Talon mettait la nomination aux évêchés au rang des prérogatives dont les reines jouissaient.

§ 11. *Des engagements.*

La seconde exception faite par l'édit de Moulins au principe d'inaliénabilité, était l'*engagement*.

Voici comment Puffendorff, liv. viii, chap. v, établit le droit du roi de faire des engagements ·

« Un roi qui a le pouvoir d'imposer de nouvelles contri-
« butions, lorsqu'il le juge à propos, pour des raisons légi-
« times, peut, dans un besoin, engager quelque partie du
« domaine, car le peuple étant tenu de payer les impôts et
« les subsides qu'un tel prince exige en pareil cas, il doit
« aussi, sans contredit, racheter ce que le roi a engagé dans
« le besoin, puisque c'est tout un de donner de l'argent
« pour empêcher qu'on n'engage une chose ou de la rache-
« ter après qu'on a été contraint de la mettre en gage. »

L'engagement était l'aliénation du domaine pour la nécessité de la guerre.

Trois conditions étaient exigées : 1° que l'aliénation se fît
en deniers comptants ; 2° qu'elle fût fondée sur des lettres
patentes enregistrées au parlement ; 3° qu'elle fût faite sous
la faculté de rachat perpétuel. Sur ce dernier point, l'ordonnance consacrait la doctrine du parlement.

L'engagement n'était pas une aliénation proprement dite ;
ce n'était pas non plus une vente à faculté de réméré, car,
suivant Loyseau (Traité des Offices, liv. III, chap. 2),
« l'engagiste n'était point vrai seigneur pour ce qui était des
« droits honorifiques ; on ne lui transférait pas la propriété
« de l'acquéreur, mais une manière d'usufruit qui lui attri-
« buait des droits utiles seulement, et non les honorifiques
« qui pouvaient être séparés des profits. »

Leprêtre, VI, Cent., c. 10, confondait l'engagement avec
le contrat pignoratif : « Nous appelons, disait-il, contrat pi-
« gnoratif et engagement, quand le débiteur vend au créan-
« cier son héritage pour jouir du revenu des fruits pour
« l'intérêt de son argent, avec faculté de rachat perpétuel et
« jusqu'à ce que le débiteur lui rende son argent. »

Dumoulin compare l'engagement à l'antichrèse : « Magis
« tenet in vim pignoris et antichresis quam in vim veræ
« venditionis. » (Dumoulin, Commerc. contract., quæst. 53.)

Dans l'engagement, le domaine fait le gage de la restitution d'une somme prêtée à l'État, et les fruits de ce domaine sont délégués pour acquitter l'intérêt de l'argent prêté. De là le nom et l'opération de l'engagement. L'engagiste est créancier de la somme qu'il a avancée. Pour sûreté, on lui met entre les mains un héritage du domaine, dont les fruits acquittent les intérêts de son prêt. A perpétuité, le prince et l'engagiste sont vis-à-vis l'un de l'autre dans les relations d'un débiteur et d'un créancier.

Depuis l'édit de Moulins jusqu'à l'arrêt du conseil du 14 janvier 1781, qui est le dernier acte de l'ancienne législation concernant les engagements du domaine, les engagements furent très-multipliés, notamment sous les règnes de Henri IV et de Louis XIV.

Sous Henri IV, le prix des engagements, depuis l'année 1590 jusqu'en 1607, s'éleva à la somme de 3,922,909 *livres*, 7 *deniers*.

Sous Louis XIII et pendant la minorité de Louis XIV, les aliénations faites en vertu des édits de mars 1619 et décembre 1652, qui durèrent jusqu'en 1662, montèrent à 13,219,203 *livres*, 13 *francs*, 3 *deniers*.

En 1662, il y eut suspension dans les engagements aussi longtemps que dura le ministère de Colbert.

Depuis la mort de Colbert jusqu'à la fin du règne de Louis XIV, ils atteignirent le chiffre énorme de 23,479,019 *livres*, 3 *francs*, 56 *deniers*. Ces chiffres sont empruntés aux comptes officiels rendus par les fermiers généraux Edme Mignard, Guillaume Lenoir, Florent Sollier.

Il faut dire que ces édits ne se bornaient pas à faire de nouvelles aliénations de terres, car le domaine de la couronne, quelque vaste qu'il fût, n'aurait pu y suffire. Ils confirmaient, moyennant finances, les engagistes dont le titre remontait à une époque antérieure, forçaient les débiteurs de rentes dues au domaine à les racheter, mettaient en adjudication les places qui avaient servi aux fossés et remparts des villes, et comprenaient même des droits incorporels, tels que les droits d'échange, les justices, etc., ainsi que nous le verrons ultérieurement.

Un édit de Louis XV, d'août 1717, suivi d'une déclaration du 5 mars 1718, ordonna de nouvelles aliénations. Elles montèrent à 7,424,547 *livres*, 18 *francs*, 1 *denier*. Cet édit est surtout remarquable en ce qu'il introduisit une nouvelle forme d'engagements, les engagements à vie.

Tantôt l'édit ordonnait d'une manière générale la vente du domaine du roi jusqu'à concurrence d'une certaine somme, tel est l'édit du mois de décembre 1576, registré au parlement de Paris le 10 du même mois, qui ordonne l'aliénation du domaine du roi jusqu'à concurrence de 60,000 livres et 80,000 livres de rente. Tantôt il spécifiait le domaine dont l'aliénation aurait lieu — édit du mois de mars 1587 pour la vente et aliénation à faculté de rachat perpétuel des parts et portions du domaine dont jouissait Marie Stuart, reine d'Écosse et douairière de France, pour sa dot et pour son douaire, en Champagne, Vermandois et Poitou ; — ou la province dans laquelle les domaines de la couronne seraient vendus — édit du mois de décembre 1599 pour la vente et revente à faculté de rachat du domaine de Normandie, jusqu'à concurrence de 20,000 écus.

Jusqu'à Henri IV, les aliénations du domaine étaient faites par actes passés devant notaires.

Ce prince leur donna une autre forme en nommant des commissaires pour en faire des adjudications au plus offrant et dernier enchérisseur. Ces commissaires, pris d'abord dans le parlement et dans la chambre du domaine, furent ensuite choisis parmi les conseillers d'état et intendants des finances. On établit un bureau particulier pour ces aliénations.

Différents édits de mars 1695 et d'avril 1702 et août 1708 tracèrent les formalités de ces aliénations.

Une déclaration du roi, du 5 janvier 1712, ordonna que, lorsque le prix principal n'excédait pas 2,000 livres, les enchères seraient du tiers dudit prix, qu'elles seraient du quart lorsque le prix principal serait de 2,000 livres à 10,000 inclusivement, et du dixième au-dessus de 10,000 livres.

Enfin, sous Louis XV, la pénurie du trésor fit admettre un nouveau système. Un arrêt du conseil du 13 mai 1724 ordonna que les offres, enchères et surenchères qui seraient faites pour la *revente* des domaines engagés, ne seraient reçues qu'en rentes, à la charge de rembourser en argent comptant les finances des anciens engagistes.

Voilà ce qui concerne les édits qui ordonnaient de nouveaux engagements.

Ces engagements étant précaires, et le roi ayant toujours, en raison du principe d'inaliénabilité, le droit de rentrer dans ses domaines engagés, la législation nous offre une série d'édits d'une autre nature; ce sont ceux qui révoquent des engagements antérieurement consentis.

Quand les finances étaient obérées, on ordonnait la révocation du domaine pour le revendre à un plus haut prix, ou pour contraindre les engagistes à payer un droit; si les finances étaient prospères, on révoquait les engagements comme un acte de bonne administration, pour faire rentrer les terres dans le domaine royal.

« La législation des domaines, disait un rapporteur du « comité des domaines à l'assemblée constituante, est l'his-« toire des efforts faits par les rois pour les dissiper et pour « les reprendre. »

Il est à remarquer que l'édit de Moulins ne prononce pas la révocation générale de tous les domaines aliénés, comme l'avait fait l'édit de François Ier, de 1539, et comme le fit l'ordonnance de 1667. Mais quand on examine le préambule de cet édit et qu'on le rapproche de l'ensemble des articles, il est impossible de douter que l'intention de l'Hôpital n'ait été d'opérer une réunion immédiate des portions démembrées du domaine.

.....« Comme à notre sacre, est-il dit dans le préambule, « nous ayons entre autres choses promis et juré garder et « observer le domaine et patrimoine royal de notre couronne, « l'un des principaux nerfs de notre État, et *retirer les por-* « *tions et membres d'icelui qui ont été démembrés.*

Art. 6. « Ceux qui détiennent le domaine de notre « couronne, sans concession valable dûment vérifiée, seront « condamnés et tenus de rendre les fruits perçus depuis leur « indue jouissance et possession, non-seulement *depuis la* « *saisie qui sera faite pour la réunion,* mais aussi depuis « leur jouissance ou de leurs prédécesseurs, quelque titre « ou concession qu'ils aient de nos prédécesseurs ou de « nous.

Art. 14. « Les saisies faites pour *réunion* de notre domaine « ne se lèveront par provision.

Art. 18. « Pour les droits dépendant de notre domaine « sera et pourra être en tous lieux et parlement procédé par « *saisie.*

Art 19. « Et enjoignons très-expressément à nos pro- « cureurs, tenir la main à la protection, conservation, pour- « suite et *réunion* de notre domaine. »

La réunion ordonnée par l'édit de Moulins eut peu d'effets au milieu des guerres civiles qui marquèrent la fin du XVIe siècle.

En 1619, Louis XIII ordonna que toutes les terres, seigneuries, et autres membres et portions du domaine ci-devant vendus et aliénés à faculté de rachat perpétuel, seraient retirés et rachetés en remboursant les finances des détenteurs avec leurs frais et loyaux coûts, et le tout réuni au domaine pour être de nouveau vendu et aliéné avec fa-culté de rachat perpétuel.

Quand Colbert entra au ministère, il se proposa de faire

des domaines l'une des principales sources du revenu public ;
son système était de supprimer toutes aliénations, de faire
rentrer dans le patrimoine de la couronne les biens qui en
avaient été distraits, d'aliéner sur-le-champ et à perpétuité
les petits domaines qui coûtaient à l'État plus qu'ils ne lui
rapportaient, et de donner à ferme tous les autres.

Les aliénations cessèrent en effet à partir de 1662.

Un arrêt du conseil du 31 décembre 1665 révoqua les
aliénations domaniales dans le pays et comté de Provence. Un
autre arrêt du 4 juin 1666 prononça pareille réunion dans
l'Aunis, dans le ressort du parlement de Toulouse et dans la
généralité de Caen.

Ces différents domaines furent compris dans le bail général des domaines, fait à François Euldes, en 1666, moyennant 116,000 livres de prix annuel.

En 1667, Louis XIV publia son fameux édit pour la
réunion de ses domaines. Nous en citerons le préambule,
parce qu'il expose d'une manière remarquable l'importance
que le domaine de la couronne avait sous l'ancienne monarchie et les conditions que le monarque mettait lui-même à
la révocation des aliénations.

« ...... Comme l'aliénation des revenus ordinaires de
« l'Etat a nécessité les rois, nos prédécesseurs, de recourir
« à des impositions extraordinaires dont nos sujets ont été
« surchargés ; aussi quelque désir que nous ayons de les
« bien soulager, il serait difficile que, sans la jouissance de
« nos revenus et le dégagement du patrimoine de notre
« couronne, nous puissions leur faire ressentir l'effet de nos
« bonnes intentions : c'est pour y parvenir que nous avons
« supprimé tant de constitutions de nouvelles rentes et de
« droits de toute nature, aliénés pour des sommes immenses,
« et remboursé le tout du fonds de notre trésor royal, quoi-
« que la dissipation en fût notoire et que l'État n'en eût
« pas été secouru. Mais, au milieu de ces bonnes disposi-

« tions, l'ouvrage demeurerait imparfait, si ces aliénations
« étant supprimées et le remboursement fait, nous n'entre-
« prenions de l'achever en rentrant dans le patrimoine sacré
« de notre couronne, pour en jouir et trouver par ce moyen
« de quoi soulager considérablement nos peuples. C'est par
« ces considérations que nous avons pris la résolution de
« faire le rachat de tous nos domaines, à mesure que l'état
« de nos affaires et celui de nos finances le pourront permet-
« tre ; et bien qu'à cet effet, attendu l'abus visible et no-
« toire qui a été fait depuis 30 ou 40 années des reventes
« ou augmentations de finances, qui ont été données aux
« engagistes, sans qu'il en soit entré aucuns deniers dans nos
« coffres, nous puissions nous remettre de plein droit en pos
« session de nosdits domaines, sauf à faire le rembourse-
« ment desdites finances, avec les intérêts du jour de la
« dépossession, à mesure que lesdits engagistes rapporte-
« raient les titres de leurs engagements ; néanmoins, comme
« notre intention est de rentrer dans nos domaines, en gar-
« dant toutes les formes et solennités, remboursant aux
« engagistes et détempteurs d'iceux, la finance qu'eux ou
« leurs auteurs auraient valablement et actuellement payée ;
« aussi nous avons estimé qu'il était à propos, pour préve-
« nir et résoudre toutes les difficultés qui pourraient naître
« pour raison de ce, d'établir, par une déclaration expresse,
« les différentes qualités de notre domaine, régler les condi-
« tions du remboursement et la forme de la réunion, suivant
« les maximes prescrites par les ordonnances, règlements,
« coutumes et usages de notre royaume.

« A ces causes, etc., voulons et nous plaît.

« Art. 1ᵉʳ. Que tous les domaines aliénés à quelques
« personnes, pour quelques causes et depuis quelque temps
« que ce soit, seront et demeureront à toujours réunis à
« notre couronne.......

« Art. 8. Les engagistes de nos domaines et droits do-
« maniaux qui s'en sont rendus adjudicataires à prix d'ar-
« gent, sans fraude et en vertu d'édits bien et dûment
« enregistrés, n'en pourront être dépossédés que moyennant
« le remboursement actuel qui leur sera fait de leur vérita-
« ble finance, frais et loyaux coûts, impenses et modéra-
« tions utiles et nécessaires faites par autorité de justice.

« Art. 15. En procédant à la liquidation de la finance
« des engagistes, les dons, gratifications, pensions, gages,
« appointements, arrérages d'iceux, et toutes autres finan-
« ces, de quelque qualité qu'elles puissent être, en seront
« rejetés, et n'entreront en liquidation que les deniers
« comptants que les engagistes justifieront avoir actuellement
« payés dans nos coffres, en quelques termes ou pour quel-
« que cause que les quittances soient conçues.

« Art. 22. Si lesdites aliénations se trouvent faites au
« préjudice et contre les termes des édits et déclarations bien
« et dûment enregistrés, que les contrats soient frauduleux,
« les quittances défectueuses ou les adjudications vicieuses,
« pour quelque cause que ce puisse être, les commissaires
« par nous députés en ordonneront incontinent la réunion,
« sauf à les rembourser, suivant qu'ils justifieront après
« leur dépossession par de bons et valables titres. »

En exécution de cet édit, il fut fait différentes réunions,
notamment des domaines aliénés en Normandie et en Bretagne,
des biens engagés en Champagne, à Vermandois, Chaumont,
Vassy, Saint-Dizier, etc., etc. ; chaque réunion était
ordonnée par un arrêt particulier du conseil. On ne considérait pas en effet des réunions générales, ordonnées par un
édit, comme s'opérant de plein droit.

Tous les domaines réunis furent compris dans le bail général des domaines, fait le 26 octobre 1669, à Claude
Vialet, dont le prix fut porté à 4 millions, ce qui faisait près
de trois quarts d'augmentation sur le bail de 1666, nonobs-

6.

tant l'aliénation des petits domaines : en 1681, le prix du bail fut porté à 5 millions.

Mais Colbert mourut : les guerres recommencèrent, l'état du trésor demandait des ressources immédiates : on revint aux anciens errements, on aliéna le domaine.

Sous Louis XV, on reprit le projet de réunion. Par arrêt du conseil du 21 novembre 1719, les 1,500 millions que la compagnie des Indes s'était engagée à prêter au roi furent destinés à la réunion générale du domaine : en conséquence, il fut ordonné par cet arrêt : Art. 1er « que tous les domaines, « seigneuries, justices, et autres droits domaniaux aliénés, soit « par engagement à faculté de rachat, soit à titre de pro- « priété incommutable, inféodation, don, accensement, ou « autrement, à quelques personnes, pour quelques causes, « et depuis quelque temps que ce fût, seraient et demeure- « raient pour toujours réunis à la couronne, sans qu'ils en « pussent être ci-après distraits ni aliénés en tout ou en « partie, pour quelque cause que ce pût être, à l'exception « néanmoins des dons faits aux églises, douaires, apanages « et échanges, faits sans fraude ni fiction, en vertu d'édits « bien et dûment vérifiés, de même que les parts et portions « de petits domaines aliénés à vie, et qui devaient revenir « à S. M. après le décès des usufruitiers. »

Les engagistes devaient rapporter leurs contrats ; la liquidation était faite par les commissaires et, pour la valeur, des récépissés devaient être délivrés sur le caissier de la compagnie des Indes, à compte des 1,500 millions qu'elle s'était engagée de prêter au roi.

Mais les 1,500 millions de la compagnie des Indes ne furent jamais versés au trésor, les engagistes obtinrent délai sur délai, et l'arrêt du conseil de 1719 n'aboutit pas plus que les précédents édits.

Enfin, en 1781, nous trouvons un dernier arrêt du conseil sur les domaines engagés.

« Le roi examinant avec attention toutes les ressources
« de ses finances, afin de préserver son peuple de nouveaux
« impôts permanents, ou pour en adoucir le poids par tous
« les moyens que la justice et la sagesse lui présentent, Sa
« Majesté a dû arrêter ses regards sur l'aliénation de ses
« domaines : et elle n'a pu voir sans peine que cet ancien
« patrimoine de la couronne était tellement diminué par la
« libéralité des rois ses prédécesseurs, par des concessions
« à vil prix, par des échanges désavantageux et par des
« usurpations, qu'il ne restait maintenant entre ses mains
« que le plus modique revenu dans cette nature de biens.

« Cependant les annales de la monarchie sont remplies
« et des réclamations des états généraux, et des remon-
« trances des parlements sur l'abus de l'aliénation des do-
« maines et sur la nécessité d'y rentrer pour augmenter les
« ressources de l'État. Les augustes prédécesseurs de Sa
« Majesté, touchés de ces vérités, ont donné dans différents
« temps les lois les plus positives à ce sujet : et en 1667,
« époque où les donations des domaines n'avaient pas en-
« core été portées au point excessif où elles le sont aujour-
« d'hui, le roi Louis XIV, de glorieuse mémoire, avait
« jugé à propos d'ordonner par un édit solennel la réunion à
« la couronne de tous les domaines aliénés, et les mêmes
« dispositions avaient été renouvelées sous le feu roi, par
« un arrêt de son conseil, rendu en 1719.

« Mais, soit que cette réunion à la couronne de tous les
« domaines engagés exigeât des fonds trop considérables,
« soit que cette loi, juste en elle-même, essuyât dans son
« exécution des obstacles communs aux grandes entrepri-
« ses, il n'y eut que très-peu de domaines réunis.

« On n'a pas obtenu plus de succès par les permissions
« accordées aux particuliers de provoquer, au gré de leur
« convenance, la revente et l'adjudication des domaines
« entre les mains des engagistes.

« Il n'est donc résulté de l'ensemble de ces dispositions
« que des opérations éparses et de faibles reventes, dont
« l'avantage ne pouvait avoir aucune proportion avec les
« inconvénients d'un système qui favorise des recherches
« odieuses, et met, pour ainsi dire, les sujets du roi à la
« poursuite les uns des autres.

« Sa Majesté a donc justement pensé que, si l'aliénation
« de ses domaines exigeait des réunions ou de nouveaux
« traités avec les engagistes, c'était dans ses mains seules
« que l'exécution d'un plan avoué par sa justice devait être
« remise.

« Mais, en approfondissant cette importante matière, Sa
« Majesté s'est persuadée qu'en même temps qu'elle devait
« s'occuper sérieusement de l'état du domaine de sa cou-
« ronne, il était conforme à sa sagesse d'adopter par préfé-
« rence un plan modéré, et qui, s'il présentait moins d'a-
« vantages en spéculation que la loi de 1667 et celle de
« 1719, serait aussi d'une exécution plus certaine et rem-
« plirait mieux les vues d'équité que Sa Majesté se propose
« dans toutes ses dispositions d'administration.

« En conséquence, Sa Majesté renonçant à priver aucun
« de ses sujets des domaines dont ils sont en possession,
« elle a cru devoir se borner à exiger d'eux une redevance
« annuelle qui, en assurant leur jouissance, établisse une
« proportion plus égale entre les finances et les produits des
« engagements. »

Tel est le caractère essentiel de cet arrêt du conseil que
nous avons cité presque en entier, parce qu'on y admire
toute la sagesse et la hauteur de vues qui distinguent les ré-
formes administratives de Louis XVI : il propose une
transaction aux engagistes.

Ils devaient faire des offres de rente ou de supplément de
rente d'engagement aux administrateurs des domaines. Si
leurs offres étaient acceptées, il était rendu un arrêt du

conseil en conformité. Si les administrateurs jugeaient les offres insuffisantes, ils les soumettaient, avec leurs observations, à une commission nommée à cet effet. La commission fixait la rente ou le supplément de rente, « voulant « Sa Majesté que, dans la fixation desdites nouvelles rentes ou redevances, lesdits commissaires aient égard au « capital des finances anciennement payées, à la nature desdits domaines et droits, à l'époque de la possession des « détenteurs actuels, aux charges dont lesdits biens se « trouvaient grevés, et à toutes les autres circonstances qui « peuvent intéresser la justice due aux engagistes. »

Un délai de trois mois était accordé aux détenteurs pour opter entre la conservation du bien engagé, en payant la rente fixée par l'arrêt du conseil, ou sa restitution, moyennant le remboursement réel et effectif de la finance. C'est dans ce dernier cas seulement qu'ils pouvaient être dépossédés.

Le roi ne pouvait maintenir à perpétuité les engagistes qui avaient obtenu arrêts sur leurs offres ou acquiescé auxdits arrêts, car c'eût été contraire à l'inaliénabilité du domaine; mais il les maintenait pendant la durée de son règne.

Cette innovation mérite d'être remarquée. Tendance nouvelle dans les idées : au lieu de révoquer, on confirme.

Les anciens domanistes donnaient au roi le droit de rentrer dans les domaines engagés, sans rien rembourser :

« Comme ordinairement le revenu réel de la terre, disait « le commentateur de Lefèvre de Laplanche, est de beaucoup « au-dessus de l'intérêt naturel que l'argent doit produire, le « roi aura, quand il le voudra, le droit de faire procéder à « une nouvelle estimation des domaines engagés, et à une « nouvelle liquidation de la finance qui fait le prix de l'engagement, ensuite mettre une balance entre l'une et l'autre, et lorsque l'excès de l'émolument au-dessus de l'inté-

« rêt légitime de l'argent sera monté peut-être plus d'une
« fois au-dessus de la valeur des héritages, soutenir qu'il
« peut rentrer dans les héritages sans rembourser le capital.
« C'est ainsi que le payement d'intérêts exorbitants s'im-
« pute sur le capital. »

Si tel était le droit de la royauté, elle n'en usa jamais.
Louis XIV le déclare formellement dans le préambule de
l'édit de 1667, et dans aucun des édits que nous avons ana-
lysés, la faculté de rentrer dans les terres engagées, sans
bourse délier, n'est reconnue aux commissaires du roi. Toutes
les fois que les détenteurs justifiaient avoir réellement versé
une finance dans les coffres du roi, elle leur était immédiatement remboursée, et non-seulement la finance, mais l'arrêt
de 1721 ajoute les *frais* et *loyaux-coûts*, les *impenses* et
*améliorations utiles et nécessaires, lorsqu'elles auront été
faites par autorité de justice.*

Les droits de l'engagiste portaient uniquement sur les revenus, soit annuels, soit casuels du domaine engagé.

Les revenus *annuels* étaient les cens, rentes, loyers, fer-
mages, taillis.

Par revenus *casuels*, on entendait les droits dus aux mutations.

Étaient généralement compris dans l'engagement les droits
dépendant de la justice, et comme conséquences de la justice, les amendes, déshérences, confiscations, bâtardises,
qui emportaient la propriété des objets confisqués.

Mais l'engagiste n'exerçait aucun des droits féodaux ; il
ne pouvait recevoir la foi des vassaux, ni saisir féodalement,
ni exercer le retrait féodal, parce que ces droits sont inhérents à la qualité de seigneur du fief, ni présenter aux bénéfices ou exercer le droit de patronage.

De même il était exclu de plusieurs prérogatives qui dépendaient de la justice, comme des droits honorifiques et de
la nomination aux offices.

Tels étaient les principes du droit. Mais, à la fin du règne de Louis XIV, le trésor se trouva dans une telle pénurie, que, pour faire monter le prix des engagements, on conféra aux engagistes tous les priviléges qui jusqu'alors leur avaient été refusés (1). Non-seulement on aliéna les justices avec les domaines, mais on les démembra des domaines royaux pour les aliéner séparément : c'était revenir aux immunités et aux concessions des premiers temps de la monarchie. Nous citerons, comme exemple, l'édit du mois d'avril 1702, pour l'aliénation des domaines et justices, qui ordonne l'exécution de l'édit du mois de mars 1695, pour l'aliénation, à titre de propriété incommutable, des justices et seigneuries des paroisses dépendantes des prévôtés, vicomtés, et autres juridictions royales ordinaires du royaume, lesquelles demeureront démembrées et distraites du siége principal ; ordonne que les droits de patronage, de chasse, de pêche, et autres droits utiles et honorifiques, tels qu'ils appartiennent aux seigneurs hauts justiciers, pourront y être compris pour en jouir à perpétuité, avec faculté d'instituer les officiers, etc., etc.

La nomination aux offices s'entendait des offices de justice ordinaire ; la nomination aux offices extraordinaires, offices des élections, bureaux des finances, greniers à sel, etc., ne fut jamais dans la dépendance des engagistes.

La juridiction des engagistes n'en était pas moins contraire à toutes les notions reçues de souveraineté et même de suzeraineté. Aussi elle ne tarda pas à être abolie d'une manière radicale par l'édit du mois de mai 1715, qui ordonne

_____

(1) « *Sur la supplique de ceux qui possèdent des maisons et héritages en roture dans l'étendue des directes du roi, S. M. les érige en fiefs et permet de les posséder noblement pour les tenir à foi et hommage, à la charge de payer une finance dans six mois* (édit de mars 1695). Une déclaration royale du 3 avril 1696 permit à la même classe de possesseurs *d'imposer à leurs maisons et héritages tel nom que bon leur semblera.*

que « les droits seigneuriaux dus dans les justices et sei-
« gneuries aliénés par le roi, seront perçus au profit de Sa
« Majesté, nonobstant l'aliénation qui en a été faite en vertu
« des édits de 1695, 1702 et 1708, parce qu'il n'a pas été
« permis d'aliéner les mouvances des fiefs tenus de Sa Ma-
« jesté, et de les distraire des domaines auxquels elles sont
« attachées et des chefs-lieux qui sont expressément réser-
« vés, et révoque les aliénations des patronages et de pré-
« sentation aux bénéfices, parce que le patronage ne peut
« être transmis qu'avec l'universalité de la terre à laquelle
« il est attaché. »

Lefèvre de Laplanche cite encore, parmi les droits exceptés
de l'engagement, celui de mettre des armes dans les églises,
et la garde des mineurs en Normandie.

Une exception plus importante était relative aux bois de
haute-futaie.

Art. 9. Édit de Moulins. « Les bois de haute-futaie à
« nous appartenant ne pourront être aliénés, ni don fait des
« coupes d'iceux et des deniers qui en procéderont, sous
« peine de nullité et de restitution des valeurs, fruits et pro-
« fits, comme dessus. »

Ces bois étaient tellement exceptés de l'engagement, que
les amendes, restitutions et confiscations, pour les délits qui
s'y commettaient, ne pouvaient appartenir à l'engagiste, suivant un édit de Louis XIII, du mois de juin 1611, qui leur
réservait, au contraire, celles qui étaient prononcées pour délits commis dans les bois-taillis.

L'ordonnance de 1667 contenait des dispositions sévères
contre les engagistes qui auraient abattu des bois de haute-
futaie, ou dégradé des bois du domaine.

Mais l'ordonnance de 1669, au titre *des eaux et forêts
tenus à titre de douaire*, art. 5, fixait encore plus nettement
le droit des engagistes, lorsqu'elle décidait « qu'ils ne pou-
« vaient disposer d'aucune futaie, arbres anciens ou nou-

« veaux, ou baliveaux sur taillis, ni de chablis, arbres de
« délit, amendes, restitutions et confiscations en provenant,
« mais que le tout demeurera réservé au profit de Sa Ma-
« jesté, et qu'ils ne pourront prétendre ni faire couper au-
« cun arbre pour entretien et réparation des bâtiments dé-
« pendant du domaine, qu'en vertu de lettres patentes. »

L'engagiste ne pouvait exiger d'indemnité des main-
mortes qui acquéraient dans la directe de l'engagement. La
raison était que cette indemnité, étant destinée à tenir lieu
au seigneur des droits de mutation qu'il ne percevrait plus à
l'avenir, n'était pas un fruit, mais bien un droit qui faisait
partie des fonds, et qui, par conséquent, ne pouvait appartenir à l'engagiste pas plus qu'au fermier judiciaire. Néanmoins
il eût été injuste de ne pas indemniser l'engagiste, qui se
trouvait ainsi privé des droits de mutation qu'il aurait perçus
pendant son engagement. Une déclaration du 21 novembre
1724 trancha la difficulté en ordonnant que l'indemnité serait
payée au roi, en rente au denier 30, et que les arrérages de
cette rente seraient payés à l'engagiste pendant l'engagement.

L'engagiste devait faire les réparations de toute nature,
et payer chaque année les fiefs, aumônes et autres charges
héréditaires, à moins qu'il n'en eût été affranchi.

A l'égard des réparations de toute nature, un arrêt du 6
juin 1722 avait ordonné que, faute par les engagistes de les
faire, ils y seraient contraints par saisie de leurs revenus, et
que faute par eux d'y satisfaire dans les dix mois du jour de
la saisie, il en serait fait adjudication dans les bureaux de
finance, et le prix avec les frais payé sur les revenus du domaine par préférence à toutes dettes.

Un édit du mois de décembre 1701 qui établissait des receveurs généraux du domaine en chaque généralité, les obli-
geait de fournir, de dix années en dix années, aux chambres
des comptes, un état de la consistance des domaines de

leur généralité, qu'ils dresseraient sur pareils états qui leur seraient fournis par leurs fermiers et engagistes; mais cet édit ne fut pas suivi, pas plus que les arrêts du conseil qui avaient ordonné des formalités analogues; c'est ce qui explique les difficultés que l'on rencontra plus tard dans la recherche des biens domaniaux.

Quels impôts payaient les engagistes ?

Ils avaient été assujettis par un édit de 1641 à un droit annuel. Mais cet édit fut révoqué l'année suivante par Louis XIV lui-même.

Ils devaient payer le *centième-denier* toutes les fois qu'ils transféraient leur engagement à un autre particulier. Le centième-denier était le salaire de l'insinuation des mutations des biens immeubles.

A l'égard des droits de mutation, le doute existait sur le point de savoir si l'engagiste était tenu de les payer, lorsqu'il y avait transmission de l'engagement. Bacquet (*des Droits de justice*, chap. XII) opine contre l'engagiste : quelques arrêts émettaient la même doctrine, mais l'opinion générale était que dans tous les cas où les contrats n'exprimaient par l'assujettissement aux droits seigneuriaux, et lorsque les engagements n'avaient pas été faits en vertu d'édits ou autres règlements qui avaient ordonné cette sujétion, les droits de mutation n'étaient pas dus.

En effet, les droits de mutation supposent une transmission de propriété : or, il n'y a pas transmission de propriété, puisque le domaine est inaliénable, ni même transmission de possession, car l'engagiste possède pour autrui, comme le créancier gagiste possède pour son débiteur.

Un tel acheteur du domaine engagé est donc uniquement subrogé à la finance de l'engagiste et à la jouissance des revenus du domaine, sans être sujet ni à prestation de foi, ni à payement des droits seigneuriaux : il ne serait pas juste

que le roi pût exiger ces droits pour un bien qu'il a le pouvoir de retirer le lendemain.

L'engagiste jouit de tout ce qui accroît naturellement au
domaine. Quant aux acquisitions faites soit par le roi, soit
par les engagistes, elles leur restent propres.

L'engagiste a le droit de rentrer dans les terres usurpées,
mais il n'a pas le droit de rentrer dans les terres engagées à
d'autres, si une clause expresse ne l'y autorise.

§ III. — *Des Echanges.*

La troisième exception au principe d'inaliénabilité était
l'échange.

Cette exception n'était pas écrite formellement dans
l'édit de Moulins, mais elle résultait implicitement de ses
dispositions.

Chopin la signale en ces termes : « In commutatione feu-
« dorum cessare videtur ratio edicti illius Molinensis quo
« novæ domanii infeudationes prohibentur. »

L'ordonnance de 1667 excepte formellement de la révocation les échanges *faits sans fraude ni fiction en vertu
d'édits bien et dûment vérifiés.*

L'arrêt du conseil du 21 novembre 1719 reproduit textuellement la même exception.

A proprement parler, il n'y a pas dans l'échange d'exception au principe d'inaliénabilité ; car l'échange ne constitue
pas une aliénation : c'est la subrogation d'un bien à la place
d'un autre. Chopin l'a très-bien expliqué dans le passage que
nous citions tout à l'heure. « Utputa insigne prædium
« prædio commutatur a rege, quænam ex eo deterior fit re-
« gis conditio ? cum enim res permutata in alterius a nobis
« decedentis locum succedat. » Aucun des motifs qui justi-

fient la prohibition d'aliéner ne pourrait justifier celle d'é-
changer. Serait-ce l'obligation où est le prince de rendre in-
tact à son successeur le dépôt qu'il a reçu à son avénement?
Mais ce domaine ne peut se trouver amoindri, puisque
l'échange suppose toujours un contre-échange? Serait-ce cette
théorie de Vatel qui considère le prince comme simple administrateur des biens de ses sujets? Mais l'échange peut
être un acte d'administration nécessaire même à l'intérêt
public.

L'échange mérite d'être envisagé sous ce nouveau point
de vue. C'est une opération qui présente à l'État une incontestable utilité. Dans l'ancienne monarchie, à une époque
où l'expropriation pour cause d'utilité publique était peu développée, quel moyen avait l'État de s'approprier des portions de territoire nécessaire à ses besoins ou à sa sécurité?
L'échange ne lui offrait-il pas la meilleure voie d'arriver à ce
résultat, sans léser les intérêts de personne? Et quand
même on supposerait que le roi payait un peu largement à
titre de souverain qui ne peut guère marchander avec ses
sujets, ce préjudice n'était-il pas couvert par l'importance de
l'acquisition? Une partie des terres du parc de Versailles fut
acquise par le roi en échange du domaine de Fresné, en la
généralité de Tours, qu'il donna au maréchal de Tessé, et
du domaine de Montbron, qu'il céda à la duchesse d'Au-
mont. Ces échanges étaient faits dans le but d'ajouter à la
magnificence de la demeure royale. Il y en avait d'autres
qui cachaient un but politique. Chopin lui-même fait ressortir
toute l'importance qu'il y avait pour Louis XII à s'assurer
la vicomté de Narbonne en échange des comtés de Beaufort en
Champagne, Saint-Florentin, Larzicourt, etc., etc., donnés
à Gaston de Foix. En 1718, un échange intervint entre le
roi Louis XV et le comte de Belle-Isle : croit-on que la possession de Belle-Isle, sur le littoral de l'Océan, où Fouquet
avait voulu jadis organiser une insurrection contre Louis XIV,

fut indifférente pour la monarchie ? Nous dirons de même
de l'échange passé, en 1776, entre Louis XVI et son
frère le comte d'Artois ; en échange des biens de Champagne, l'État acquérait les forges de Ruelle, destinées à
fondre les canons de la marine, au moment où la guerre
d'Amérique lui faisait une loi de mettre sur pied tous ses
moyens de défense, et avec des conditions d'avenir telles
que cet établissement est aujourd'hui le premier de l'Europe
pour la fonte des canons.

Ces considérations n'ont pas échappé au domaine : le
Dictionnaire les résume avec une remarquable précision.

« Les biens du domaine peuvent être aliénés par échange,
« parce que l'échange n'est qu'une subrogation déterminée
« par des raisons de convenance, souvent même parce qu'il
« est de l'intérêt de l'État de posséder les biens reçus en
« contre-échange, et que d'ailleurs, si l'État aliène des
« fonds par l'échange, il en reçoit le remplacement par
« d'autres qui sont à l'instant unis au domaine de la cou-
« ronne, comme l'étaient ceux qui sont cédés en échange.
« Il est donc juste que ces actes subsistent à perpétuité. »

C'est en vertu de ce principe que, dans un édit de janvier
1724, rendu sur l'échange fait avec M. de Belle-Isle, le roi
Louis XV disait : « L'échange étant de sa nature un contrat
« par lequel les rois peuvent transporter la propriété de
« leurs domaines à leurs sujets, pourvu qu'ils reçoivent en
« contre-échange des domaines de même valeur, il ne peut
« y avoir de lésion dans le contrat en soi, mais simplement
« dans l'inégalité de la valeur des choses données en con-
« tre-échange. »

Les échanges avaient tellement un caractère incommutable qu'on y insérait quelquefois la faculté de rachat. « Il
« fut fait, le 24 juillet 1426, un échange entre Charles VII
« et Louis de Poitiers, seigneur de Saint-Valier, lequel céda
« au roi les droits qu'il avait sur les comtés de Valentinois

« et de Diois, et en contre-échange le roi lui céda plusieurs
« terres et seigneuries, entre autres, celles d'Aramon et de
« Valabrégue en Languedoc, avec clause expresse de faculté
« de réméré. » En matière d'engagement, une pareille clause
eût été superflue : elle était de l'essence même du contrat.
« Encore que la faculté de rachat n'ait point été spéciale-
« ment stipulée ni apposée au contrat de vendition, dit
« Chopin, la cour jugea qu'elle était tacitement comprise
« dans l'aliénation, et ne peut périr par l'espace de si long
« temps que ce soit. » — Par arrêt de la cour du parlement de Paris, prononcé en robes rouges, par M. le
président Le Maistre, le 1er avril, surveille de Pâques, l'an
1555.

Une différence profonde séparait donc l'engagement de
l'échange. L'engagement conférait une propriété temporaire
et révocable, l'échange une propriété perpétuelle et définitive. Le roi pouvait toujours rentrer dans ses domaines
engagés en remboursant à l'engagiste la finance de l'engagement ; il ne pouvait jamais revenir sur un échange légalement consommé. L'engagiste, possesseur à titre précaire,
n'avait d'autres droits que ceux d'un usufruitier. L'ordonnance de 1566 lui défendait de toucher aux arbres de haute
futaie : l'échangiste pouvait disposer d'une manière absolue
des biens qu'il avait reçus en échange. Stabilité et perpétuité de la propriété d'une part, incertitude et précarité de
l'autre.

La législation avait tiré les conséquences de ces principes.
Ainsi celui qui aliénait un domaine engagé n'était pas sujet
aux droits de mutation, parce qu'il ne transférait qu'une
possession précaire ; celui qui possédait au contraire une
terre domaniale à titre d'échange, ne pouvait en disposer,
sans payer les droits, parce qu'il en transférait la propriété.

La déclaration royale du 13 août 1697 confirmait les
détenteurs du domaine dans leur possession, à la charge de

payer la juste valeur d'une année de revenus, à *la réserve des possesseurs à titre d'échange*, et de ceux auxquels il a été aliéné des terres vaines et vagues, qui ne sont sujets à ladite confirmation. Pourquoi cette déclaration mettait-elle sur la même ligne les échangistes et les adjudicataires des petits domaines, sinon, parce qu'à la différence des engagistes, les échangistes et les adjudicataires des petits domaines avaient un droit de propriété ?

Quelles étaient les formalités en matière d'échange ?

Depuis 1711, le point capital des échanges fut les évaluations. « *La formalité essentielle des échanges*, dit Lefèvre de Laplanche, *est celle des évaluations respectives des héritages que l'on échange.* »

Avant 1711, il n'y avait rien de fixé dans les règles des échanges.

Charles le Bel, dans son édit du 31 avril 1321, ordonne la rentrée dans le domaine des biens donnés en échange, sauf ce qui sera *loyaument échangé.*

Ce qu'on peut dire, c'est que les questions de validité des échanges étaient laissées à l'appréciation des parlements. Les auteurs qui s'en occupent, comme Chopin, n'indiquent d'autre autorité que celle des arrêts.

Les parlements intervenaient comme pouvoir politique pour enregistrer les échanges, et c'est à cette occasion qu'ils pouvaient faire des remontrances. En outre, toutes questions relatives à la nullité des échanges étaient portées devant eux, à la requête du procureur général, auquel l'édit de 1566 enjoignait très-expressément de *tenir la main à la protection, conservation, poursuite et réunion du domaine.*

La jurisprudence n'avait rien de fixe : selon Chopin, une enquête devait avoir lieu, pour constater l'utilité de l'échange. « Illud anterius in causæ cognitione versatur, num « principi seu reipublicæ aliquid ea permutatio detrimenti « sit allatura. » (Chop., *de Doman.*, t. XVI.) Il cite plus bas des

échanges qui, quoique nécessaires, ont été annulés pour défaut de formes, *prœtextu formularum civilium ibi deficientium*.

Cette incertitude sur les règles de l'échange explique très-bien les réclamations nombreuses que nous trouvons dans les auteurs contre ce genre de contrat, réclamations tellement fortes qu'elles ont fait douter si l'échange était permis par les lois. Un domaniste était toujours recevable à se plaindre de ce que les formes légales de l'échange avaient été violées, quand ces formes étaient laissées à l'arbitraire de chacun. Et, quant à la lésion qui eût imprimé un caractère frauduleux à l'échange, quoi de plus variable que les estimations? quoi de plus naturel que les gens du domaine trouvassent que le domaine était sacrifié aux gens de cour, tandis que ceux-ci se plaignaient sans doute de la rapacité du domaine?

L'édit de 1667 permettait au roi de rentrer dans les domaines échangés, lorsqu'il y avait eu *lésion énorme*, ou que l'évaluation desdits domaines aurait été faite *sans les formalités requises, par fraude, fiction, et contre les édits de déclaration concernant les domaines*.

Cet édit admettait donc deux causes de nullité pour les échanges : 1° l'inobservation des formalités prescrites ; 2° la lésion énorme.

Sur ce dernier point, l'édit modifiait le droit antérieur : **car** suivant Chopin, qui est le plus savant des jurisconsultes en cette matière, la simple lésion suffisait pour que l'échange fût vicieux et susceptible de révocation. Cette innovation ne fut pas étrangère sans doute à l'opposition que le parlement et la cour des comptes firent à l'édit de 1667. On voit, en effet, dans le recueil des ordonnances de Pierre Néron, t. II, p. 86, que le parlement de Paris n'enregistra l'édit de 1667 qu'à regret, *le roi y séant à son lit de justice*, et que la cour des comptes n'enregistra également que du *très-exprès commandement du roi.*

Les formalités qui, à défaut de textes de lois, étaient consacrées par l'usage en matière d'echange, étaient celles-ci :

Un arrêt du conseil autorisait le projet d'échange et ordonnait qu'il serait passé outre à la rédaction de l'acte.

En vertu de cet arrêt et des lettres patentes délivrées à la suite, l'acte était dressé, et ordinairement il l'était dans la forme des actes notariés.

Un second arrêt du conseil ratifiait le contrat ; cet arrêt était suivi de lettres patentes.

Le contrat d'échange était alors enregistré au parlement qui déclarait l'échange valable, et autorisait les parties à se mettre respectivement en possession des biens échangés, sauf les évaluations.

Les pièces étaient portées à la cour des comptes ; elle nommait une commission pour procéder à l'évaluation des biens échangés.

Lorsque la commission avait terminé son travail, elle le soumettait à la cour des comptes qui le jugeait. Si elle estimait les évaluations mal faites, elle les faisait recommencer ; si elle les approuvait, elle renvoyait les procès-verbaux au conseil du roi, qui rendait un dernier arrêt pour fixer définitivement les clauses et conditions de l'échange, et déterminer la soulte, s'il y en avait une, ainsi que son mode de payement.

Enfin, les lettres patentes de ratification étaient délivrées pour être enregistrées à la cour des comptes.

On voit quel était le vice de ce système. La cour des comptes choisissait elle-même dans son sein la commission qui procédait aux évaluations : elle contrôlait les opérations de cette commission. Qu'en résultait-il ? C'est que toutes les fois qu'une constitution d'apanage ou un échange soulevait des oppositions dans la chambre des comptes, celle-ci était

7.

maîtresse d'en retarder indéfiniment l'exécution, en faisant recommencer les évaluations.

Louis XIV considéra cette prérogative de la cour des comptes comme un excès de pouvoir, et il décida, par son édit du mois d'octobre 1711, 1° que la commission chargée des évaluations serait désormais nommée par le roi ; 2° que le travail de la commission ne serait plus soumis à la cour des comptes, mais au conseil du roi, de telle sorte que le rôle de la cour des comptes, en matière d'échange, se bornait à l'enregistrement des lettres patentes du roi, portant confirmation définitive de l'échange.

Ce qui tempérait cette rigueur, c'est que le roi laissait entrevoir qu'il choisirait les commissaires parmi les membres de la chambre des comptes, et, en effet, ce furent des conseillers à la cour des comptes qu'il désigna le plus souvent : les lettres patentes, qui les nommaient, attribuaient, *en temps que de besoin, pour raison de l'échange et contre-échange, leurs circonstances et dépendances, toute cour, juridiction et connaissance à la cour des comptes.* Le procureur général devait assister aux délibérations de la commission et y requérir.

La cour des comptes conserva donc plus d'attributions que le texte de l'édit de 1711 ne semble le dire, mais elle était privée du droit de nommer les commissaires et de juger les évaluations. Aussi, toutes les fois qu'elle eut à enregistrer des lettres patentes ou arrêts relatifs à des échanges, elle ne manqua jamais, même lorsque les commissaires étaient choisis dans son sein et exclusivement parmi ses membres, de faire suivre l'enregistrement de cette déclaration :

« Et sera le roi très-humblement supplié en tout temps et
« en toutes occasions de rétablir l'ancien usage concernant
« les évaluations des domaines, biens et droits échangés
« avec ledit seigneur roi. »

L'édit de 1711 ne portait aucune atteinte aux attributions

des parlements. La cour des comptes enregistrait les procès-verbaux d'évaluation, parce que ces évaluations étaient des opérations financières qui rentraient dans sa compétence: mais le parlement conserva toujours le droit d'enregistrer le contrat d'échange lui-même, qui contenait un démembrement du domaine royal dont il était gardien. Si le parlement enregistrait sans protestation, sans remontrances, résistance qu'il ne craignit pas de faire sous Louis XIV, il sanctionnait par là l'échange et lui donnait un caractère inattaquable; soutenir le contraire, c'est fouler aux pieds l'ancien droit de la monarchie. Un échange ordonné par lettres patentes du roi et enregistré au parlement, était aussi régulier que l'est de nos jours un échange autorisé par une loi. Le parlement, du reste, était assez jaloux des prérogatives du domaine, pour qu'on pût être sûr que, s'il confirmait un échange, c'est que le domaine n'était pas lésé. En 1721, le parlement de Paris, enregistrant un échange entre le roi et le duc d'Uzès, retrancha de cet échange le droit d'aubaine, comme mal à propos compris au contrat. Dans l'enregistrement de l'échange de Belle-Isle, le parlement de Rouen restreignit aux engagements faits depuis quarante ans la faculté de retrait accordée indéfiniment à M. de Belle-Isle par son contrat.

Les échanges soulevèrent dans l'ancien droit une vive opposition. On les accusait de déguiser des aliénations. Chopin, après avoir admis leur validité, semble revenir sur sa propre décision, en disant : « *Ut autem de regia permutatione dicam quod sentio, æque vetanda isthæc est ac reliqua alienationum genera fundi fiscalis.* » Il cite en effet l'exemple d'un échange qui avait été révoqué : c'était un échange fait en 1497 par le roi Louis XI. Louis XI, voulant agrandir le château de Gisors, avait pris la maison d'un voisin et lui avait donné en retour, à titre de propriété, la place de mesureur public à Gisors. Le parlement annula l'échange, parce que les fonctions de mesureur public étaient un office qui ne pouvait être aliéné à perpétuité.

Mais Chopin lui-même donnait la facilité de le contre-dire; car, avant d'avoir proscrit les échanges, sauf des cas très-rares et des règles très-rigoureuses, il avait cité un grand nombre d'échanges qui n'avaient jamais été annulés par le parlement. Pour se mettre d'accord avec lui-même, il alléguait que les échanges cités par lui étaient des exceptions, car ils renfermaient une utilité évidente pour le prince. — *Nil vero ad rem pertinent superiora illa regiarum permu-tationum exempla, quæ primum citavimus, quibus evidens principi utilitas adferebatur.* Mais comment admettre des exceptions aussi multipliées? Nous pensons, au contraire, que le caractère général des échanges était d'être sincères, et que, par exception, ils servirent de prétexte pour dissi-muler une donation, ou toute autre concession défendue par les lois.

Il est probable aussi que la sincérité des échanges s'al-téra, quand le pouvoir des parlements chargés de les véri-fier se fut affaibli. Nous voyons dans l'un des articles arrêtés en la salle de Saint-Louis, en 1648, sous la Fronde, par les députés des quatre compagnies supérieures de Paris, qu'elles se plaignent de voir éluder par des échanges frauduleux et abusifs, l'exécution des ordonnances du royaume qui défen-dent l'aliénation du domaine.

Le parlement adressa même des remontrances au roi à ce sujet, par arrêtés des 9 juillet 1701, 20 avril 1705 et 19 jan-vier 1706. Dans ces arrêtés, rendus à l'occasion de l'enre-gistrement de nouveaux échanges, il était dit « que le roi « serait très-humblement supplié de trouver bon qu'on lui « représentât qu'il a fait serment à son sacre de ne point « aliéner son domaine, et que les échanges qui peuvent être « favorables lorsque le roi acquiert des terres plus nobles, « ou dont la situation peut donner retraite à des sujets re-

« belles ou entrée aux ennemis de l'État, ou lorsque la con-
« dition de Sa Majesté devient meilleure ou au moins égale,
« sont contraires aux lois du royaume, lorsque cette égalité
« ne s'y trouve pas. »

En conformité de ces principes, quelques auteurs exigeaient, pour que l'échange fût valable, que le roi se trou-
vât, par l'événement des évaluations, débiteur d'une soulte.
Voici comment s'exprime, sur ce point, Denisart (*Collect.
des décisions nouvelles*, édit. de 1787, t. vi, p. 619) :

« Les contrats d'échange que le roi fait sont regardés
« comme valables quand ils sont autorisés et revêtus de let-
« tres patentes, pourvu qu'ils soient accompagnés des pro-
« cès-verbaux d'évaluation des terres prises et données en
« échange, et que, par l'événement de ces évaluations, le
« roi se trouve débiteur d'une soulte, parce qu'alors on re-
« garde ces échanges comme une amélioration et une aug-
« mentation du domaine, et qu'il est permis de faire sa con-
« dition meilleure. »

Ces maximes ont été plaidées comme certaines par M. l'a-
vocat-général Séguier, le samedi 23 août 1760, dans une
affaire où il s'agissait de l'échange de la terre de Châteauneuf
contre une maison donnée au roi par M. de Maillebois.

Malgré l'assertion de Denisart, la soulte due par le roi
n'était pas une condition *sine qua non* de l'échange, comme
les évaluations. Il suffit, pour s'en convaincre, de lui opposer les termes mêmes dont se sert le *Dictionnaire des
domaines* (t. ii, p. 33): « Les échanges ne peuvent être con-
« sidérés comme des aliénations prohibées des biens du do-
« maine, pourvu que les fonds que le roi reçoit en contre-
« échange soient de valeur A PEU PRÈS ÉGALE à ceux que Sa
« Majesté donne en échange, et que, pour constater cette
« valeur, il ait été fait des procès-verbaux d'évaluation dans
« la forme prescrite par l'édit de 1711. »

Ce qui est certain, c'est que les soultes ne devaient pas

être payées en argent, mais en fonds de terre. Tous les contrats d'échange contiennent cette clause formelle. La loi de 1790 y fit allusion.

L'échangiste avait, sur les biens reçus en échange, tous les droits du seigneur du fief, et par conséquent la juridiction. Mais la jurisprudence du conseil lui retirait la voirie, qui demeurait au roi.

L'échangiste pouvait opérer le retrait des terres de son domaine précédemment engagées, quand ce droit lui avait été conféré par son contrat. Les terres, ainsi retirées, lui devenaient-elles propres ? « *Les terres et portions de domaines retirées par les échangistes*, dit Bosquet au mot Domaine, *ne peuvent être possédées par eux qu'à titre d'engagement, et par conséquent le roi peut y rentrer, en leur remboursant la finance qu'ils ont remboursée eux-mêmes aux engagistes.* Mais la cour de Toulouse et la cour de cassation ont jugé avec beaucoup de raison, dans une affaire relative à l'échange de Belle-Isle, que le droit de retrait avait été légalement conféré à titre d'échange au comte de Belle-Isle et à ses ayants cause, et qu'il en avait une propriété incommutable. (Cass., ch. req., 31 janvier 1833 ; le préfet de la Haute-Garonne c. Roques et de Tauriac.)

Chopin (l. III, t. VII, § 5) n'admettait pas que l'échangiste pût faire les coupes de ses forêts hors la présence des officiers du roi. Il s'appuyait sur un arrêt du parlement de Paris rendu en 1568, dans une affaire entre le procureur général et les héritiers d'Aschéres, où il plaidait lui-même. Néanmoins cette prétention du domaine était contraire aux principes, et l'arrêt qu'invoque Chopin ne s'explique que par l'incertitude qui existait alors, et qui était partagée par Chopin lui-même, sur la validité des échanges.

Ce qui est singulier, c'est que Lefèvre de Laplanche, qui semble adopter l'opinion de Chopin sur l'illégalité de l'échange, parle ensuite des efforts qui étaient faits par les vassaux mouvants du roi pour rester vassaux immédiats de la couronne, lorsque leurs terres étaient données par le roi en contre-échange. Le domaine de Chauni ayant été donné en échange, par le roi, à M. le comte de Guiscar, MM. de Mailli et de Montalaire, vassaux du roi, présentèrent leur requête tendant à ce que la mouvance de leurs terres ne fût point comprise dans l'évaluation de la portion de domaine cédée à M. de Guiscar, et que leurs terres demeurassent mouvantes du roi ; mais ils en furent déboutés par arrêt contradictoire du 21 octobre 1604. Or, si la mouvance était aliénée, à plus forte raison la propriété devait-elle l'être ?

S'il y avait eu lésion, ou inobservation des formes prescrites, quelle était la sanction pénale ?

C'était la révocation de l'échange ; mais cette révocation ne pouvait s'opérer qu'en rendant à l'échangiste les biens qu'il avait donnés en échange.

Ce principe est tellement évident qu'il n'a pas besoin d'être démontré.

L'édit de 1667 l'a hautement proclamé.

« Nous pouvons rentrer dans nos domaines échangés, en « rendant les autres biens et droits qui nous auront été don- « nés en échange, lorsque nous aurons souffert lésion « énorme, ou que l'évaluation desdits domaines aura été « faite sans les formalités requises, par fraude, fiction, et « contre les édits concernant les domaines. »

Tous les auteurs sont unanimes sur ce point.

« Les biens cédés à titre d'échange, » dit le *Dictionnaire des domaines* « peuvent également être réunis, lorsque « l'échange n'a pas été fait avec les formalités prescrites, « ou qu'il y a eu lésion dans l'évaluation, en rendant par « le roi les biens qui avaient été donnés en contre-échange.»

Cette disposition est conforme à l'équité. Le roi ne peut reprendre les biens engagés sans rembourser préalablement à l'engagiste la finance de l'engagement ; comment donc rentrerait-il dans les biens échangés, sans rendre à l'échangiste les biens qu'il a reçus ?

Trois principes dominent donc la matière de l'échange dans l'ancien droit : 1° l'échange est un mode légitime d'aliéner le domaine de l'État ; 2° la formalité essentielle de tout échange consiste dans les évaluations ; 3° il n'y a pas révocation de l'échange, sans restitution immédiate des biens reçus en contre-échange.

CHAPITRE III.

DES ALIÉNATIONS PERMISES PAR L'ÉDIT DE MOULINS.

L'édit de Moulins n'ayant autorisé l'aliénation du domaine que pour apanage et nécessité de guerre, toute autre aliénation était défendue.

Néanmoins il y avait certaines aliénations qui semblaient plutôt admises que prohibées par la législation, soit à raison de leur cause, comme les inféodations et les dons, soit à raison de leur objet, comme les aliénations des petits domaines.

§ I. — *Des inféodations et dons du domaine.*

L'édit de Moulins maintenait les inféodations pour le passé, mais elle les défendait pour l'avenir.

Art. 17. « Les terres domaniales ne se pourront doréna-

« vant aliéner par inféodations à vie, à long temps, ou
« perpétuité, ou condition quelle qu'elle soit, et ce, sans
« préjudice des inféodations déjà faites, pour le regard des-
« quelles enjoignons à nos procureurs s'enquérir bien et
« diligemment de la cause et forme, pour en faire telle
« poursuite que de raison. »

L'esprit de l'édit est facile à saisir. Les inféodations
étaient des démembrements que le prince ou les seigneurs
faisaient de leurs fiefs sous réserve de foi ou hommage. Tant
que dura la féodalité, ces concessions étaient chose sérieuse.
Le roi retirait de son vassal des aides et des soldats. En
1566, au contraire, la réception de foi et hommage était une
simple formalité. Voilà pourquoi l'Hôpital maintint les inféodations antérieures qui représentaient des services rendus
à l'État, et dont on ne pouvait opérer la révocation sans
ébranler le patrimoine des plus puissantes familles, et les
défendit dans l'avenir où elles eussent été de véritables donations.

Les domanistes citent comme un exemple d'inféodation
défendue par les lois, celle que Louis XIV fit de la terre de
Bréval à M. de Harlay pour lui et ses descendants, lorsque
cette terre devait se réunir au domaine par la mort de
M. de Harlay de Chanvallon, dernier descendant de Pierre
de Brézé, auquel elle avait été primitivement inféodée par
Louis XI. Le procureur général était alors d'Aguesseau.
Il ne craignit pas de présenter un mémoire au roi, pour lui
démontrer que l'inféodation consentie à M. de Harlay était
chose illégale. « *La grâce qu'il a plu au roi de faire à*
M. de Harlay en lui accordant des lettres de don de la
terre de Bréval, dit-il en commençant, *est fondée sur de si*
grands motifs que le procureur général du roi met au nom-
bre des peines attachées à son ministère l'obligation dans
laquelle il est de représenter avec respect à Sa Majesté
que cette grâce, si digne de sa bonté, pour ceux qui ont

l'honneur de le servir, paraît contraire aux règles étroites de la justice qu'elle se doit à elle-même, et aux rois ses successeurs, pour la conservation du domaine de la couronne. »

Voilà comment les gens du roi eux-mêmes défendaient l'inaliénabilité du domaine.

Les accensements du domaine étaient-ils défendus comme les inféodations ? C'était l'opinion de Lefèvre de Laplanche. Mais l'opinion contraire nous semble préférable : 1° parce que les termes de l'édit de Moulins ne sauraient être étendus; 2° parce que les accensements, étant des baux à rente foncière, ne contenaient pas une véritable aliénation du domaine. Par la même raison qu'on maintenait les inféodations dans le passé, parce que le service féodal avait été le prix sérieux de l'inféodation, on devait maintenir les accen-sements mêmes pour l'avenir, parce que le cens accompagné de rentes foncières représentait la propriété utile du domaine accensé. Par la nature même du contrat, l'accensement ne s'appliquait qu'aux domaines de peu d'importance : lorsque l'aliénation de ces domaines eut été permise, l'accensement se confondit avec l'aliénation proprement dite.

Tout *don* du domaine était rigoureusement prohibé par l'édit de 1566, non-seulement quant aux fonds, mais même quant aux fruits.

Art. 4. « Ne pourront, les fruits des fermes ou louage du « domaine, être donnés à quelques personnes ou pour quelque « cause que ce soit ou puisse être...... »

Art. 21.... « Déclarons dès à présent nuls tous dons faits « sur les terres et droits de notre domaine baillés en ferme. »

Doit-on excepter de la prohibition les dons faits aux églises ou les dons faits pour service militaire ?

Lebret (1) met la fondation des églises au rang des causes

_____

(1) *Traité de la souveraineté*, liv. III, ch. 1.

qui peuvent autoriser l'aliénation du domaine, et Chopin lui-même (1) ajoute que, si elle est permise pour les besoins de la guerre, elle doit aussi être autorisée dans des cas qui ne sont pas moins favorables, tels que la nécessité de bâtir une église ou de fonder un hôpital.

Le même auteur ajoute qu'il n'y a pas de doute que les officiers de la chambre des comptes ne confirment ces sortes d'aliénations, puisqu'au rang des rubriques de cette chambre, on en trouve une qui a pour titre : *De fundatione et dotatione ecclesiarum*, et il cite deux autres ordonnances de 1358 et de 1366 par lesquelles le roi Charles V, en révoquant les aliénations du domaine, excepte *quidquid in Deum ejusque sacrificos pro munere collatum est*.

Savaron au contraire, dans son livre sur la souveraineté, soutient que le roi ne peut bailler son domaine, même pour œuvres pieuses.

Révoquer tous les dons faits aux églises eût été une véritable spoliation, et un acte contraire à la majesté royale dont le premier devoir est de protéger la religion.

Permettre de donner indéfiniment aux églises, c'eût été compromettre gravement le principe de l'inaliénabilité.

Pour trancher la difficulté, l'édit de 1667 confirma tous les dons faits aux églises, sans en autoriser de nouveaux, et les édits du 21 mai 1683 et de décembre 1693, inspirés par le même esprit, exceptèrent de la recherche des îles et droits sur les rivières navigables, *ce qui avait été donné aux églises pour leur fondation*.

L'arrêt du conseil du 21 novembre 1719 reproduisit l'exception de l'édit de 1667, relativement aux dons faits aux églises.

Ces sortes de dons n'étaient donc pas un mode légitime d'aliénation du domaine, mais par respect pour la qualité du

---

(1) *De doman.*, lib. II, tit. 14.

donataire, ceux qui avaient été faits avant l'édit de 1667 n'étaient pas susceptibles de révocation.

Chopin mettait sur la même ligne les dons faits aux églises et les dons faits pour récompense des services militaires — *Quorsum hæc, ut intelligamus optime statutum a principe, bellorum causa, rei dominicæ alienationem valere*. Mais les parlements montrèrent toujours la plus vive opposition aux donations de ce genre. Ils s'appuyaient avec raison sur le silence de l'édit de Moulins et de l'édit de 1667 qui, ni l'un ni l'autre, n'avaient autorisé l'aliénation du domaine pour récompenses des services rendus à l'Etat. Ces services, disait-on, doivent être récompensés par des honneurs, des charges, des libéralités faites par le prince, et non par des fonds du domaine destinés pour toujours au soutien de la nation et de la puissance souveraine.

Dans la rigueur du droit, ces dons eussent été nuls et les donataires sujets à restituer les fruits sans aucune indemnité. Mais comme les donataires possédaient en vertu d'un titre émané du roi, et que les services qu'ils avaient rendus à l'État parlaient pour eux, on se relâchajt à leur égard de la sévérité des principes. On les considérait comme étant investis en quelque sorte de l'usufruit du bien qui leur était donné pendant tout le règne du roi qui avait fait le don. Les fruits restaient même au donataire et à ses héritiers jusqu'à la demande en restitution, parce qu'ils jouissaient en vertu d'un titre. A chaque nouveau règne, ils obtenaient une confirmation qui n'était pas une renonciation de la part du roi à rentrer dans son domaine, mais un acte de bonté et de munificence par lequel il suspendait l'exercice de son droit. En général, la donation était confirmée, tant que la famille de celui qui avait obtenu le don subsistait et lorsque le don avait été accordé à des services réels et importants : mais lorsque la famille était éteinte, le roi y rentrait, parce que cette faveur extraordinaire et toute person-

nelle ne devait pas survivre à la descendance du donataire.

Quelquefois le droit de révocation était exercé avec plus
de rigueur. François Ier donna le 15 mai 1539 une déclaration portant que, « après le décès de ceux qui possèdent des
« terres du domaine de la couronne en vertu des dons qui
« leur ont été faits, ces terres seront réunies au domaine, et
« que les donations ne seront pas continuées à leurs en-
« fants. »

Louis XIV par édit du mois d'avril 1645 révoqua « tous
« les dons, cessions et transports qui n'avaient pas été véri-
« fiés au parlement de Paris des places et lieux inutiles... »

Les art. 4 et 5 de l'édit du mois d'avril 1667 portent que
les commissaires députés, en procédant à la réunion des domaines et à la liquidation de la finance des engagistes d'iceux,
n'auront aucun égard aux *dons* et concessions desdits domaines pour quelque cause et prétexte qu'ils aient été faits,
lesquels sont cassés, révoqués et annulés conformément aux
anciennes ordonnances.

Les dons des biens de conquêtes étaient placés dans une
catégorie à part. Le roi, en récompensant de grands services militaires, donnait souvent des terres qui provenaient
de traités faits avec les puissances étrangères. C'est ainsi
que les lettres patentes de 1648 firent don et concession à
M. le prince de Condé, après la victoire de Rocroi et de
Lens, des comtés, terres et seigneuries de Sténay, Dun,
Jamets, Clermont en Argonne, des prévôtés de Varennes et
Montignon et dépendances, qui avaient été cédés à Louis XIII
par le duc Charles de Lorraine, suivant le traité de Saint-
Germain-en-Laye du 29 mars 1641. C'est ainsi que le cardinal Mazarin reçut, après la paix des Pyrénées, différentes
seigneuries faisant partie de celles qui avaient été cédées au
roi par les traités de Munster et des Pyrénées.

Ces donations étaient-elles irrévocables ?

La raison de douter venait de ce que ces terres, suivant les termes mêmes des lettres patentes de 1648, en faveur du prince de Condé, n'étaient pas de l'ancien domaine de la couronne, et qu'elles n'y avaient pas été unies expressément ni tacitement, n'ayant point été compté de revenu d'icelles en la chambre des comptes.

Mais la raison de décider aux yeux des domanistes, c'est qu'il s'opérait une union de droit au domaine de la couronne à l'instant des traités, au moyen de quoi il était indifférent qu'ils y eussent été unis de fait.

Cette opinion nous semble la plus logique. A qui, en effet, eussent appartenu les terres conquises avant leur incorporation ? Au prince. Or, si le prince ne pouvait disposer des biens, qu'il acquérait lui-même à titre onéreux, que par une faveur de la loi, comment eût-il été libre de disposer de ceux qui étaient acquis avec l'argent, les armes et le sang de ses sujets (1) ?

Les dons que le roi pouvait faire à titre irrévocable, parce que les biens qui en étaient l'objet, étaient à sa libre disposition, c'étaient ceux des *droits casuels*.

Par un édit de Louis XII, du mois de février 1498, il fut ordonné qu'il ne serait fait de dons des casuels, à l'avenir, que pour la moitié seulement ; que l'autre moitié serait recueillie par les trésoriers et receveurs à ce commis au profit du roi, et que lesdits dons et octrois seraient expédiés et vérifiés pour moitié seulement.

---

(1) C'est ce qui a été jugé par la cour de cassation, ch. req., le 1er juillet 1835, dans une affaire relative aux héritiers Mazarin, « Attendu, dit l'arrêt, *que les biens conquis à l'aide des armées et des finances de l'État étaient de plein droit réunis au domaine de l'État, les lettres patentes de l'administration des biens pendant dix ans n'étant nécessaires que pour la réunion des biens acquis par le roi à titre singulier.* — Même décision, ch. civ., 2 juillet 1833.

L'édit de Moulins alla plus loin, puisque, comme nous l'avons vu, il défendit de donner les fruits des fermes ou louage des domaines.

Une prohibition aussi sévère ne fut pas exécutée. En 1645, il était ordonné que les donations faites par le roi, et les dons de droits d'aubaine, confiscation, bâtardise, déchéance, rachat et autres casuels, seraient nuls et de nul effet, s'ils n'étaient *insinués*.

Louis XIV, par une déclaration du 28 janvier 1651, déclara nuls et révoqués tous dons de droits de lods et ventes, et autres casuels non vérifiés.

Par édit du mois d'avril 1719, Louis XV donna à l'ordre de Saint-Louis la jouissance de tous les droits casuels, autres néanmoins que les portions comprises dans les baux des fermes ; mais par l'édit du mois de mai 1730, tous édits, déclarations ou arrêts portant don à perpétuité ou autrement des dons casuels furent révoqués.

Plus on étudie les divers modes d'aliénation usités dans l'ancien droit, plus on voit se formuler nettement le principe d'inaliénabilité.

Ce principe reçoit des tempéraments en matière de donations, quand les dons s'adressent aux églises ou qu'ils sont la récompense de services rendus à l'État ; mais il n'y a de dérogation proprement dite que les trois exceptions que nous avons signalées, les *apanages*, les *engagements* et les *échanges*.

Tous les possesseurs dont les concessions étaient révoquées étaient-ils assimilés quant à la restitution des fruits ?

L'édit de Moulins ne faisait aucune distinction.

Art. 6. « Ceux qui détiennent le domaine de notre cou-
« ronne... seront condamnés et tenus de remettre les fruits
« perçus depuis leur indue possession et jouissance ; non-
« seulement depuis la saisie qui sera faite pour la réunion,
« mais aussi depuis leur jouissance ou de leurs prédéces-

« seurs, sans qu'ils se puissent excuser de bonne foi... »

Mais l'édit de 1667 admit une distinction équitable entre les détenteurs de bonne et de mauvaise foi.

« ... Les tiers-détenteurs qui auront possédé les domai-
« nes de bonne foi seront déchargés de la restitution des
« fruits, pourvu qu'ils ne contestent pas, après qu'il leur
« aura été montré que les biens sont domaniaux ; et, en cas
« de contestations, ils restitueront les fruits de leur temps ;
« et quant à leurs auteurs qui n'auront point de titres vala-
« bles, ils seront tenus de restituer les fruits des années
« précédentes. »

Devait-on condamner à la restitution des fruits ceux qui possédaient en vertu d'un titre apparent? On ne pouvait admettre en droit qu'ils fussent de bonne foi, puisque nul n'était censé ignorer la maxime de l'inaliénabilité du domaine ; mais, d'un autre côté, il eût été dangereux de causer la ruine de gens qui possédaient en vertu d'une faveur du prince : *Juste possidet qui prætore auctore possidet.* On admit donc qu'ils ne seraient pas tenus à restituer les fruits. C'est ce que nous avons déjà signalé en matière de donation. Cette opinion est celle de Lefèvre de Laplanche, qui n'est pas suspect de partialité contre le domaine : il se fonde sur le sentiment de M. Dumesnil, avocat général, dans son plaidoyer au sujet de la principauté de Martigue, où il établit qu'on *n'adjuge jamais de restitution de fruits ni pour le roi ni contre le roi, par la crainte de causer la ruine de ceux qui souffriraient une telle éviction, et réciproquement de porter atteinte aux finances du roi.*

§ 11. *Des aliénations des petits domaines.*

Les aliénations dont nous allons nous occuper n'étaient permises qu'à raison de leur objet.

Le domaine de la couronne comprenait des terres vagues, des terrains incultes, des marais et broussailles qui ne rapportaient rien à la royauté. Appliquer aux terrains de cette nature le principe de l'inaliénabilité, c'eût été les condamner à une stérilité perpétuelle, tandis qu'entre les mains des particuliers ils pouvaient être utilisés et mis en valeur.

Un second édit de Moulins, du même mois de février 1566, ordonna que « toutes les terres, prés, palus et marais « vagues, appartenant au roi, en quelque lieu qu'ils soient, « seroient baillés et délivrés à perpétuité à aucun de ses « sujets qui en voudroient prendre à cens, rente et deniers « d'entrée modérés, excepté ceux qui sont enclos dans les « bois et forêts et qui en sont la lisière à cent perches près « des dits bois et forêts, *et jouiront les preneurs à perpé-* « *tuité, sans que les dites aliénations puissent être révo-* « *quées.* »

Le système de Colbert fut comme nous l'avons dit, de retirer les grands domaines des mains des engagistes et d'aliéner les petits.

Conformément à ces idées, l'édit de 1667 réservait au roi la faculté de rembourser les détenteurs des terres vaines et vagues, landes, marais, étangs, comme aussi les détenteurs des boutiques, ou de les maintenir et conserver.

Il fut suivi d'un édit de 1669, par lequel le roi, considérant que le revenu de certains domaines, tels que fours, pressoirs, étangs, était absorbé par les réparations, et que ces domaines étaient très-recherchés des particuliers, comme le

8.

prouvait la finance de l'engagement, se réservait la faculté de rembourser les possesseurs ou de les maintenir ; même s'il jugeait plus à propos, les inféoder et bailler à titre de foi, hommage, etc., etc.

En conséquence de cet édit, une déclaration royale du 8 avril 1672, ordonna la vente et délaissement à perpétuité, par inféodation et deniers d'entrée et à titre de propriété incontestable, des petits domaines jusqu'à concurrence de 400,000 livres de revenus, à la charge de les tenir de la couronne en plein fief, en rendre foi et hommage et payer une redevance annuelle.

Un arrêt du conseil d'État du 29 novembre 1682, rendu sur le rapport de Colbert, comprit les moulins, fours, pressoirs, étangs, et autres édifices sujets à réparation, dans la classe des objets dont l'aliénation était permise par la déclaration précédente.

Un édit de Louis XIV du mois d'avril 1702, enregistré au parlement le 15 mai, et un autre édit d'août 1708, enregistré le 2 octobre au parlement et le 10 décembre à la cour des comptes, ordonnèrent l'aliénation des domaines conformément à la déclaration de 1672.

Quel était le caractère propre de ces sortes d'aliénations? opéraient-elles translation de propriété.

A ne consulter que les termes des édits, l'aliénation était irrévocable. Nous ne citerons que ceux de l'édit de Moulins :

..... Pour l'exécution du présent édit seront « commis en « chaque province certains notables personnages auxquels « sera donné pouvoir de ce faire, *sans que ce qui sera par* « *eux fait puisse ores ne pour l'avenir, par nous ou nos* « *successeurs et pour quelque cause et occasion que ce soit,* « *être révoqué ou rétracté en quelque sorte ou manière que* « *ce soit : ainsi jouiront à perpétuité tant les acqué-* « *reurs ou adjudicataires et leurs successeurs que les dits*

« *particuliers ou communes, des choses qui leur auront été*
« *ainsi baillées, délaissées...* »

Les édits de Louis XIV reproduisent les mêmes expressions.

L'ordonnance de 1667 a-t-elle dérogé à ces principes, en
ordonnant la révision des titres des possesseurs de ces sortes
de biens? Nullement : l'édit de 1669 n'intervertit pas les
principes, seulement il ordonne *pro tempore* une espèce de
révision d'opérations suspectes, pour confirmer ou révoquer
suivant le véritable caractère de l'aliénation.

L'édit de Moulins et ceux qui le suivent aliénaient donc à
perpétuité : mais les parlements n'admettaient pas qu'il en
fût ainsi. Ils considéraient les aliénations des petits domaines
comme des accensements. Le parlement de Paris enregistra
le 27 mai 1566 l'édit de Moulins, « *à la charge que les dites*
« *terres ne pourront être baillées qu'à cens, portant lods et*
« *vente, défaut et amende, et à rentes perpetuelles et non*
« *rachetables, sans que les preneurs puissent donner aucuns*
« *deniers d'entrée pour quelque raison ou cause que ce*
« *soit, sous peine de payer le quadruple et de perdition de*
« *la chose, laquelle dans ce cas la cour déclare dès à pré-*
« *sent réunie à la couronne.* »

Même réserve de la part du parlement de Paris dans l'arrêt d'enregistrement d'un édit de 1695.

Ainsi, aux yeux des domanistes, les biens aliénés conser-
vaient toujours une impression domaniale. — « Personne
« n'ignore, dit le *Dictionnaire des domaines*, que ces dispo-
« sitions que les malheurs publics avaient produites n'ont
« pu imprimer un seul instant à ces domaines le caractère
« d'une parfaite expropriation, que le roi peut toujours y
« rentrer avec justice, et que ces prétendues aliénations à
« perpétuité ne sont que des engagements...[1] »

_____

[1] La cour de cassation a toujours admis l'irrévocabilité de l'alié-

Malgré les réserves des parlements et l'opinion des domanistes, l'irrévocabilité de l'aliénation des petits domaines ne peut faire aucun doute en présence de la législation de l'ancienne monarchie. Outre les termes des édits qui sont la loi de la matière, on peut invoquer une déclaration du 27 septembre 1707 qui dispensait ceux qui ont acquis des terres vaines et vagues de la nécessité de faire enregistrer leurs titres par le conservateur des domaines aliénés. Donc ces terres n'étaient plus regardées comme faisant partie du domaine.

En outre, un arrêt du conseil du 25 juillet 1686, suivi d'un grand nombre de décisions conformes, établissait comme un point de jurisprudence constante que les adjudicataires des petits domaines étaient assujettis à payer les profits féodaux ou lods et vente à chaque mutation. Nous avons vu, au contraire, que les engagistes n'y étaient pas tenus, parce qu'ils ne transféraient que la possession. D'où il suit que les adjudicataires des petits domaines transféraient véritablement la propriété. Le *Dictionnaire des domaines* reconnaît lui-même que les adjudicataires des petits domaines payaient les droits de mutation, mais il recule devant les conséquences : il soutient que l'assujettissement aux lods et vente résultait des

nation des petits domaines (arrêt du 21 mars 1838), *Attendu que l'ancienne législation et notamment l'édit de février 1566, la déclaration de 1672 et l'édit du mois de mars 1695, déclaraient inaliénables les immeubles dépendant du petit domaine....* Elle fait une application spéciale de ces principes pour les fossés, glacis, et fortifications de places non déclarées places de guerre (arrêt du 17 juillet 1811), pour les terres vaines et vagues (arrêt du 16 décembre 1824), pour les lais et relais de la mer (arrêts des 18 mai 1830, 15 novembre 1842, 2 janvier 1844).

Le tribunal de la Seine vient de consacrer la même doctrine dans un jugement tout récent du 25 mars 1859, rendu entre l'État et la ville de Paris, au sujet de la propriété de l'île des Cygnes.

clauses du contrat. Pourquoi donc les clauses des engagements n'y soumettaient-elles jamais les engagistes ?

Résumons, avant de passer à la prescription, les principes généraux de l'ancien droit touchant le domaine.

L'inaliénabilité du domaine, soit incorporel, soit corporel, était la loi fondamentale de la monarchie.

L'inaliénabilité du domaine incorporel résultait de la nature même de la souveraineté.

Le domaine corporel n'était inaliénable qu'en vertu de son affectation tacite à la couronne.

L inaliénabilité du domaine incorporel cesse avec Hugues Capet, par la cessation des partages.

L'inaliénabilité du domaine corporel n'est formulée d'une manière irrévocable que par l'édit de Moulins.

Depuis l'édit de Moulins, le domaine ne peut être aliéné que dans trois cas, pour *apanage*, *engagement* ou *échange*. Dans aucun de ces trois cas, il n'y a à proprement parler d'aliénation. L'échange n'est qu'une substitution d'un fonds à un autre : l'apanage et l'engagement sont des concessions du domaine faites avec clause de retour. Les seules aliénations véritables sont celles des petits domaines.

CHAPITRE V.

DE L'IMPRESCRIPTIBILITÉ DES BIENS DE L'ÉTAT.

Les droits qui découlent de la souveraineté sont par leur nature même imprescriptibles.

« L'imprescriptibilité, dit Lebret, (*Traité de la souverai-*
« *neté*, chap. *de la Prescription*), est reçue pour tous les
« droits qui appartiennent au prince à cause de la souverai-
« neté, comme de donner grâce, de naturaliser les étran-
« gers, de légitimer les bâtards, de battre monnaie, le droit
« de patronage et autres semblables, qui, comme ils sont les
« plus précieux fleurons de la couronne, ils ne peuvent aussi
« se prescrire par qui que ce soit ni par aucune posses-
« sion. »

En était-il de même du domaine corporel, aliénable par sa
nature, inaliénable en vertu des principes du droit public
qui régissait la monarchie ?

L'inaliénabilité du domaine entraînait comme conséquence
son imprescriptibilité. Qu'eût servi, en effet, de déclarer le
domaine inaliénable, si une possession prolongée pendant
quelques années, soit par négligence du prince, soit par col-
lusion, eût transféré la propriété aux mains de ses sujets?
La prescription est un mode acquisitif de propriété : or, si le
domaine ne pouvait être acquis par des voies directes qui
eussent donné à l'État une compensation pécuniaire, à plus
forte raison devait-il être à l'abri d'une acquisition indirecte,
qui l'eût dépouillé sans dédommagement?

Soit qu'on fît du domaine une chose sacrée, *res sacra*,
comme les anciennes ordonnances, soit qu'on le considérât,
avec les anciens jurisconsultes, comme un bien grevé de substitution, ou même comme la propriété du peuple dont le
prince était dépositaire, sous quelque point de vue qu'on en-
visageât le domaine, il ne pouvait pas être prescriptible. Les
motifs d'intérêt public et de défiance contre la générosité du
prince, qui avaient fait de l'inaliénabilité une règle de l'État,
devaient faire admettre l'imprescriptibilité.

Néanmoins, le principe d'imprescriptibilité ne fut pas aussi
nettement appliqué par la jurisprudence.

La première ordonnance qu'on trouve sur ce sujet est celle de 1539.

Antérieurement déjà, s'il faut en croire Lefèvre de Laplanche, Louis XI aurait soutenu contre le duc de Bretagne, qui s'appuyait sur une longue possession pour conserver des droits usurpés sur le domaine, que ce bien sacré ne pouvait être prescrit par quelque temps que ce puisse être.

Mais les parlements admettaient la prescription centenaire, en se fondant sur la loi 23 C. *de Sacro-sanctis Ecclesiis.* « Ce qui a toujours été tenu pour constant dans le Palais, » dit Lebret, *loco citato,* « ensuite de cette maxime que l'on y a « établie de toute antiquité, que toutes les lois qui défendent « l'aliénation du domaine de la couronne ou de l'Église n'ont « point rejeté la prescription de cent ans, jusqu'à ce que « l'un des praticiens les plus savants de ce temps, parlant « de l'ordonnance du roi François Ier de l'an 1559, qui ex- « clut la prescription de cent ans en matière de domaine, « dit qu'elle n'a jamais été observée *nec in consulendo, nec* » *in judicando.* »

L'ordonnance de 1557 posait nettement le principe : elle révoquait toutes les aliénations du domaine, *nonobstant toute possession, jouissance, prescription et laps de temps, encore qu'il excédât cent années.* Elle en expliquait les raisons, qui sont que le domaine ne peut être possédé en vertu d'un titre valable et sans mauvaise foi ; que sa possession, d'ailleurs, ne pouvant être imputée qu'à la négligence des officiers du roi, qui ne peut y veiller par lui-même pendant qu'il est occupé au gouvernement et à la guerre, on ne doit pas tolérer que ce bien, destiné à supporter les charges de l'État, souffre une diminution par la longueur d'une possession injuste.

La raison donnée par cette ordonnance n'était pas bonne : ce qui faisait obstacle à la prescription, ce n'était pas la mauvaise foi du possesseur, car il est facile de supposer en fait l'ignorance de la domanialité d'un fonds. Mais le motif d'ordre public qui a fait admettre la prescription *ne dominia rerum essent diutius in incerto*, était dominé par le caractère sacré du domaine et la nécessité capitale de sa conservation : *Salvo enim ac incolumi reipublicæ patrimonio, stat imprimis ipsa monarchia, populus sublevatur et fiscalis prædii fructibus militaris virtus nobilitatis, regni propugnaculum, remuneratur*, disait Chopin (1).

L'ordonnance de 1667 reproduisit en termes plus énergiques encore le principe d'imprescriptibilité.

La première disposition de cet édit est que le domaine sera réuni, *nonobstant toute prétention de prescription et espace de temps, pendant lesquels les domaines et droits pourraient en avoir été separés*, et, comme si cette première partie ne suffisait pas pour exclure toute induction de la longueur de la prescription, on ajoute que *la possession, quelque longue qu'elle soit, ne peut suppléer le titre, ni couvrir le vice, ni empêcher la restitution des fruits de la jouissance entière*.

Cette ordonnance mit fin au dissentiment qui partageait les auteurs. Chopin (liv. III, t. XVIII, n° 3), Loysel (*Inst. cout.*, de la Presc., n° 16) et plusieurs autres, avaient soutenu que la prescription centenaire s'appliquait au domaine, en se fondant sur le droit civil et sur une ordonnance de Henri II de 1555, dans laquelle ce prince avait ordonné, sur les plaintes des habitants du Dauphiné d'être recherchés par le fisc après plus de cent ans, que les procès seraient jugés selon le droit, et ainsi que par ci-devant. Dupuy, *des Droits du roi sur le royaume de Bourgogne*, c. 5, Bodin, *de Republ.*, lib. VI, cap. 2, Godefroy, etc., défendaient l'opinion contraire en se tenant aux termes de l'ordonnance de 1559, et en soutenant que l'ordonnance de Henri II était spéciale

(1) Liv. III, t. 9.

au Dauphiné, et n'avait pu déroger à un principe fondamental du droit.

L'ordonnance de 1667 trancha les doutes.

Cependant, on invoquait encore les coutumes particulières. En Artois, c'était par cent ans que se prescrivait le domaine public (Cass., 29 janvier 1832); dans la province d'Alsace, on suivait le droit germanique, favorable à la prescription; dans le Bourbonnais, on admettait généralement la prescription centenaire. Mais cette prescription fut rejetée, à l'égard du roi, par arrêt de la grand'chambre du parlement de Paris de 1702, rendu sur le rapport de M. l'abbé Robert, et sur les conclusions du procureur général d'Aguesseau : « *La prescription,* » disait d'Aguesseau, dans son plaidoyer qui forme sa treizième requête, » est une espèce d'aliénation, et « c'est ce qui fait que comme le domaine de nos rois est inaliénable, il a été aussi, avec raison, déclaré imprescriptible. »

On alla même plus loin : quelques auteurs pensaient que des droits, prescriptibles par leur nature et au moment de leur naissance, devenaient imprescriptibles lorsqu'ils étaient possédés par le roi. « Lorsqu'une faculté de réméré, dit Lebret, contractée entre deux particuliers, est advenue au roi, « elle est perpétuelle, quoique, entre particuliers, elle pût « se prescrire par trente ans. L'on a estimé que le privilége « de la couronne, pour les choses qui lui adviennent, était si « grand, qu'il passait par-dessus toutes les règles communes, « en sorte qu'on tient aujourd'hui que ces facultés échéantes « au roi se perpétuent à toujours, sans se pouvoir prescrire « non plus que son domaine... »

L'imprescriptibilité étant la suite de l'inaliénabilité ne s'appliquait pas :

1° Aux petits domaines (1);

---

(1) Caen, 17 mai 1848, Baurepaire c. l'État.

2° Aux biens que le roi possédait privativement, et qui n'étaient pas encore incorporés au domaine de la couronne. Ces biens ne jouissaient d'aucun privilége, et la prescription pouvait être invoquée par les détenteurs, dans les mêmes cas où elle était établie entre les citoyens.

3° Aux écheoites casuels, ainsi qu'aux fruits et émoluments du domaine. Bien loin que les écheoites casuels fussent imprescriptibles, le receveur du domaine était chargé d'en poursuivre la vente pour les réaliser en deniers comptants qu'il employait au fait de sa charge.

Mais par quel laps de temps les droits casuels étaient-ils prescriptibles? Chopin et Lebret voulaient que ce fût par quarante ans ; Lefèvre de Laplanche soutient qu'aucun privilége n'ayant été établi par les ordonnances, et les casuels du domaine n'étant par leur nature ni inaliénables ni en dehors du commerce, la prescription était de trente ans. *Fiscus in dubio utitur jure privati.*

Cette prescription s'appliquait même aux fruits. Quoique l'usurpateur fût tenu de restituer tous les fruits perçus en vertu des édits de 1566 et 1667, on admettait toutefois qu'il ne pouvaient être redemandés au delà de trente ans.

Les meubles qui n'étaient pas considérés comme grevés de substitution au profit de la couronne étaient également prescriptibles.

D'après les principes que nous avons posés au début de ce chapitre, tous les droits qui sont dépendants de la souveraineté sont par là même imprescriptibles, tels que les droits de lods et vente, insinuation, centième denier, amende, qui faisaient partie des fermes. Mais pour ne pas étendre trop loin les recherches, le roi fixait un délai à ses fermiers pour leurs recherches, sans néanmoins admettre en principe que la prescription courût contre lui.

La première limitation à cet égard fut faite par les articles 529 et 535 du bail de Forceville de septembre 1738,

portant que le fermier ne pourrait faire la recherche des droits de contrôle des actes des notaires, insinuations, centième denier et petit scel, droits d'amortissement et de francfief, échus plus de vingt années antérieurement à sa demande, sans préjudicier néanmoins à la nullité des actes ordonnée par les règlements, S. M. se réservant de faire faire à son profit, si elle le jugeait à propos, le recouvrement desdits droits échus avant cette époque.

Cette clause fut répétée dans tous les baux suivants.

La prescription en cette matière était donc de vingt ans.

On établit aussi une prescription spéciale en faveur des fermiers du roi. Une déclaration de Louis XIV, du 10 janvier 1669, portait que deux ans après l'expiration d'un bail général des fermes, l'on ne pourrait être recevable en aucune demande contre le fermier pour prétendues restitutions de droits.

Il nous reste à dire quelques mots de la juridiction devant laquelle étaient portées les causes relatives aux aliénations du domaine.

Les anciennes ordonnances avaient attribué aux baillis et sénéchaux deux sortes de fonctions : 1° ils rendaient la justice, 2° ils administraient les domaines, les affermaient et en rendaient compte.

D'après l'ordonnance de saint Louis de 1236, ils devaient donner à bail les rentes du domaine, les prévôtés, les bailliages inférieurs ou subalternes, les eaux, les forêts du roi, les domaines et tous les autres droits.

Une ordonnance de Louis le Hutin porte que les questions de propriété domaniale pourront se traiter devant les baillis, si l'objet n'excède pas une certaine somme, sous la charge de l'appel au parlement, avec injonction à eux, lorsque l'objet excédait cette somme, de renvoyer au parlement.

Philippe le Long retira aux baillis les recettes et l'administration des domaines pour les confier à des receveurs.

Peu de temps après furent créés les trésoriers de France, auxquels fut attribuée la connaissance du contentieux des domaines. Cette attribution ne fut d'abord que partielle, comme le prouve l'art. 2 de l'ordonnance du mois de décembre 1520, par laquelle François Ier, en défendant aux officiers de la chambre des comptes de retenir la connaissance des causes et matières où il y aurait commencement de procès formé, et en leur enjoignant de les renvoyer aux juges auxquels la connaissance en appartenait, leur ordonnait de renvoyer celles qui concernaient le domaine pardevant les conseillers du trésor ou devant les juges ordinaires, SELON LES CAS.

Mais par l'édit du mois d'avril 1627, les baillis et sénéchaux furent dépouillés de la connaissance de toutes les causes domaniales qui appartinrent en premier ressort aux trésoriers de France. Le droit de ressort appartenait au parlement, comme cour des pairs, et comme c'était à la grand'chambre qu'était la séance des pairs, c'était à la grand'chambre que se traitaient toutes les affaires du domaine.

Nous devons mentionner ici le bureau des finances établi sous Louis XIII au Louvre pour la vente et revente des domaines engagés et pour la concession en censive des terres vaines et vagues. Il se composait des commissaires nommés par le conseil du roi.

Le pouvoir chargé de veiller sur le domaine était le parlement.

Art. 5 de l'édit de Moulins : — « Défendons à nos cours, « parlement et chambres des comptes d'avoir aucun égard « aux lettres patentes, contenant aliénation de notre do- « maine et fruits d'icelui, hors les cas sus-dits, pour quel- « que cause et temps que ce soit, même pour une année, à « moins que ce ne soit dans les cas ci-dessus exprimés. »

Nous avons vu que le parlement usa de son plein droit, soit à l'avénement de Henri IV pour l'application du principe de dévolution, soit dans les remontrances au sujet des échanges.

Un principe admis par le parlement était qu'il n'y avait point de jugement qui pût former une fin de non-recevoir insurmontable contre le roi, et qui ne fût sujet à un nouvel examen, toutes les fois qu'on proposait des titres et des moyens capables d'assurer au roi les droits dont il était privé par ces jugements.

Nous en citerons un exemple. Le comte de Tournemine avait obtenu cinq arrêts du parlement de Bretagne rendus contradictoirement avec les avocats et procureurs généraux du roi, qui lui attribuaient la mouvance du fief de Mérionnet. L'inspecteur général du domaine déféra ces arrêts au conseil du roi, et quoiqu'ils eussent été rendus contradictoirement avec le procureur général, partie formelle, il fut déclaré qu'ils n'avaient point autorité de chose jugée, lorsqu'il était prouvé que le droit dont S. M. avait été dépouillé faisait partie de son domaine : la fin de non-recevoir du comte de Tournemine fut écartée et les arrêts cassés et annulés.

Dans une autre affaire entre M. Fréteau, inspecteur général du domaine, et M. de Robien, président au parlement de Bretagne, il fut admis comme principe universellement reconnu qu'on ne pouvait opposer de fin de non-recevoir au roi.

La minorité du roi ne faisait obstacle ni à l'aliénation de son domaine par engagement ni à la prescription. Le roi était toujours mineur en ce sens qu'il ne pouvait aliéner, mais il était toujours majeur en ce sens que l'état de minorité ne lui retirait aucun de ses droits, parce qu'il était relevé de son incapacité par le conseil de tutelle.

Tel fut l'ensemble de notre législation domaniale avant 1789. Comme à Rome, c'était une législation de faveurs et de priviléges en faveur du domaine.

QUATRIÈME PÉRIODE.

Inaliénabilité du domaine public, aliénabilité des biens de l'État.

Nous avons vu quels étaient les principes de la législation domaniale sous l'ancienne monarchie.

On peut les résumer ainsi :

1° Confusion entre la personne du prince et l'État. Tout ce qui appartient à la nation appartient au roi, et tout ce qui appartient au roi est à la nation.

2° Administration et jouissance du domaine par le roi. Tout ce qui augmente les biens de l'État, conquêtes, confiscations, biens vacants, etc., etc., enrichit le domaine du roi. Le domaine est le domaine royal.

3° Le domaine est inaliénable entre les mains du roi.

4° Le domaine forme le principal revenu de la couronne.

5° Le domaine est placé sous la garde des parlements qui s'intitulent les tuteurs des rois.

En 1789, ces principes sont renversés de fond en comble, et les principes diamétralement contraires sont proclamés.

Une révolution aussi radicale ne s'opère pas sans qu'il y ait un grand changement dans les idées.

Au point de vue politique, la puissance absolue du roi était battue en brèche depuis Louis XIV. Le roi qui était tout n'était plus rien, et la nation tendait à être tout.

Ce qui le prouve, c'est le pouvoir de l'assemblée consti-

tuante en 1790. Quels étaient les droits du roi ? Ils se rédui-
saient à opposer son *veto* aux résolutions de l'assemblée :
encore ce *veto* n'était que suspensif.

Au point de vue social, on tendait à l'égalité, on effaçait
toutes les distinctions de l'ancien régime.

Au point de vue économique, ce que les économistes ré-
prouvaient le plus, c'était l'immobilité des terres ; ils voulaient la circulation des biens à l'infini.

Le préambule du décret du 25 juillet 1790, concernant
l'aliénation de tous les domaines nationaux, expose nettement
les idées de la constituante :

« Considérant que l'aliénation des domaines nationaux
« est le meilleur moyen d'éteindre une grande partie de la
« dette publique, d'animer l'agriculture et l'industrie, et de
« procurer l'accroissement de la masse générale des ri-
« chesses par la division de ces biens nationaux en pro-
« priétés particulières toujours mieux administrées, et par la
« facilité qu'elle donne à beaucoup de citoyens de devenir
« propriétaires... »

La législation nouvelle fut faite sous l'influence de ces
idées.

L'ancien droit ne reconnaissait qu'un seul domaine, le
domaine du roi : l'assemblée nationale ne reconnaît qu'un
seul domaine, le domaine de la nation.

Le roi agissait à l'égard de son domaine en véritable propriétaire, sauf la prohibition d'aliéner ; il n'a aucun droit sur
le domaine de la nation, sauf un droit d'usufruit et de jouissance sur la portion du domaine national dont la jouissance
lui a été expressément accordée par une loi.

Le principe fondamental en matière domaniale était l'inaliénabilité : le principe nouveau est l'aliénabilité.

Le domaine formait le principal revenu de la couronne.
Le revenu de la couronne est une dotation pécuniaire : les
domaines n'ont qu'un rôle secondaire.

Le parlement était chargé d'enregistrer les ordonnances, comme pouvoir politique, et de juger les procès qui pouvaient s'élever entre le domaine et les particuliers, comme pouvoir judiciaire. — Le domaine est administré par des agents du pouvoir exécutif d'après les règles législatives, et les tribunaux n'ont plus qu'à juger des questions de propriété.

Ces nouvelles idées sont développées d'une manière remarquable dans le préambule de la loi du 1er décembre 1790 :

« L'assemblée nationale, considérant : 1° que le domaine
« public a formé pendant plusieurs siècles la principale et
« presque l'unique source de la richesse nationale, et qu'il a
« longtemps suffi aux dépenses du gouvernement ; que livré
« dès le principe à des déprédations abusives et à une ad-
« ministration vicieuse, ce domaine précieux, sur lequel re-
« posait alors la prospérité de l'État, se serait bientôt
« anéanti, si ses pertes continuelles n'avaient été réparées
« de différentes manières, et surtout par la réunion des biens
« particuliers des princes qui ont successivement occupé le
« trône ;

« 2° Que le domaine public, dans son intégrité et avec ses
« divers accroissements, appartient à la nation ; que cette
« propriété est la plus parfaite qu'on puisse concevoir,
« puisqu'il n'existe aucune autorité supérieure qui puisse la
« modifier ou la restreindre ; que la faculté d'aliéner, attri-
« but essentiel du droit de propriété, réside également dans
« la nation, et que si, dans des circonstances particulières,
« elle a voulu en suspendre pour un temps l'exercice, comme
« cette loi n'a pu avoir que la volonté générale pour base,
« elle est de plein droit abolie dès que la nation, légalement
« représentée, manifeste une volonté contraire ;

« 3° Que le produit des domaines est aujourd'hui trop au-
« dessous des besoins de l'État pour remplir sa destination
« primitive ; que la maxime d'inaliénabilité, devenue sans

« motifs , serait encore préjudiciable à l'intérêt public,
« puisque des possessions foncières, livrées à une adminis-
« tration générale, sont frappées d'une sorte de stérilité,
« tandis que, dans les mains de propriétaires actifs et vigi-
« lants, elles se fertilisent, multiplient les subsistances, ani-
« ment la circulation, fournissent des aliments à l'industrie
« et enrichissent l'État... »

La loi du 1er décembre 1790 est la loi fondamentale en
cette matière. C'est elle qui pose tous les principes dont les
lois postérieures font l'application. On peut dire que toute la
législation domaniale moderne est contenue en germe dans
la loi de 1790.

Ce n'est pas à dire que la loi du 1er décembre 1790 ait décrété la première l'aliénation du domaine de la couronne.
L'aliénabilité des biens de la couronne résulte de l'article 10
du décret du 21 décembre 1789, ainsi conçu :

Art. 10. « Les domaines de la couronne, à l'exception des
« forêts et maisons royales dont le roi voudra se réserver la
« jouissance, seront mis en vente, ainsi qu'une quantité de
« domaines ecclésiastiques suffisante pour former ensemble
« la valeur de 400 millions. »

Ces biens furent vendus aux municipalités par décret du
17 mars 1790.

Différentes lois postérieures s'occupèrent des biens de la
couronne, mais elles furent toutes refondues dans la loi du
1er décembre 1790, dont il importe de donner une explication
assez étendue.

La loi de 1790 est intitulée : *Du domaine national.* Il
n'existait plus, en effet, de domaine de la couronne, bien que
la monarchie existât encore. Dès que l'assemblée constituante eut été réunie, elle se considéra comme seule et unique propriétaire du domaine de la couronne. Le 28 octobre
1790, elle décréta qu'elle entendait par *biens nationaux* :
1º tous les biens des domaines de la couronne ; 2º tous les

9.

biens des apanages ; 3° tous les biens du clergé, etc. L'ancien domaine de la couronne faisait donc partie des biens nationaux ; mais pour le distinguer des biens des gens de mainmorte, dont la constituante s'était emparée, on le désignait plus particulièrement sous le nom de *domaine national*. Tel est le sens que lui donne la loi de 1790.

La distinction que nous avons constamment observée dans les lois de l'ancienne monarchie était celle du domaine *corporel* et *incorporel*.

En 1789, les seuls droits régaliens qui fussent régulièrement aliénés étaient les droits de justice et les droits de mutation, qui semblaient inhérents à la propriété des fiefs. L'article 4 du décret du 4 août 1789 supprima toutes les justices seigneuriales, sans indemnité.

La loi du 1er décembre 1790 appliqua les mêmes principes aux autres droits régaliens, principalement à ceux qui participaient à la nature de l'impôt et qui faisaient l'objet des fermes.

Art. 9. « Les droits utiles *honorifiques*, ci-devant *appelés* « *régaliens*, et notamment ceux qui participent de la na- « ture de l'impôt, comme droits d'aides et autres y joints, « contrôle, insinuation, centième denier, droits de nomina- « tion et de casualité des offices, amendes, confiscations, « greffes, sceaux, et tous autres droits semblables, ne sont « point communicables ni concessibles ; et toutes conces- « sions de droits de ce genre, à quelque titre qu'elles aient « été faites, sont nulles, et en tout cas révoquées par le « présent décret. »

Art. 10. « Les droits utiles, mentionnés en l'article pré- « cédent, seront, à l'instant de la publication du présent dé- « cret, réunis aux finances nationales... »

Ainsi, à l'exemple de la souveraineté, les droits qui naissent de la souveraineté ne peuvent être aliénés, même avec le concours des représentants de la nation.

C'est là une règle fondamentale de la constitution française : elle n'a jamais été violée. Nous n'avons donc plus à nous occuper de l'aliénation des impôts.

Quant aux droits incorporels qui ne participaient pas à la nature des impôts, une loi postérieure des 9-20 mars 1791 ordonna qu'ils seraient *perçus, régis* et *administrés pour le compte de la nation;* on était trop près du règne des traitants pour ne pas retrancher la source de leurs odieuses spéculations

Mais, dans le domaine corporel il y avait des choses qui étaient dans le domaine du roi à titre de souverain, et d'autres qu'il possédait à titre de simple propriétaire. Comme les unes et les autres étaient inaliénables, cette distinction avait peu d'importance sous l'ancienne monarchie. Mais depuis le jour où la nation avait décrété l'aliénation des biens de l'État, il devint essentiel de distinguer, parmi ces biens, ceux qui étaient aliénables de leur nature de ceux qui ne pouvaient être aliénés sans compromettre les principes de la souveraineté. Les premiers formèrent le domaine de l'État proprement dit, les seconds le domaine public : une législation différente devait les régir. Voilà pourquoi, les aliénations de la souveraineté ayant été supprimées dans leur principe, nous avons substitué, au parallèle que nous établissions entre la souveraineté et le domaine, un parallèle entre le domaine de l'État et le domaine public.

L'assemblée constituante ne sépara pas nettement le domaine public du domaine de l'État ; mais elle posa le principe de la distinction dans l'art. 2 :

Art. 2. « Les chemins publics, les rues et places des « villes, les fleuves et rivières navigables, les rivages, lais « et relais de mer, les ports, les hâvres, les rades, etc., et « en général toutes les portions du territoire national qui ne « sont pas susceptibles d'une propriété privée, sont consi- « dérées comme des dépendances du domaine public. »

Cet article a été reproduit textuellement dans l'art. 538

du Cod. Nap., et jette les fondements du domaine public que l'on peut définir *tout ce qui n'est pas susceptible de propriété privée.*

La loi de 1790 comprit dans le domaine de l'État les biens vacants, les successions en déshérence, les biens qui appartiennent au prince à son avénement au trône :

Art. 6. « Les biens particuliers du prince qui parvient au « trône, et ceux qu'il acquiert pendant son règne à quelque « titre que ce soit, sont de plein droit et à l'instant même « unis au domaine de la nation, et l'effet de cette union est « perpétuel et irrévocable. »

Art. 7. « Les acquisitions faites par le roi à titre singu- « lier, et non en vertu des droits de la couronne, sont et de- « meurent pendant son règne à sa libre disposition ; et le- « dit temps passé, elles se réunissent de plein droit et à « l'instant même au domaine public. »

L'assemblée constituante maintenait les anciens principes. Étaient-ils conformes au nouvel état des choses? Il faut distinguer. La séparation du trésor du prince et de celui de l'État amenait comme conséquence la reconnaissance légale du domaine privé. Le roi, qui l'avait acquis de ses deniers propres, possédait en vertu d'un droit, et non en vertu d'une simple tolérance. Aussi la loi ne distingue plus s'il y a eu confusion d'administration pendant dix ans. Mais réciproquement, les biens de l'État cessant d'appartenir au prince, ceux du prince ne devaient plus appartenir à l'État. Néanmoins, l'assemblée constituante consacra de nouveau le principe de dévolution, soit qu'elle le considérât comme politique, soit qu'elle y vît un élément essentiel et constitutif de la monarchie française.

La loi de 1790 était à peine promulguée qu'une loi de 1791 fixa au roi une liste civile de 25 millions, en lui donnant la jouissance de certains immeubles du domaine national, nommément désignés. C'était le complément du système nouveau, et par conséquent le coup de grâce porté à l'ancien d'après lequel toutes les propriétés publiques composaient le domaine du roi.

De ce que la nation est propriétaire, il suit qu'elle peut aliéner. Le principe de l'aliénabilité est posé par l'art. 8 :

Art. 8. « Les domaines nationaux et les droits qui en dé- « pendent sont et demeurent inaliénables sans le consente- « ment et le concours de la nation ; mais ils peuvent être « vendus et aliénés à titre perpétuel et incommutable en « vertu d'un décret formel du corps législatif sanctionné « par le roi, en observant les formalités prescrites pour la « validité de ces sortes d'aliénations. »

Une autre conséquence du principe que le domaine appartient à la nation, c'est que la nation aura le droit de révoquer toutes les aliénations qui auront été faites sans son concours.

« Toute concession, toute distraction du domaine public, « disait le préambule de la loi de 1790, est essentiellement « nulle ou révocable, si elle est faite sans le concours de la « nation ; elle conserve sur les biens ainsi distraits la même « autorité et les mêmes droits que sur ceux qui sont restés « dans ses mains ; ce principe qu'aucun laps de temps ne « peut affaiblir, dont aucune formalité ne peut éluder l'effet, « s'étend à tous les objets détachés du domaine national, « sans aucune exception. »

Et les art. 13 et 15 faisaient l'application de cette doctrine :

Art. 13. « Aucun laps de temps, aucune fin de non-rece- « voir ou exceptions, excepté celles résultant de l'autorité « de la chose jugée, ne peuvent couvrir l'irrégularité con « nue et bien prouvée des aliénations faites sans le consen- « tement de la nation. »

Art. 15. « Tout domaine dont l'aliénation aura été révo- « quée ou annulée pourra être sur-le-champ mis en vente, « à la charge par l'acquéreur d'indemniser le possesseur

« et de verser le surplus du prix à la caisse de l'extraordi-
« naire. »

Cet article est remarquable : il exige qu'il n'y ait point de
dépossession sans indemnité.

La loi de 1790 statue ensuite sur les *apanages*, les
échanges et les *engagements*.

1° *Des apanages*.

Les apanages sont abolis pour l'avenir et remplacés par
une rente apanagère.

Cette disposition était logique. On voulait retirer le domaine de l'État des mains des princes. On voulait que les
biens pussent être morcelés.

2° *Des échanges*.

Le législateur distinguait entre les échanges consommés
et les échanges non consommés.

Les échanges étaient censés consommés lorsque toutes les
formalités prescrites par les lois et les règlements avaient été
observées et accomplies en entier, qu'il avait été procédé
aux évaluations ordonnées par l'édit d'octobre 1711, et que
l'échangiste avait obtenu et fait enregistrer dans les cours
les lettres de ratification nécessaires pour donner à l'acte
son dernier complément (art. 19).

Les échanges consommés étaient confirmés, à moins qu'il
n'y eût fraude, fiction ou simulation, ou que le domaine eût
souffert une lésion du huitième, eu égard au temps de
l'aliénation ; ainsi était abrogée la disposition de l'édit de
1667 qui exigeait que la lésion fût *énorme*.

L'art. 22 permettait aux échangistes qui avaient rempli
toutes les conditions prescrites, et qui par le résultat des
opérations se trouvaient débiteurs d'une soulte dont ils de-

vaient payer les intérêts jusqu'à ce qu'ils eussent fourni des biens et domaines fonciers de la mme nature, qualité et valeur, d'acquitter cette soulte avec les intérêts en deniers ou assignats. Cet article dérogeait encore au principe de l'ancien droit, d'après lequel la soulte dont l'État était créancier, ne pouvait être acquittée qu'en biens-fonds.

A l'égard des échanges non consommés, ou qui ne l'auraient été que depuis la convocation de l'assemblée nationale, ils devaient, aux termes de l'art. 18, *être examinés pour être confirmés ou annulés par un décret formel des représentants de la nation.*

Et l'art. 21 ajoutait : « L'échangiste dont le contrat sera « révoqué sera au même instant remis en possession réelle et « actuelle de l'objet par lui cédé en contre-échange, sauf les « indemnités respectives qui pourraient être dues. »

L'assemblée constituante proclamait donc tous les principes de l'ancien droit en matière d'échange : légitimité des échanges, nécessité des évaluations, restitution des biens que l'État avait reçus en contre-échange. Ce dernier principe emprunté à l'édit de 1667 est posé dans les termes les plus énergiques, *au même instant... possession réelle et actuelle...* La restitution doit être immédiate.

En vertu de l'art. 18 de cette loi, plusieurs échanges furent révoqués par les décrets de l'assemblée nationale.

Par décret du 27 mars 1791, révocation du contrat d'échange du Clermontois, passé le 15 février 1784 entre les commissaires du roi et le prince de Bourbon-Condé.

Le 4 mai 1791, résiliation de l'échange fait le 24 mars 1768 entre le sieur de Bosmelet et les commissaires du roi. Il est dit dans ce décret que le sieur de Bosmelet sera réintégré dans la possession des fermes cédées à l'État par son père, pour en jouir au même titre qu'avant l'échange.

Le 18 septembre 1792, révocation des ventes et échanges passés le 3 octobre 1786 avec les princes de Rohan-Soubise.

3° Des engagements.

La loi déclare simples engagements les ventes et aliénations des domaines nationaux postérieures à l'édit de 1566,
quelque stipulation contraire que puisse contenir le titre
(art. 24).

Tous les contrats d'engagements des biens et droits domaniaux postérieurs à l'édit de 1566 étaient sujets à rachat
perpétuel : ceux d'une date antérieure n'y étaient assujettis qu'autant qu'ils en contenaient la clause expresse
(art. 23).

*Aucuns détenteurs de biens domaniaux sujets à rachat,
ne pourront être dépossédés sans avoir préalablement reçu
ou été mis en demeure de recevoir leur finance principale
avec ses accessoires* (art. 25).

Il est à remarquer que la loi de 1790 proclama la révocabilité perpétuelle des engagements, sans prononcer aucune
révocation générale. Des révocations spéciales firent l'objet
de divers décrets subséquents : décrets du 14 février 1791,
qui annulle l'aliénation de la baronnie de Fenestrange (1) aux
sieur et dame ci-devant duc et duchesse de Polignac ; du

---

(1) Cet engagement avait été fait sous le ministère de M. de Calonne, fort prodigue des biens du domaine. Il comprenait la baronnie
de Fenestrange et le droit de *huitain* dépendant du fief de Puy-Paulin.
Fenestrange avait été engagée au duc de Polignac au prix de 1,200,000
livres, et l'indemnité pour le droit de huitain liquidée à la somme de
800,000 livres. L'assemblée nationale révoqua ledit engagement par
le motif qu'il résultait du registre particulier des décisions de finance,
connu sous le nom de *livre rouge*, qu'il avait été accordé aux sieur et
dame de Polignac une ordonnance au porteur du montant de la finance
de l'engagement, lequel était compris dans le compte de l'exercice de
1782, en sorte qu'aucune finance effective n'avait réellement tourné
au profit du trésor public. A l'égard du droit de huitain, le contrôleur
des restes devait se pourvoir tant contre M. de Polignac que contre

3 septembre 1792, qui révoque les ventes et aliénations de la forêt de Sénonche, etc.

La loi de 1790 statuait ensuite sur les autres modes d'aliénation que nous avons constatés dans l'ancien droit, les *dons*, les *baux emphytéotiques* et les *aliénations des petits domaines*.

Les dons, concessions et transports à titre gratuit des biens et droits domaniaux postérieurs à 1566, et ceux antérieurs faits avec clause de retour à la couronne, étaient déclarés révocables à perpétuité, même avant l'expiration du terme auquel la réversion à la couronne avait été fixée par le titre primitif. La loi n'admettait pas la validité des dons faits avec les biens de conquêtes (art. 28).

En conséquence, un décret de l'assemblée constituante du 15 mars 1791 annula les dons et cessions faits en décembre 1648 à Louis de Bourbon, prince de Condé, des terres de Sténay, Dun, Jametz, etc.

Un autre décret du 14 juillet 1791 annula également la donation faite au cardinal Mazarin.

Les baux emphytéotiques, les baux à une ou plusieurs vies, étaient réputés aliénations et devaient être soumis au comité des domaines pour être examinés, et ensuite être statué sur leur entretien et sur leur résiliation (art. 29).

A l'égard des petits domaines, le législateur n'admettait pas d'une manière absolue la validité de leurs aliénations. Il confirmait seulement les aliénations faites par contrat d'inféodation, baux à cens ou à rente, des terres vaines et vagues, landes, bruyères, palus, marais et terrains en friche, autres que ceux situés dans les forêts ou à 100 perches d'icelles, pourvu qu'elles aient été faites sans fraude ni dol

le sieur de Calonne en répétition solidaire des 800,000 livres, sous l'imputation et compensation de la finance de l'engagement dudit droit de huitain, suivant qu'elle serait justifiée.

et dans les formes prescrites par les règlements en usage au jour de leur date (art. 31).

La loi se terminait par des dispositions générales.

Gardant soigneusement les principes de l'ancienne législation relativement aux bois, la constituante défendait aux détenteurs des domaines nationaux, quel que fût leur titre, de disposer des bois de haute futaie, non plus que des taillis recrus sur des futaies coupées ou dégradées, et d'avancer, retarder ou intervertir les coupes des bois-taillis (art. 52 et 33).

Une loi plus sévère fut portée les 7-13 juillet 1792 : elle arrêtait que les coupes ordinaires des bois ci-devant domaniaux, tant en futaie qu'en demi-futaie et taillis recrus sur des futaies coupées ou dégradées, comprises dans les échanges non consommés, seraient adjugées, conformément au décret des 15-29 septembre 1791, et le prix d'adjudication versé dans les caisses des receveurs des districts pour y demeurer séquestré jusqu'à ce qu'il ait été statué sur lesdits échanges.

L'assemblée constituante terminait en déclarant la prescriptibilité des biens de l'État, conséquence logique de leur aliénabilité.

« La prescription, disait l'art. 36, aura lieu à l'avenir « pour les domaines nationaux, dont l'aliénation est per- « mise par les décrets de l'assemblée nationale. »

Une seule classe de biens restait imprescriptible. C'étaient les forêts. Nous verrons si cette exception a été maintenue.

Les dispositions de la loi de 1790 ne devaient être exécutées, à l'égard des provinces réunies à la France postérieurement à l'édit de 1566, que relativement aux aliénations faites depuis la date de leur réunion respective, les aliénations antérieures devant être réglées suivant les lois qui étaient alors en usage dans ces provinces.

Tels sont les principes posés par la loi du 1er décembre 1790, constitutive du domaine de l'État.

Elle servit de base à toutes les lois postérieures. Tandis que l'édifice politique élevé par l'assemblée constituante ne tardait pas à s'écrouler, ses lois sur les matières civiles et principalement sur les matières domaniales recevaient des révolutions et du temps une éclatante confirmation.

Pourquoi l'éphémère durée des unes et la longévité des autres ? C'est que le législateur n'apportait pas dans les lois de ce genre les passions du moment qui faisaient de sa constitution politique une œuvre d'une impuissante stérilité. C'est qu'en outre l'assemblée constituante nivelant tout et réduisant tout en système, ne trouvait pas devant elle, quand elle réglait les questions domaniales, les obstacles que le théoricien méconnaît et qui résultent des mœurs, des besoins et des intérêts contraires d'une grande nation. Cette matière même en fournit la preuve. L'assemblée constituante régla à la fois les aliénations passées et les aliénations futures du domaine. Ses lois sur les anciens domaines engagés subirent de grandes modifications : ses dispositions sur le domaine de l'État nous régissent encore aujourd'hui. D'où vient cette différence, sinon de ce que, pour régler l'avenir, il suffisait de jeter des principes, tandis que pour modifier le passé, il fallait soutenir le choc des passions et des intérêts ?

Après avoir examiné dans leur ensemble les principes formulés par la loi de 1790, suivons le développement que ces principes ont suivi dans les quatre parties de la législation domaniale :

Chapitre 1er. Des domaines engagés et échangés.

— 2e. Des apanages.

— 3e Du domaine de la couronne.

— 4e. Du domaine de l'Etat.

CHAPITRE PREMIER.

DES ANCIENS DOMAINES ENGAGÉS ET ÉCHANGÉS.

Nous traiterons dans le même chapitre des domaines engagés et échangés, non pas qu'ils soient régis par les mêmes principes, le législateur a toujours maintenu, au contraire, la différence essentielle qui sépare les deux contrats, mais ils ont été l'objet des mêmes lois. D'ailleurs, c'est en les rapprochant qu'on en saisit mieux la différence.

Essayons de formuler les principes généraux qui ressortiront de notre étude sur toute cette branche de la législation.

Les aliénations du domaine sont révocables : voilà le droit ; mais en fait la législation tend à confirmer la possession des détenteurs par une transaction.

En matière d'engagement, la révocation ne peut avoir lieu sans restitution préalable de la finance.

En matière d'échange, la résiliation ne peut être prononcée sans que l'échangiste soit remis en possession des biens qu'il a donnés en contre-échange à l'État.

Passons à l'étude des lois.

Nous les diviserons en trois époques qui ont chacune leur caractère.

1° Lois de la révolution ;

2° Lois du directoire ;

3° Lois de la restauration.

§ 1. — *Lois de la révolution.*

Ces lois sont violentes. Elles exercent la révocation dans toute sa rigueur. Les engagistes sont dépossédés sans indemnité : la même mesure est momentanément appliquée aux échangistes, mais ils sont immédiatement réintégrés dans leurs biens.

La loi du 1er décembre 1790 avait déclaré toutes les aliénations du domaines révocables, sans opérer aucune révocation. Les détenteurs des domaines engagés se plaignirent de ce que cette loi les laissait dans un état d'incertitude funeste à leur propriété, et les exposait à des vexations de la part du domaine.

Pour les mettre à l'abri de tout acte de violence, une loi des 27 mars-1er avril 1791 maintint en jouissance les possesseurs des biens ci-devant domaniaux , et défendit de vendre leurs biens avant la révocation du titre légal d'aliénation.

En 1792, une nouvelle loi vint mettre fin à l'incertitude contre laquelle réclamaient les détenteurs, en appliquant les principes de la loi de 1790.

L'assemblée nationale, « considérant que les intérêts de la « nation commandent sa plus prompte réintégration dans « les biens considérables abusivement concédés à titre d'en- « gagement par l'ancien gouvernement, » décrète :

Art. 1. « Toutes les aliénations des domaines nationaux « déclarées révocables par la loi du 1er décembre 1790, au- « tres par conséquent que celles faites en vertu des décrets « de l'assemblée nationale, sont et demeurent révoquées. »

Art. 2. « Il sera incessamment procédé à la réunion des « biens compris dans lesdites aliénations ; la régie du do- « maine est chargée de la poursuivre. »

Les détenteurs qui faisaient la remise de leurs titres dans un délai de trois mois ne pouvaient être dépossédés sans avoir préalablement reçu ou été mis en demeure de recevoir les sommes auxquelles leurs finances et ses accessoires auraient été liquidés.

Ils devaient percevoir jusqu'à cette époque les fruits et produits des biens, à la charge de les entretenir en bon état et d'en acquitter les charges et contributions (art. 4). La liquidation embrassait les intérêts du capital à 4 pour cent à compter du jour où les fruits cessaient de leur appartenir (art. 7 et 14).

Faute d'avoir opéré la remise de leurs titres, les détenteurs étaient dépossédés dès l'instant de l'expiration du délai. Ils rendaient compte des fruits depuis le jour de la publication de la loi. Les intérêts de leurs finances, au contraire, ne couraient que du jour de la remise de leurs titres.

La loi accordait à ceux qui se croyaient dans quelques cas d'exception, et en droit de se faire déclarer propriétaires incommutables, conformément à la loi du 1er décembre 1790, la faculté de se pourvoir avant l'expiration du délai de trois mois devant les tribunaux. Si leur maintenue était rejetée, ils étaient assimilés aux détenteurs qui n'avaient pas produit leurs titres.

La loi du 4 septembre 1792 ne s'appliquait qu'aux engagistes, comme l'indiquent son préambule et la nature de ses dispositions.

Elle resta sans exécution. Les détenteurs qui n'étaient menacés que d'une restitution de fruits et d'une perte d'intérêts, aimaient mieux en courir la chance que de faire la déclaration de leurs biens.

La convention nationale, trouvant les choses en cet état, voulut y remédier par des mesures rigoureuses et forcer les détenteurs récalcitrants, par l'appréhension de peines sévères et de déchéances rigoureuses, à faire la remise de leurs titres.

De là la loi du 10 frimaire an II.

Nous laissons de côté les premiers articles de la loi dans lesquels sont et demeurent définitivement révoquées toutes les aliénations du domaine, à l'exception des inféodations des terres vaines et vagues, et des sous-aliénations faites par les engagistes avant le 14 juillet 1789.

L'article capital est l'art. 8 ainsi conçu :

Art. 8. « Aussitôt après la publication du présent décret,
« la régie nationale prendra possession au nom de la nation,
« après en avoir référé au directoire du district et en avoir
« obtenu l'autorisation, de tous les biens mentionnés en
« l'art. 1ᵉʳ, sauf les exceptions portées par les art. 3 et 5,
« quand bien même les détenteurs auraient satisfait aux for-
« malités et fait les déclarations prescrites par les précédentes
« lois qui établissaient des exceptions. »

Les art. 27 à 33 se réfèrent aux déclarations à fournir, afin de procurer au gouvernement la connaissance des biens qui faisaient l'objet du décret.

« Faute par les détenteurs de faire dans les délais fixés les
« déclarations qui leur sont prescrites, *ils sont dès à présent*
« *déchus de toute répétition envers la république : et ceux*
« *dont la propriété devra être conservée d'après les dispo-*
« *sitions du précédent décret seront en outre dépossédés.* »

Voici l'article 34, qui décrétait la vente des biens soumis à la révocation :

« Tous les biens et droits domaniaux, dans la possession
« desquels la république rentrera, en vertu du présent dé-
« cret, seront administrés, régis et vendus comme les autres
« domaines nationaux. »

L'article 37 est relatif aux indemnités que pourraient ré-clamer les concessionnaires dépossédés.

« Les détenteurs des domaines et droits domaniaux qui

« seront dépossédés en vertu du présent décret, seront tenus
« de remettre au directeur général de la liquidation, d'ici aux
« premiers jours de messidor an II, les originaux de leurs
« contrats...., et autres titres constatant leurs créances et
« leurs droits....., et, faute par eux de faire cette remise
« dans le délai prescrit, ils sont, dès à présent, déchus de
« toute répétition envers la république. »

Les articles 41 à 51 s'occupent de la liquidation des droits
des détenteurs dépossédés qui ont produit leurs titres. Les
articles 48 et 51 méritent d'être rapportés :

Art. 48. « S'il résulte du procès-verbal des experts que
« le revenu des domaines aliénés, pendant les dix dernières
« années réunies, équivaut au montant de la liquidation, il
« n'y aura lieu à aucun remboursement, à moins que les dé-
« tenteurs ne prouvent, par titres suffisants, que ce revenu
« provient de réparations et améliorations qu'ils ont faites
« pendant cette époque. »

Art. 51. « Le montant de la liquidation et des intérêts
« sera payé ou inscrit sur le grand-livre, ainsi qu'il est pres-
« crit pour la dette exigible, par le décret du 24 août der-
« nier et décrets subséquents sur la consolidation de la dette
« publique. »

On voit quelle était la violence de ce décret : dépossession
immédiate de tous les engagistes, déchéance de toute répétition contre l'État, à l'égard de ceux qui ne feraient pas,
dans les délais fixés, les déclarations prescrites ou la remise
de leurs titres ; liquidation en numéraire des droits des détenteurs dépossédés ; absence de toute indemnité lorsque le
revenu total, pendant les dix années qui avaient précédé la
dépossession, équivalait au montant de la liquidation : rien
ne semblait assez rigoureux pour atteindre les détenteurs du
domaine.

Et, comme si on craignait que les victimes du décret ne
trouvassent des armes dans la législation antérieure pour en-

traver son exécution, l'article 53 *révoquait toutes les lois relatives aux domaines aliénés ou engagés, et à la liquidation de leurs finances.*

La loi du 10 frimaire an II ne concernait pas les échangistes. L'article 52, en effet, disait : « Les comités des do-
« maines et des finances sont chargés de présenter inces-
« samment un projet de loi relatif aux échanges consommés
« et aux dispositions de la loi du 1er décembre 1790, rela·
« tives auxdits échanges qui seront susceptibles d'être révo-·
« qués. »

Néanmoins, la régie, se fondant sur le caractère général de la loi, s'empara indistinctement des biens des engagistes et des échangistes, sans accorder aucune indemnité aux uns, et sans restituer aux autres les biens que l'État avait reçus en contre-échange.

Après la chute du régime de la terreur, la convention reconnut l'iniquité de cette spoliation : elle rendit, le 22 frimaire an III, une loi qui suspendit l'exécution de celle du 10 frimaire an II, et chargea le comité des domaines de présenter un nouveau projet de loi sur les domaines aliénés. C'était un hommage aux principes, mais un hommage stérile, puisque la régie avait dépossédé tous les détenteurs sans distinction, et que le sursis laissait les choses dans l'état où elles se trouvaient !

La loi du 7 nivôse an V vint enfin mettre un terme à cette injustice : « Les échangistes, dit-elle, dépossédés depuis la
« loi du 10 frimaire an II, sans avoir été rétablis dans la
« jouissance des objets cédés en échange par eux ou leurs
« auteurs, seront *réintégrés sur-le-champ*, par les adminis-
« trations centrales, dans les biens dont ils ont été dépouil-
« lés, sans préjudice des droits de la nation, et de ceux des
« échangistes, qui les feront valoir ainsi qu'il appartien-
« dra. »

Cette loi rétablissait implicitement, entre les domaines

10.

engagés et échangés, la différence injustement supprimée
par la loi de frimaire. D'après la loi du 10 frimaire an II,
la régie avait également repris possession des uns et des
autres. Pourquoi la loi du 7 nivôse an V n'ordonnait-elle
la réintégration qu'en faveur des échangistes? Parce que
l'État avait bien pu, à la rigueur, résoudre l'engagement
et reprendre l'immeuble engagé, sans restituer immédiatement la finance de l'engagement, et sauf à la liquider
et à payer plus tard cette finance, mais qu'il n'avait pas
eu le droit de se remettre en possession de l'immeuble par
lui cédé à titre d'échange, sans rendre immédiatement à
l'échangiste, comme le voulait la loi de 1790, l'immeuble
donné par lui en contre-échange.

Les choses restèrent en suspens jusqu'au 14 ventôse
an VII. Le fisc était las de poursuivre et affamé d'argent,
les détenteurs du domaine fatigués d'une situation précaire
et prêts à faire des sacrifices pour asseoir leur propriété. C'é-
tait le moment d'une transaction : elle intervint dans la loi
du 14 ventôse an VII.

§ II. *Lois du Directoire.*

Les lois du Directoire entrent dans la voie des transactions, mais en portant dans les transactions elles-mêmes un
esprit de rigueur qui les fera souvent avorter.

Nous diviserons la loi du 14 ventôse an VII en trois parties :

1° Des aliénations confirmées ou révoquées ;

2° Des détenteurs qui ont fait leur soumission de payer le
quart ;

3° Des détenteurs qui n'ont pas fait leur soumission de
payer le quart.

§ I. *Des aliénations confirmées ou révoquées.*

Cette première partie de la loi de ventôse ne renferme aucun principe nouveau. Elle maintient et révoque, à peu d'exceptions près, les aliénations révoquées et maintenues par
les lois de 1790 et 1792. Néanmoins, comme la loi de ventôse forme le dernier état de la législation sur cette matière,
nous en analyserons les dispositions.

Le législateur fixe à l'édit de Moulins le point de départ
de la revendication des domaines engagés *sans clause de retour* (1). Toutes les aliénations du domaine de l'État, avec ou
sans clause de retour et de rachat, faites et consommées
dans l'ancien territoire de la France postérieurement à cette
époque, et dans les pays réunis postérieurement aux époques respectives de leur réunion, sont et demeurent révoquées.

Sont exceptés de la révocation :

1° Les échanges consommés légalement et sans fraude,
avant le 1er janvier 1789, pour les pays qui, à cette époque,
faisaient partie de la France, et avant les époques respectives des réunions, quant aux pays réunis postérieurement
audit jour 1er janvier 1789.

L'art. 6 renvoie à l'art. 19 de la loi du 1er décembre
1790 pour déterminer à quelle condition un échange serait
légalement consommé. L'art. 7 déclare révocable pour fraude
tout échange dans lequel il y aurait lésion du *quart*, eu égard

(1) Les aliénations contenant clause de retour au profit de l'État
étaient révoquées, à quelque titre qu'elles eussent été faites, et à
quelques époques qu'elles pussent remonter. C'est en vertu de cet
article que la cour royale de Paris, par arrêt du 3 avril 1837, déclara
révoquée la concession du *domaine des Vertus* faite par lettres patentes du roi Jean d'avril 1361.

au temps de l'aliénation. La loi de 1790 n'exigeait qu'une lésion du *huitième*.

2° Les aliénations qui ont été spécialement confirmées par des décrets particuliers des assemblées nationales, non abrogés ou rapportés postérieurement.

3° Les inféodations et accensements des terres vaines et vagues, landes, bruyères, palus et marais non situés dans les forêts ou à 715 mètres d'icelles.

La loi du 1er décembre 1790 avait déclaré les aliénations de ce genre irrévocables, pourvu qu'elles eussent été faites sans dol ni fraude, et dans les formes prescrites par les règlements en usage au jour de leur date (art. 31).

La loi du 10 frimaire an II avait exigé que les terres vaines et vagues eussent été mises et fussent actuellement en valeur.

La loi du 14 ventôse an VII prescrit les mêmes conditions.

Mais elle détermine d'une manière toute particulière les cas où il y aura fraude.

D'abord, il y a fraude lorsqu'un contrat d'aliénation, inféodation, bail ou sous-bail à cens ou à rente, porte à la fois sur des terrains désignés comme vains et vagues, landes, bruyères, palus, marais et terrains en friche, et sur des terres désignées comme étant cultivées ou autrement en valeur, sans énonciation de contenance, ou sans distinguer la contenance des uns et des autres : aussi la loi, dans ce cas, prononce-t-elle la révocation pour le tout (art. 8).

Ensuite, il y a intention frauduleuse lorsque les objets étaient, lors de l'aliénation, des terrains en culture ou en valeur et qu'ils ont été portés sous le nom de terres vaines et vagues, landes, bruyères, palus et marais.

Dans ce cas, la loi permet de prouver la qualification frauduleuse par la notoriété publique et par enquête, ou par actes écrits mis en opposition avec l'acte qui contient l'aliénation (art. 9).

Elle va même plus loin : elle établit ici une présomption de fraude tout à fait extraordinaire, en déclarant que la qualification frauduleuse est légalement présumée et donne lieu de plein droit à la révocation, si les aliénations ont été faites à des ci-devant *gentils hommes titrés ou autres personnes ayant charge à la cour*. Néanmoins, la révocation n'atteignait pas les sous-inféodataires, à moins qu'ils ne réunissent les mêmes qualités (art. 10).

Cette présomption n'excluait pas la preuve contraire : elle avait seulement pour effet de rejeter sur la classe des personnes suspectes le poids de la preuve. Elle n'en paraît pas moins, suivant l'expression de MM. Macarel et Boulatignier, *exorbitante*. Les rédacteurs de frimaire eux-mêmes n'avaient pas songé à l'établir : ils avaient seulement exigé que les détenteurs dont les biens avaient été exceptés de la révocation rapportassent des certificats de résidence, de non émigration et de civisme. On voit par là dans quel esprit hostile et défiant vis-à-vis les détenteurs du domaine sont rédigées les lois de cette époque. Les deux rapports qui précèdent la loi de ventôse en sont la preuve : « .... Qui pour- « rait nier, disait Régnier dans son rapport aux Anciens, « que les aliénations faites aux individus que l'article désigne « ne doivent être généralement réputées le fruit de la cor- « ruption et de l'intrigue, et qu'elles n'aient été arrachées à « des rois hébétés de mollesse et d'insouciance, par l'impor- « tunité des favoris, et l'ascendant des ministres et des maî- « tresses? »

Le privilége avait fait place à l'exclusion.

4° Les aliénations et sous-aliénations ayant date certaine avant le 14 juillet 1789, faites avec ou sans deniers d'entrée, de terrains épars quelconques, au-dessous de la contenance de 5 hectares, pourvu que lesdites parcelles éparses de terrains ne comprissent, lors des concessions primitives, ni des maisons appelées *châteaux*, moulins, fabriques ou autres usines, à moins qu'il n'y eût condition de les démolir et que cette condition n'eût été remplie, ni dans les villes, des habitations actuellement comprises au rôle de la contribution foncière au-dessus de 40 francs de principal.

Cet article était conçu dans le même esprit que les dispositions précédentes. On voyait sans défiance des concessions de parcelles de terrains, des maisons chétives dans les villes, mais on s'effarouchait au nom de château.

Cette exception était une innovation de la loi de ventôse. La loi de 1790 avait rejeté toute distinction entre les *grands* et les *petits* domaines. Le nouveau législateur valide l'aliénation des terrains de moins de 5 hectares.

5° Les inféodations, sous-inféodations et accensements de terrains dépendant des fossés, murs et remparts de ville, justifiés par des titres valables ou par arrêts du conseil, ou par une possession paisible et publique de 40 ans, pourvu qu'il y ait été fait des établissements quelconques, ou qu'ils aient été mis en valeur.

Cette exception était fondée, d'une part, sur ce que dans le cours du siècle précédent les officiers municipaux de plusieurs villes avaient cru pouvoir disposer de ces objets d'après une fausse interprétation de la déclaration du 6 novembre 1677, et en outre sur la considération que les familles qui avaient acquis en sous-ordre étaient vraisemblablement des acquéreurs de bonne foi, auxquels ne pouvaient s'étendre les soupçons de dilapidation des biens domaniaux. Le législateur toutefois n'a pas maintenu les inféodations, dons ou concessions faits par un seul acte et en entier de tous les murs, remparts ou fortifications d'une ville. Ces aliénations étaient révoquées par l'art. 11, sans préjudicier toutefois à l'exécution du § V précité, relativement aux parcelles qui seraient possédées par des sous-concessionnaires.

Les biens que l'engagiste aurait pu réunir par puissance féodale ou à titre de retrait féodal ou censuel résultant de son contrat d'aliénation, étaient soumis par l'art. 12 aux mêmes règles que les biens engagés eux-mêmes. Ce point avait fait quelques difficultés. Les engagistes avaient soutenu que les biens retraités devaient être considérés comme fruits : ils s'appuyaient sur la coutume de Paris qui faisait entrer ces biens, comme fruits, dans la communauté conjugale, tandis que les coutumes de Bourgogne et d'Artois tenaient pour maximes que les biens provenant de tels retraits étaient et restaient propres à l'époux du chef duquel ils provenaient. — « Au milieu de ces usages divers, disait « le rapporteur de la loi aux Cinq-Cents, M. Berlier, la rai- « son indiquait assez que le retrait féodal ou censuel donnait « ouverture non à des fruits, mais à une incorporation réelle « qui rappelait à leur primitive condition des fonds qui en « avaient été primitivement distraits. »

L'art. 35 déclarait qu'il n'était pas dérogé aux droits et actions qui pouvaient compéter à la république contre les concessionnaires ou sous-concessionnaires maintenus purement et simplement en possession, à raison des redevances et prestations assignées sur les fonds, et qui n'auraient pas été abolies comme féodales.

Les points sur lesquels la loi de ventôse ne statuait pas, étaient :

1° Les concessions faites à vie seulement, ou pour un temps déterminé ; soit par baux à cens ou à rente ;

2° Les concessions de terrain, à quelque titre que ce fût, faites dans les colonies françaises des deux Indes ;

3° La nature des îles, îlots et atterrissements formés dans le sein des fleuves et rivières navigables, non plus que des alluvions y relatives et des relais de la mer.

Ces divers objets devaient donner lieu à des résolutions particulières.

Telles étaient les aliénations confirmées ou révoquées par la loi de ventôse.

§ II. *Des détenteurs qui se sont soumis au payement*
du quart.

Cette partie est la partie vraiment originale de la loi de
ventôse. Elle peut se résumer ainsi : Tous les détenteurs de
biens domaniaux ont la faculté de devenir propriétaires incommutables, en faisant la soumission de payer le quart de
la valeur de leurs biens.

Les conditions à remplir sont :

1° De faire, dans le mois de la publication de la loi, à
l'administration centrale du département où sont situés les
biens ou la majeure partie des biens engagés, la déclaration
générale des biens faisant l'objet de leur engagement, échange,
ou autre titre de concession (art. 13).

2° De faire dans le mois suivant, devant la même administration, la soumission irrévocable de payer en numéraire
métallique le quart de la valeur desdits biens, avec renonciation à toute imputation, compensation ou distraction de finances, ou amélioration.

« En effectuant cette soumission, » dit l'article 14, « ils
« seront maintenus dans leur jouissance ou réintégrés en
« icelle, s'ils ont été dépossédés, et que lesdits biens se trou-
« vent encore sous la main de la nation; déclarés, en outre,
« et reconnus propriétaires incommutables, et en tout assi-
« milés aux acquéreurs de biens nationaux aliénés en vertu
« des décrets des assemblées nationales. »

La soumission devait porter sur la totalité des domaines
aliénés par un même titre, ou sur tout ce que l'engagiste se
trouvait en posséder encore.

L'estimation devait être faite par trois experts, dont l'un
était nommé par le soumissionnaire, l'autre par le directeur

des domaines, et le troisième par l'administration départementale. Voici comment on procédait à l'estimation :

Deux modes d'estimation étaient employés, le premier
pour les maisons, usines, cours et jardins en dépendant, le
second pour les terres labourables, prés, bois, vignes et autres terrains.

L'estimation de chacune des deux espèces de biens devait
avoir lieu d'après trois bases différentes, savoir : pour les
maisons, usines et dépendances, le prix commun actuel, le
prix commun de 1790, et le prix de 1790 d'après les baux
de cette époque, s'il en existait. Pour les propriétés non bâ-
ties, la valeur se constatait d'après le prix commun actuel,
d'après le montant de la contribution foncière de 1793, et
d'après le prix de 1790. Les experts motivaient leurs rapports sur chacune de ces bases et les administrations de département, en énonçant les résultats de cette triple évaluation dans les arrêtés par lesquels ils déclaraient les engagistes
propriétaires, devaient se fixer à celle des trois qui était la
plus avantageuse à l'État. Ils devaient aussi en faire men-
tion expresse, le tout à peine de nullité (art. 9).

Aussitôt après sa soumission, le soumissionnaire pouvait
vendre tout ou partie des biens compris dans sa soumission,
mais à la charge d'imposer à l'acquéreur la condition expresse de verser en numéraire, dans la caisse du receveur du
domaine, tout son prix, jusqu'à concurrence de la somme due
à l'État par le vendeur. Ce versement devait être fait, nonobstant toutes oppositions formées par les créanciers du
vendeur.

Si le prix de la vente faite par l'engagiste était inférieur au
montant de l'estimation, l'État conservait, pour l'excédant,
son privilége et son hypothèque sur la chose vendue jusqu'au
payement intégral du quart dû par l'engagiste, sans être tenu
de poursuivre l'inscription de sa créance aux registres publics de la conservation des hypothèques (art. 21).

§ III. *Des détenteurs qui ne se sont pas soumis au payement du quart.*

Le payement du quart est une faculté dont le détenteur est libre d'user ou de ne pas user.

S'il n'en use pas, la révocation prononcée par les articles 2 et 3 de la loi reçoit son accomplissement.

A l'expiration du délai prescrit pour faire la déclaration et la soumission, la régie doit faire signifier copie des titres primitifs, récognitifs ou énonciatifs, tendant à établir les droits de la nation, avec déclaration que, dans le délai d'un mois à dater de la signification, elle poursuivra la vente des biens y énoncés (art. 22).

Dans les dix jours de la signification, les détenteurs devront nommer un expert pour procéder concurremment avec deux experts nommés comme nous l'avons dit plus haut : 1° à l'estimation du capital, d'après les règles posées en l'article 19 ; 2° à l'estimation du revenu annuel ; 3° à celle des améliorations, s'il y en a, en observant qu'elles ne doivent être estimées que jusqu'à concurrence de la valeur dont les biens se trouvent augmentés ; 4° à l'évaluation des dégradations, s'il y a lieu ; 5° à l'estimation des fruits perçus et recueillis par le ci-devant détenteur, depuis et y compris l'année 1791, à moins qu'il ne justifie avoir fait la déclaration prescrite par la loi du 1er décembre 1790 (art. 24).

Sur le rapport des experts, un mois toutefois après la signification des copies des titres, les biens devront être vendus dans les formes usitées pour les domaines nationaux (art. 25).

On procède alors à la liquidation. Elle est faite par l'administration. La loi de ventôse déclare expressément ne rien changer, sur ce point, aux lois antérieures (art. 28). L'administration procédera à cette liquidation à la vue des quittances, rapports d'experts et de tous autres titres et documents, de la même manière qu'il est observé pour les autres créanciers de l'État (art. 29).

Mais sans attendre la fin de la liquidation, le payement sera réglé ainsi qu'il suit :

L'État touchera sur le prix d'adjudication une somme égale au quart de la valeur des biens, estimés d'après les bases déterminées par la loi, c'est-à-dire exactement la somme que les concessionnaires dépossédés auraient dû verser au trésor pour devenir propriétaires incommutables.

Le surplus du prix d'adjudication demeure entre les mains de l'acquéreur pour servir à payer le montant de l'indemnité à laquelle l'ancien débiteur serait reconnu avoir droit (art. 30).

Si cet excédant est plus que suffisant pour le payement de l'indemnité, *le surplus revient à l'État* (art. 31); s'il est, au contraire, insuffisant, le concessionnaire sera remboursé du restant de sa liquidation, comme les autres créanciers de l'État, deux tiers en bons de deux tiers, et l'autre tiers en bons du tiers consolidé (art. 32).

Un dernier point reste à examiner : quel sera le juge des contestations qui pourront s'élever entre les détenteurs et l'administration ?

L'art. 26 de la résolution du 27 thermidor an vi portait que les contestations qui pourraient s'élever sur son exécution seraient décidées par les administrations centrales du département, sauf le recours au directoire exécutif pour les autres domaines nationaux.

Cet article fut vivement attaqué au conseil des anciens, et fut en partie cause du rejet de la loi.

L'art. 27 revint aux vrais principes en déclarant que, « si « dans le mois qui suivait la signification des titres, le dé-

« tenteur les soutenait inapplicables ou insuffisants, ou s'il
« prétendait être placé dans les exceptions, ou si de toute autre
« manière il s'élevait des débats sur la propriété, il y serait
« prononcé par les tribunaux. »

La compétence administrative n'était maintenue qu'à
l'égard des réclamations qui pouvaient s'élever après la vente.
« Si après l'adjudication, le ci-devant détenteur élevait quel-
« ques prétentions relatives à la propriété, elles se résou-
« dront de plein droit en indemnité sur le trésor public. »

Telle est l'économie de la loi du 14 ventôse an VII.

Quelques années plus tard, le conseiller d'État Defermon,
présentant au corps législatif l'exposé des motifs de la loi du
11 pluviôse an XII, appréciait ainsi la loi dont nous nous occupons : « En principe général, la loi du 14 ventôse an VII ne
« diffère d'aucune de celles précédemment rendues dans la
« même matière. Elle révoque également toutes les aliéna-
« tions déclarées révocables par les lois du 1er décembre
« 1790, 3 septembre 1792 et 10 frimaire an II. Ce qui la
« distingue particulièrement, ce sont les conditions et les
« formalités qu'elle prescrit aux concessionnaires qui vou-
« draient devenir propriétaires incommutables. »

Il y a donc deux points principaux dans la loi de ventôse,
la transaction qu'elle offre aux détenteurs, la révocation
dont elle frappe ceux qui n'ont point transigé.

La transaction proposée par la loi de ventôse était une
mesure juste, sage et opportune. Elle offrait des avantages
aux deux parties. L'État évitait des remboursements, qu'il
lui eût été impossible de faire dans le mauvais état de ses
affaires, et des procès difficiles ; il faisait même rentrer dans
le trésor public des sommes considérables. Les détenteurs
obtenaient par un sacrifice pécuniaire la cessation d'un état
de lutte et l'avantage d'une propriété incommutable.

Mais quand le détenteur se refusait au payement du quart,
la loi de ventôse exerçait la révocation d'une façon rigou-

reuse et même inique. Le remboursement de l'engagiste préalable à la dépossession était la loi du contrat. Il n'est pas un édit de Louis XIV qui ne pose ce principe d'équité. La loi de 1790 l'avait reproduit dans son art. 25. Le législateur de ventôse empruntait une innovation inique à cette funeste loi de frimaire, dont la convention elle-même avait suspendu l'exécution.

Il allait même plus loin que la loi de frimaire ; car aussitôt après la vente, il ordonnait à l'acquéreur de verser dans les caisses de l'État le quart de la valeur du bien vendu, *ce quart n'étant*, suivant M. Berlier, *que la représentation de la lésion légalement présumée que la nation avait soufferte*. Mais autant le payement du quart était équitable dans le cas d'une transaction, autant il était injuste dans celui-ci : l'État rentrait dans la propriété du bien domanial, et le prix entier de l'adjudication lui appartenait, sauf à rembourser au détenteur le montant de la finance. Si cette finance avait été inférieure à la valeur du bien engagé, l'État la remboursait telle quelle, et à quel titre y aurait-il eu lésion ?

La lésion ne pouvait donc résulter que de l'inégalité entre les intérêts de la finance et les revenus de la terre : l'engagement eût été considéré comme un prêt usuraire. Mais tenait-on compte de la dépréciation de valeur que l'argent avait subie depuis l'époque de l'engagement et de l'augmentation progressive des revenus de la terre ? car c'était au moment de l'engagement qu'on devait se référer ; connaissait-on l'état de la propriété lors de ce contrat, et si Louis XIV ne voulait pas rentrer sans bourse délier dans les domaines engagés par ses prédécesseurs dans un temps où les donations étaient nombreuses et les engagements faits de gré à gré par actes notariés, n'était-il pas inique de prélever le quart sur des biens qui avaient été adjugés aux enchères publiques ?

La loi se vantait d'assurer au détenteur dépossédé son

remboursement, en prélevant les indemnités qui lui étaient dues avant les reprises de la république ; mais ce privilége pouvait être illusoire : le quart à prélever n'était pas en effet le quart du prix de la vente, c'était au choix de l'administration le quart de la valeur actuelle ou de la valeur en 1790. Si donc (et l'hypothèse n'est pas impossible, car on sait la dépréciation que les propriétés subissaient au milieu du conflit des ventes nationales), si le prix de la vente était égal au quart de la valeur en 1790, le détenteur n'avait droit à rien. Il est vrai qu'on lui accordait une créance sur la république, deux tiers en bons de deux tiers, et un autre tiers en bons du tiers consolidé ; mais le cours de la rente à cette époque était tombé si bas !

Lorsqu'on fit ces objections aux rédacteurs de la loi, ils répondirent par les raisons d'état ! Mauvaises raisons, quand il s'agit de lois qui doivent avoir un effet durable et qui touchent à de si hauts intérêts.

La loi de ventôse, dans la partie où elle n'innove pas en offrant aux détenteurs la faculté de devenir propriétaires, était une loi sévère et pour le moins très-rigoureuse. Elle doit donc, comme toutes les lois exceptionnelles, être restreinte dans ses termes et ne pas être étendue au delà des objets qu'elle embrasse. En cas de silence de la part de la loi de ventôse, on doit revenir aux principes antérieurs de la législation.

C'est la conséquence à tirer des paroles de M. Defermon que nous citions tout à l'heure. Si, en principe général, la loi de ventôse ne diffère pas de celles précédemment rendues sur la même matière, on doit appliquer leurs principes sur tous les points où il n'y a point dérogation expresse, et notamment les principes de la loi de 1790, qui a été le type des lois suivantes.

Cette interprétation est puisée dans le texte même de la loi de ventôse. La résolution du 26 thermidor an VII avait voulu étouffer dans les étreintes de l'administration toutes les contestations auxquelles pourrait donner lieu l'application de la loi. Que fit le legislateur de l'an VII ? Il proclama la compétence judiciaire d'une façon générale, absolue, sans tracer aucune limite aux magistrats, toutes les fois qu'il s'élevait des débats sur la propriété.

Et, comme corollaire de cette proposition, l'art. 36 déclare que les précédentes lois ne sont abrogées qu'*en ce qu'elles ont de contraire à la présente*, et, par conséquent, qu'elles sont maintenues sur tous les points où il n'a pas été statué à nouveau.

Cet article n'était pas une formule d'usage. La loi de frimaire s'était bien gardée de l'employer : elle avait abrogé, comme nous l'avons dit, toutes les lois relatives aux domaines aliénés ou engagés et à la liquidation de leurs finances.

La législation domaniale tout entière n'est donc pas renfermée dans la loi de ventôse. Placée entre le besoin impérieux d'argent et le respect des principes, elle a trop souvent sacrifié les principes ; mais par son silence, elle les a laissés subsister sur tous les points où les nécessités du moment ne commandaient pas des mesures énergiques.

Cette doctrine semble être celle des cours d'appel, tandis que la cour de cassation a adopté l'opinion contraire. De nombreux procès s'étaient engagés à l'occasion des donations faites par Louis XIV en 1659 au cardinal Mazarin. La régie voulait soumettre ces biens au payement du quart : les héritiers Mazarin, au contraire, soutenaient que la donation faite à leur auteur ayant été annulée par une loi spéciale, antérieurement à la loi de ventôse, ne tombait pas sous l'application de cette loi, et que la régie ne pouvait procéder contre eux, s'il y avait lieu, que par voie de revendication pure et simple. Deux arrêts, l'un de la cour de Colmar du 3 août 1831, l'autre de Besançon du 6 janvier 1834, renvoyèrent le domaine de sa prétention. Mais la cour de cassa-

tion, chambres réunies, cassa l'arrêt de Besançon le 16 décembre 1836 sur les conclusions du procureur général Dupin,
par le motif que *la loi de ventôse avait eu pour objet de
fixer et régler d'après des bases nouvelles le sort des aliénations du domaine de l'État qui avaient déjà été frappées
d'annulation par les lois précédentes, et par conséquent de
modifier quelques-uns des effets desdites lois.*

En matière de donations, la cause du domaine était très-
favorable ; car si on condamnait au payement du quart les
engagistes qui avaient payé leurs finances, comment y soustraire des donataires qui avaient tout reçu et rien donné?

Mais, en matière d'échange, une question plus importante
se présente, parce qu'elle touche aux règles mêmes de
l'équité.

La loi de ventôse a-t-elle dérogé au principe proclamé par
l'art. 21 de la loi de 1790, violé par la loi de frimaire, et rétabli dans les termes les plus énergiques par la loi du 7 nivôse
an v, d'après lequel l'échangiste dont le contrat est révoqué doit être remis en possession *réelle* et *actuelle* des biens
par lui donnés en échange?

Si la loi de ventôse a dit le dernier mot sur le domaine,
ce principe est aboli, car la loi de ventôse ne l'a pas reproduit.

Si la loi de ventôse se réfère aux anciennes lois sur tous
les points où elles ne contiennent rien qui lui soit contraire,
il doit être appliqué ; car la loi de ventôse ne contient aucune dérogation ni explicite ni implicite. Au contraire, dans
tous les articles où il est question d'une liquidation pécuniaire, la loi ne parle que des engagistes. Veut-on que ces
articles s'appliquent aux échangistes? La loi de ventôse
ordonne la restitution de la *finance :* or, l'échangiste n'a pas
fourni de finance, mais un corps certain, sur lequel il a par
voie d'analogie les mêmes droits que l'engagiste a sur la finance.

Comment supposer, d'ailleurs, qu'une loi quelconque, fût-elle votée dans les plus mauvais temps de notre histoire, ait pu admettre qu'un échange étant révoqué, l'une des parties recouvrerait ce qu'elle a donné sans restituer ce qu'elle a reçu, qu'elle prendrait d'une main et retiendrait de l'autre, que le contrat serait résolu pour l'un des échangistes et maintenu pour son coéchangiste ?

Tel serait le résultat de la loi de ventôse : car, remarquons-le bien, le payement du quart n'est qu'une faculté pour l'échangiste : s'il n'en use pas, le principe de la révocation posé par l'art. 1er de la loi de ventôse reçoit son application : le contrat étant révoqué, l'Etat rentre dans le bien qu'il a donné en échange, et il a par conséquent entre les mains et le bien qu'il avait reçu en échange et celui qu'il avait donné en contre-échange. Il est vrai que, d'après le système de la loi de ventôse, l'État ne gardait pas le bien révoqué : il l'aliénait, mais pourquoi ? Parce que le trésor avait besoin d'argent. L'État n'en était pas moins propriétaire, et ce qui le prouve, c'est que, s'il restait quelque chose après avoir liquidé au profit de l'échangiste une indemnité analogue à celle que recevait un simple engagiste, le surplus appartenait à l'Etat : tant il est vrai qu'il n'opérait pas la vente de la chose d'autrui, mais la vente de sa propre chose !

Si la loi de ventôse eût introduit dans nos lois une innovation aussi contraire à l'équité, on reculerait devant son application ; mais admettre que par son silence seul elle a abrogé les principes de toute la législation antérieure, tandis qu'elle déclare elle-même ne les modifier qu'en ce qu'ils ont de contraire à ses dispositions, c'est violer à la fois les règles de la logique et celles de l'équité.

L'État ne peut donc révoquer un échange, sans restituer immédiatement à l'échangiste ce qu'il a reçu en contre-échange. S'il ne peut, et à plus forte raison s'il ne veut opérer cette restitution, il est non recevable dans sa demande

11.

en résiliation de l'échange. C'est ce qui a été jugé dans un arrêt récent de la cour impériale de Dijon, du 12 juin 1857, rendu entre M. le comte de Chambord et madame la duchesse de Parme, agissant comme héritiers de M. le duc de Berry leur père, contre l'État.

Il s'agissait de savoir si on pouvait appliquer aux forêts de Champagne acquises par les princes, en vertu de l'échange dont nous avons parlé entre Louis XVI et le comte d'Artois, les dispositions de la loi du 14 ventôse an VII, quand l'État n'offrait pas la restitution des forges de Ruelle et de Forge Neuve, dont il était devenu propriétaire en vertu dudit échange.

Voici l'arrêt de la cour de Dijon:

...... « Considérant sur la fin de non-recevoir résultant « de la non-restitution des objets échangés :

« Que la loi du 14 ventôse an VII a placé à côté de la « disposition générale, qui frappe les échanges de révocation, « une disposition exceptionnelle qui donne aux échangistes « le droit de racheter leur dépossession moyennant le quart « de la valeur des biens anciennement distraits du domaine « de l'État ;

« Que cette modification apportée à la rigueur de la loi « n'a été évidemment inspirée que par un intérêt pour l'é- « changiste ;

« Que c'est une faveur, une dernière ressource qui lui est « offerte : autrement, et si l'exception devait faire la règle, « la loi serait une véritable mesure de confirmation et n'aurait « pas proclamé la révocation en principe ;

« Considérant que libre d'accepter l'espèce de transaction « qu'on lui propose, l'échangiste qui refuse se trouve dans « la même situation que l'échangiste dépossédé, à cela près « que la loi détermine pour ce dernier la nature de l'indem- « nité qu'il doit recevoir, et qu'elle reste muette à l'égard « de l'échangiste ;

« Que son silence s'explique par la difficulté de com-
« penser, par des valeurs arbitraires, la valeur réelle et spéciale
« de l'objet donné en échange, et qu'il va de soi que la révo-
« cation de l'échange entraîne nécessairement la restitution
« réciproque des objets échangés ;

« Que c'est un principe consacré par l'édit de 1667 et
« reproduit successivement et toujours dans les lois de 1790,
« de l'an v et même de pluviôse an xii qu'on peut citer bien
« qu'elle ait été abrogée, tandis qu'une loi n'a jamais admis
« que les biens, surtout lorsqu'ils existent encore entre les
« mains des échangistes, ne seraient pas restitués ;

« Que la restitution en cas de nullité est, en effet, la
« condition essentielle de l'échange, car le contrat repose
« bien plus sur la nature des choses échangées que sur
« leur valeur et sur leur prix ;

« Qu'alors que cette restitution dépend de la volonté des
« contractants, elle devient plus obligatoire encore, et ne pas
« vouloir restituer en semblable circonstance, c'est vouloir
« confirmer, c'est une véritable ratification ;

« Considérant que, dans la cause, l'Etat détient encore la
« majeure partie des propriétés que le roi Louis XVI a
« reçues en échange du comte d'Artois...., qu'un grand
« intérêt d'administration a pu seul, sans doute, s'opposer
« à ce qu'il en offrît la restitution, mais qu'à défaut de cette
« offre, il ne peut être admis à réclamer la résolution de
« l'échange...... ni, comme conséquence, à poursuivre le
« payement du quart, car, là où il n'y a pas de révocation
« possible , il n'y a plus à se prémunir contre ses ef-
« fets, etc. »

Pour terminer ce qui concerne les échanges, nous devons
dire que sur deux points la loi du 14 ventôse a abrogé celle
de 1790 : 1° elle exige une lésion du quart pour vicier l'é-
change, tandis que l'art. 20 de la loi de 1790 se contentait
d'une lésion du $1/8^c$; 2° elle a soumis aux tribunaux la révo-

cation des échanges qui, d'après l'art. 18 de la loi de 1790,
était soumise au corps législatif.

Quels que puissent être les défauts de la loi de ventôse,
elle est restée en vigueur. Les lois que nous allons analyser
n'ont eu d'autre but que de la compléter ou de la modifier
sur certains points.

L'art. 15 de la loi du 14 ventôse an VII annonçait qu'il
serait statué ultérieurement sur les concessionnaires de forêts
au-dessus de 150 *hectares*, auxquels la soumission de payer
le quart était déclarée inapplicable.

C'est pour combler cette lacune que fut votée la loi du 11
pluviôse an XII.

La loi de pluviôse n'accordait pas aux détenteurs de bois
la faculté de devenir propriétaires, mais elle exerçait la révocation d'une manière moins rigoureuse que la loi de ventôse.

Elle n'ordonnait pas la dépossession immédiate et sans
indemnité préalable des concessionnaires. Les concessionnaires, qui dans le délai de trois mois avaient fait le dépôt de
leurs titres à la préfecture et nommé un expert pour procéder avec celui du préfet et de l'administration des domaines
aux estimations, ne pouvaient, dit l'art. 8, *être dépossédés
sans avoir préalablement reçu l'avis de leur liquidation
pour en toucher le montant....»* Les autres devaient être
dépossédés à l'échéance du délai de trois mois.

Toutefois, la loi décidait que les bois et forêts compris
dans les concessions révoquées rentreraient immédiatement
sous l'administration publique et que jusqu'au payement de
la liquidation, le prix des coupes appartiendrait pour un
quart à l'État et pour le surplus au concessionnaire (art. 8).
Le législateur voulait concilier par là l'intérêt de l'État qui
demandait à ce qu'on mît fin au plus tôt à l'administration
du concessionnaire et l'intérêt du concessionnaire lui-même,
qu'on ne pouvait sans injustice dépouiller avant d'avoir réglé et soldé sa liquidation. Et, comme d'un autre côté le

préjudice éprouvé par l'État, lors de l'aliénation révoquée, était présumé d'un quart, le législateur avait pensé qu'il était juste jusqu'à la liquidation de conserver au concessionnaire les trois quarts du revenu et d'attribuer l'autre quart à l'État.

Quant au mode d'indemnité, la loi distinguait entre les engagistes et les échangistes.

A l'égard des premiers, la liquidation devait se faire comme par le passé à l'aide de titres, rapports d'experts, etc., et le payement de l'indemnité, s'il y en avait une pour l'engagiste, devait s'opérer intégralement au moyen d'inscriptions au grand-livre de 5 0/0 consolidés (art. 4 et 7).

A l'égard des échangistes, il en était autrement.

« L'échangiste, disait l'art. 5, sera remis en possession
« des biens par lui donnés en contre-échange, et il sera pro-
« cédé à la liquidation soit des soultes ou retours de part
« et d'autre, soit des indemnités à raison des améliorations
« ou dégradations... »

On revenait donc à la loi de 1790, mais l'art. 6 ajoutait :

« Si les biens donnés en contre-échange à la république se
« trouvaient avoir été vendus, la valeur entrera en liquida-
« tion au profit de l'échangiste. Elle sera réglée d'après le
« prix commun des biens de même espèce, à l'époque où
« l'échangiste aura reçu l'avis de sa liquidation et où il
« devra faire le délaissement des forêts nationales qu'il a
« reçues en échange. »

Et comme si le législateur avait senti qu'en ne restituant pas à l'échangiste son bien, il agissait contrairement à la loi de l'échange, l'art. 7 donnait aux échangistes le choix de recevoir le montant de leur liquidation eu domaines nationaux.

La discussion de cette loi confirme l'interprétation que la cour de Dijon a donnée de la loi de ventôse. Si la loi de ventôse avait abrogé le principe posé par l'art. 21 de la loi de

1790, et permis de révoquer un échange, en ne donnant à l'échangiste qu'une indemnité pécuniaire, l'art. 6 eût été la conséquence naturelle de ce nouveau principe. Que voyons-nous au contraire? L'orateur du tribunat, M. Siméon, émet devant le corps législatif le vœu du rejet de la loi, en disant que le projet a paru *contraire aux principes et contenir une innovation injuste.* Et M. Defermon, conseiller d'État et commissaire du gouvernement, au lieu de nier l'innovation, répond à M. Siméon qu'il ne conteste pas la vérité des principes invoqués, mais que, l'échange étant nul, on ne peut invoquer le respect dû aux contrats. Or, si au témoignage de l'orateur du gouvernement lui-même, la loi de pluviôse renfermait une innovation, c'est que la règle contenue dans l'art. 21 de la loi de 1790 n'avait aucunement fléchi.

Quoi qu'il en soit, le corps législatif n'adopta la loi qu'à une majorité presque imperceptible, 141 boules blanches contre 124 noires. Ce dernier chiffre était énorme pour l'époque.

La loi du 11 pluviôse an XII maintenait les dispositions de l'ancien droit sur les futaies. L'article 9 défendait de *disposer des bois de haute futaie, non plus que des taillis recrus sur des futaies coupées ou dégradées.*

En vertu de ces principes, le conseil d'État, consulté sur le point de savoir si, pour les engagistes des forêts au-dessous de 150 hectares, admis à se faire déclarer propriétaires incommutables en payant le quart, l'estimation devait avoir lieu, eu égard seulement à la valeur des taillis, ou s'étendre aux futaies qui y étaient percrues, émit, à la date du 3 floréal an XIII, un avis d'après lequel, « dans l'expertise des « bois dont s'agissait, il devait être formé deux prix, l'un « du quart de la valeur des bois, non compris la futaie, l'au-« tre de la totalité de la valeur des futaies, et que les enga-« gistes, pour devenir propriétaires incommutables de la

« futaie ou du taillis, devaient être astreints au payement
« du montant des deux estimations. »

§ III. Lois de la restauration.

La dernière partie de la législation sur les anciens domaines engagés et échangés est celle de la restauration.
Après les grandes guerres de l'empire, l'activité de la France
se tournait vers l'agriculture. Il fallait rendre la vie à la propriété foncière, ébranlée sous la révolution par les confiscations et les ventes nationales, négligée sous l'empire, et foulée aux pieds par deux invasions. Or, pour que la propriété
fleurît, la première condition était de la consolider entre les
mains des possesseurs. Les détenteurs des biens domaniaux
avaient cessé d'être l'objet des mêmes exclusions. L'intérêt
général du pays et la faveur des personnes commandaient
des mesures moins rigoureuses. Un adoucissement sensible
dans les droits du domaine, une tendance remarquable à
mettre un terme à ses réclamations, caractérisent les lois de
cette époque.

La première disposition que nous trouvions sur la matière
est l'article 116 de la loi de finance du 28 avril 1816. Voici
à quelle occasion il fut inséré :

La loi du 5 décembre 1814 avait ordonné la restitution
des biens non vendus des émigrés.

Relativement aux biens engagés, cette restitution trouvait
un obstacle résultant : 1° de l'article 15, § 2, de la loi du
14 ventôse an VII, qui n'admettait pas les engagistes de bois
de plus de 150 hectares à faire la soumission du quart ; 2° de
la loi du 11 pluviôse an XII, qui réservait aussi à l'État les
bois de cette contenance. Cet obstacle fut levé par l'art. 116
de la loi du 28 avril 1816, ainsi conçu :

« A l'égard des biens à restituer qui consisteraient en do-

« maines engagés, la loi du 11 pluviôse an xii, et le § 2 de
« l'art. 5 de la loi du 14 ventôse an vii, sont rapportés. Les
« possesseurs réintégrés ne seront assujettis qu'à l'exécu-
« tion des autres dispositions de cette dernière loi.

« La présente disposition sera commune à tous les enga-
« gistes (1). »

Comme la loi de 1816 n'avait parlé que des engagistes, on
jugea convenable de proposer aux chambres une autre loi
pour appliquer formellement aux échangistes les dispositions
de la loi de 1816 relatives aux engagistes. Cette loi addition-
nelle n'était pas indispensable pour établir l'assimilation des
échangistes aux engagistes, en ce qui concernait l'abrogation
de la loi du 11 pluviôse an xii, et de l'art. 15 de celle du
14 ventôse an vii ; car, ainsi que le dit M. Siméon, commissaire du roi, dans la discussion de la loi : « *La loi de l'an xii
« a été révoquée par la loi du 28 avril* 1816, *pour les do-
« maines engagés ; à plus forte raison est-elle aussi sans
« force à l'égard des domaines échangés ;* » mais il parut
utile de lever, à ce sujet, toute espèce de doute par une
disposition explicite.

On prit donc le parti de présenter un projet de loi qui
déclarait « les dispositions de l'art. 116 de la loi du 28 avril

---

(1) En admettant les engagistes de forêts de plus de 150 hectares
à faire le payement du quart, la jurisprudence du conseil d'État et de
la cour de cassation leur appliqua dans toute leur rigueur les principes développés dans l'arrêt du conseil d'État du 3 floréal an xiii. Elle
exigea qu'ils payassent le quart du taillis et la totalité de la futaie,
plus une indemnité pour toutes les coupes anticipées, et celles des
bois qu'on considérait comme ne faisant pas partie des fruits ordinaires.
Après de nombreux procès soulevés sur ces questions entre l'État et
les héritiers Mazarin, et résolus en sens divers par plusieurs cours du
royaume, la jurisprudence, sur cette matière, a été fixée par le dernier arrêt de la cour de cassation du 20 février 1851, rendu en audience solennelle sur les conclusions de M. Dupin. On pourrait citer
également de nombreuses décisions administratives.

« 1816 communes aux échangistes de forêts au-dessus de
« 150 hectares, dont les échanges n'étaient pas consommés
« avant le 1ᵉʳ janvier 1789. »

D'après cette disposition, qui formait l'art. 1ᵉʳ du projet,
l'abrogation de la loi du 11 pluviôse an XII, à l'égard des
échangistes, ne pouvait plus faire l'objet d'un doute.

La commission qui fut chargée par la chambre des députés de l'examen préalable du projet de loi, examina s'il
ne conviendrait pas de soumettre les échanges à de nouvelles
estimations, afin de conserver les intérêts respectifs. Mais,
indépendamment des difficultés d'exécution, la commission
pensa qu'il serait injuste de faire, pour le petit nombre d'é-
changistes qui étaient dans le cas de la loi proposée (leur
nombre s'élevait à 59 seulement, d'après les documents
fournis par le ministre des finances), une exception à ce qui
avait lieu pour les autres détenteurs de biens domaniaux.

Le projet du gouvernement portait, dans son article 2, que
les échangistes pour lesquels il aurait été fait des évaluations,
conformément à l'édit d'octobre 1711, quoique non suivies
d'enregistrement et de lettres de ratification, ne seraient tenus, pour être maintenus dans leurs possessions, que de
payer la soulte résultant des évaluations.

Il fut présenté à la chambre des députés dans la session
de 1818.

La commission de cette chambre se montra pénétrée du
double sentiment de l'intérêt légitime de l'État et de la justice due aux échangistes. Elle pensa que l'article 2 du projet
faisait à ceux-ci une concession trop large en les maintenant
d'une manière générale et absolue, par cela seul qu'il y aurait eu des évaluations. Elle considéra que l'ancien droit exigeait, pour la consommation d'un échange domanial, non-
seulement qu'il y eût des évaluations, mais aussi qu'elles
eussent été suivies des formalités de la ratification. Elle en
conclut que si l'on s'était borné aux évaluations et que la ra-

tification ne fût pas intervenue, l'échange était imparfait; qu'il n'y avait donc pas de raison pour priver l'État de la faculté d'exercer les droits déterminés par la loi de l'an vii combinée avec celle de 1790, pourvu qu'il eût encore en sa possession l'immeuble donné en contre-échange, et qu'il pût le rendre à l'échangiste.

Mais la commission reconnut que, si, au contraire, il y avait eu de la part de l'État aliénation de l'immeuble qu'il avait reçu en contre-échange, en sorte que la restitution de cet immeuble fût impossible, l'échange était inattaquable, et qu'alors l'obligation de l'échangiste devait se borner au payement de la soulte. Ce fut cette pensée que la commission exprima par un amendement consistant à ajouter à la fin de l'art. 2 les mots suivants : *Si les biens par eux donnés en contre-échange ont ete vendus par l'État.*

« Si le contrat passé entre l'État et l'échangiste n'est pas
« consommé, disait le rapporteur M. Favard de Langlade,
« l'État peut sans doute en demander la résolution; mais la
« première condition qu'il doit remplir est de rendre ce qu'il
« a reçu : il faut qu'il remette l'échangiste avec lequel il a
« contracté, dans la même position qu'il était avant les éva-
« luations. S'il est dans l'impossibilité de le faire, à cause
« de la vente des biens par lui reçus en contre-échange,
« alors l'échangiste ne pouvant plus reprendre sa chose, il
« en résulte pour lui une espèce de ratification qui doit faire
« considérer le contrat comme consommé. Il est donc de
« toute justice que, dans ce cas, l'échangiste pour lequel il
« a été fait des évaluations conformes à l'édit de 1711 soit
« maintenu dans sa possession, en payant la soulte qu'il
« peut devoir d'après ces évaluations. »

M. Siméon, commissaire du roi, défendit le projet en invoquant les mêmes principes.

La discussion de la loi dans les deux chambres fut très-remarquable. Les orateurs qui prirent la parole sortaient soit des anciennes assemblées délibérantes où beaucoup de lois sur le domaine avaient été élaborées, soit des rangs de la magistrature et du barreau, initiés à toutes les questions domaniales par les nombreux procès que suscitait la loi de ventôse. Ils apportèrent dans le débat une connaissance parfaite des principes de l'ancien droit et des modifications qu'il avait subies depuis la loi de 1790. Aussi, on peut dire d'une manière générale qu'il n'y eut pas sous la restauration de disposition législative sur le domaine qui ne fût l'objet d'un examen approfondi et de lumineuses discussions.

En 1820 parut la dernière loi sur les domaines engagés et échangés.

Le gouvernement proposait alors la libération des acquéreurs des biens nationaux; on se demanda s'il n'était pas urgent de libérer par la même loi les propriétaires de biens engagés ou échangés. Ceux-ci étaient toujours sous le coup de la loi de ventôse, pour l'exécution de laquelle aucun délai n'avait été fixé à l'administration. Il n'y avait pas de propriété qui fût à l'abri de ses poursuites, et il en résultait de grandes entraves et peu de sécurité dans les mutations. D'un autre côté, le domaine avait mis beaucoup de zèle dans ses recherches, il avait réservé ses droits sur toutes les terres dont l'origine pouvait être suspecte, et un délai d'un an lui était accordé pour faire de nouvelles sommations. Le gouvernement proposait donc l'abrogation pure et simple de la loi de ventôse.

« La loi du 14 ventôse an VII, dit l'exposé des motifs, dé-
» clarait que les engagistes et échangistes qui auraient fait
« leur soumission seraient en tout assimilés aux acquéreurs
« de domaines nationaux : dès lors, en même temps que le
« gouvernement propose de déclarer ces acquéreurs libérés,
« même sans représentation de décomptes, il doit, par suite
« d'une assimilation déjà prononcée, proposer de déclarer
« les engagistes, concessionnaires et échangistes, également

« libérés sans être désormais tenus aux déclarations et aux
« payements ordonnés par la loi du 14 ventôse an VII. »

Néanmoins, la commission de la chambre des députés
n'admit que la première partie du projet de loi et rejeta la
seconde, en se fondant sur ce que la loi du 14 ventôse était
encore trop récente pour qu'on pût l'abroger.

La chambre écarta les conclusions de la commission,
après une vive et brillante discussion dans laquelle M. Lainé,
au nom de l'intérêt des familles, réclama un terme aux
poursuites que les délateurs du domaine suscitaient à chaque
instant : « Quand une loi rigoureuse et générale est exécu-
« tée, les familles menacées affluent dans les cabinets des
« jurisconsultes, et je les adjure de dire s'ils n'ont pas sou-
« vent gémi des persécutions dirigées en vertu de cette loi
« de ventôse. Pour ma part, j'ai vu les habitants de tout un
« quartier d'une grande ville, effrayés des recherches que
« l'on faisait en vertu de cette loi. En recueillant les titres
« de leurs auteurs, ils montraient que, plusieurs fois dans
« un siècle, on les avait obligés de donner un nouveau prix
« de maisons souvent rebâties. Quelques-uns d'entre eux
« exhibaient des titres qui détruisaient la prétention de la
« régie, et on les laissait en paix. Permettez que les recher-
« ches soient éternelles, et, dans cinquante ans, si les titres
« privés de ces familles sont perdus, la régie, avec ses ar-
« chives, continuera ses investigations et parviendra à les
« déposséder. »

Après avoir repoussé les conclusions de sa commission,
la chambre étendit à neuf ans le délai d'une année que le gouvernement avait demandé pour rechercher les engagistes et
les échangistes qui ne s'étaient pas mis en règle, ce qui faisait trente ans à compter de la loi de ventôse. Le projet ainsi
amendé est devenu la loi du 12 mars 1820.

D'après cette loi, le 12 mars 1829 était le terme fixé pour
les recherches de l'administration. Quand ce terme appro-

cha, le ministre des finances fit signifier plus de 10,000 sommations aux détenteurs ou prétendus détenteurs, et prorogea ainsi de trente ans l'action domaniale. Par une singulière coïncidence, le ministre des finances qui ordonna cette mesure (1) était le même qui avait dit aux chambres en présentant le projet de loi de 1820, « qu'un gouvernement « éclairé et protecteur devait écarter des propriétés l'incer- « titude qui avait toujours le fâcheux effet d'en affaiblir la « valeur, d'entraver les spéculations et d'empêcher les amé- « liorations. » On se plaignit vivement d'une mesure qui remettait ainsi en question le sort d'une masse de propriétés ; mais en se reportant à la discussion de la loi de 1820, le ministre put croire sa responsabilité engagée à réserver par une protestation générale tous les droits du domaine.

Les sommations de 1829 ont prolongé les effets de la loi de ventôse en soulevant de nombreux procès. Ces procès sont tous terminés aujourd'hui. La loi du 14 ventôse an vii n'est plus qu'une arme impuissante dans l'arsenal de la législation domaniale. Puissent les événements ne jamais ramener ces temps où le fisc, éveillé par la cupidité des délateurs, venait ébranler des possessions qui sommeillaient depuis des siècles ou troubler des acquéreurs de bonne foi au lendemain de leur acquisition !

Parmi les détenteurs des biens du domaine, les uns se sont maintenus dans leur propriété en payant le quart, les autres ont été dépossédés après liquidation, d'autres ont repoussé les prétentions de l'administration en se plaçant à l'abri des principes auxquels il n'avait pas été dérogé par les lois domaniales ; quelques-uns enfin, et c'est le petit nombre, ont échappé à toutes les recherches, et sont restés, sans bourse délier, en possession d'un bien domanial où nul ne viendra les troubler.

(1) Le comte Roy.

Au point de vue des principes, la législation sur les domaines engagés et échangés que nous venons de parcourir est inattaquable : car l'inaliénabilité du domaine était une règle fondamentale de la monarchie. Mais, quand on songe à tous les procès que ces lois ont fait naître, au peu de profit que la régie en a retiré, aux primes qu'elle donnait aux dénonciateurs, et aux entraves que ces poursuites apportaient dans les mutations, on se demande si, en libérant purement et simplement les détenteurs, le législateur de l'an VII n'eût pas fait un acte plus politique qu'en édictant sa loi. En 1820, la loi de ventôse n'avait fait entrer dans les coffres de la régie que 4 millions : qu'on ajoute 2 millions qui peuvent avoir été le gain des réclamations subséquentes, qu'était cette somme pour le trésor, si on déduit les frais de poursuite, et si on tient compte de toutes les mutations que la menace de la domanialité suspendue sur la tête des acquéreurs empêchait chaque jour ?

La loi de 1820 fut une loi heureuse. Elle consacra la propriété domaniale en abolissant la loi de ventôse, et ce fut la même loi qui consacra la propriété des biens nationaux entre les mains des détenteurs. Ainsi la propriété qui pouvait avoir son origine dans une concession illicite des rois, et celle dont la date remontait aux confiscations de 1793, étaient validées par le même acte ! C'était un éclatant hommage rendu aux grands principes de l'ordre social, aux besoins de tranquillité et de validité, qui font la force des Etats (1).

_____

(1) Le procès du comte de Chambord devant la cour de Dijon fermera sans doute la série de procès qu'a suscités la loi de ventôse.

Nous avons fait connaître les contestations les plus remarquables que l'administration des domaines a soutenues contre les héritiers Mazarin relativement aux dons de biens de conquête, contre les princes de Rohan-Soubise pour le comté des Vertus, contre les héritiers de Caraman pour le canal du Midi, contre le duc d'Aumale pour la terre de

CHAPITRE II.

DES APANAGES

La loi du 1er décembre 1790 posait le principe qu'il
n'y aurait plus à l'avenir aucun apanage réel. Elle ne
statuait pas sur les trois apanages constitués en faveur de
Monsieur, comte de Provence, du comte d'Artois, et du

Chantilly, etc., etc. Il n'est presque pas de maison princière en
France qui n'ait subi la loi de ventôse. Ainsi elle a été appliquée au
comte d'Artois pour la forêt d'Yèvre, à la maison de Condé pour les
terres de Stenay, Dun, Jamets, etc., au roi Louis-Philippe pour les
bois d'Yvoi-Carignan.

Un procès assez remarquable fut celui du duc de Richmond. Le duc de
Richmond, sujet anglais et pair d'Angleterre, tenait la terre d'Aubigny
en vertu de lettres patentes de septembre 1766, qui la concédaient à ses
auteurs. Chaque fois que la guerre éclatait avec l'Angleterre, la terre
d'Aubigny était mise sous le séquestre ; à la paix elle était restituée au
titulaire. C'est ainsi que, par le traité d'Utrecht, en 1713, il fut dit que
« le roi de France ferait droit au duc de Richmond sur les préten-
« tions qu'il a en France. » Dans le traité de 1814, un article particulier et secret stipula que le séquestre existant sur la terre d'Aubigny serait levé et que le duc de Richmond serait remis en possession
des biens tels qu'ils étaient alors. Lorsqu'on voulut appliquer au duc
de Richmond la loi de ventôse, il se retrancha derrière ces traités di-
plomatiques et soutint qu'ils avaient eu pour effet de changer la condition de sa propriété, qui avait cessé d'être une concession domaniale ; mais la cour de cassation rejeta ce système (ch. req., arrêt du
17 février 1840).

Dans quelques cas assez rares, au lieu d'appliquer aux détenteurs
des biens domaniaux, malgré eux, la loi de ventôse, on leur refusa le
bénéfice de cette loi, quand ils voulaient s'en prévaloir. Louis XIV
avait donné par lettres patentes du mois de janvier 1685, à la du-

duc d'Orléans. Ces apanages avaient été révoqués par une loi du 21 septembre 1790, qui retranchait de l'apanage tous les droits régaliens ou participant de la nature de l'impôt, et laissait les princes en jouissance des droits fonciers jusqu'au mois de janvier 1791. Le 20 avril 1791, une loi nouvelle appliqua aux anciens apanagistes les art. 16 et 17 de la loi de 1790, en remplaçant les trois apanages réels supprimés par une rente apanagère d'un million.

On accordait aux princes apanagistes frères du roi, mais pour cette fois seulement et sans que ce supplément d'apanage pût être érigé en droit, une pension ou traitement annuel d'un million.

500,000 fr. par an étaient affectés à l'extinction des dettes de Monsieur et du comte d'Artois, et un million chaque année pendant vingt ans au payement des créanciers du duc d'Orléans.

Le palais du Luxembourg et le Palais-Royal étaient exceptés de la révocation de l'apanage prononcée contre Monsieur et le duc d'Orléans. Ces deux princes et les aînés mâles de leur

---

chesse de Montespan et à ses enfants et descendants mâles, la jouissance viagère des terres de Clagny et de Glatigny, avec charge de retour à la couronne à défaut d'enfants mâles. Des lettres patentes du mois de juin 1709 confirmèrent et réitérèrent la donation sous les mêmes conditions au profit du duc du Maine. La jouissance viagère de ces terres, auxquelles on subrogea, par traité du 19 juillet 1766, le comté de Limours et la châtellenie de Brie-Comte-Robert, passa du duc du Maine au prince de Dombes, après le décès de celui-ci au comte d'Eu, fils puîné du duc du Maine, et enfin au duc de Penthièvre qui mourut, sans descendance mâle, le 4 mars 1793. A sa mort, la duchesse d'Orléans, sa fille, recueillit la terre de Brie-Comte-Robert, qui aurait dû faire retour à l'État, et la transmit à la princesse Adélaïde contre laquelle le domaine la revendiqua en 1829. La princesse Adélaïde invoqua vainement la loi de ventôse; la cour de Paris jugea, le 7 mai 1836, que la loi du 14 ventôse an VII ne pouvait s'appliquer au préjudice du droit de retour acquis à l'État antérieurement à cette loi.

postérité respective devaient continuer d'en jouir au même titre que précédemment.

De plus, on confirmait (et c'était l'application de la loi de 1790 qui permettait à la nation d'aliéner son domaine) les aliénations qui avaient été faites de terrains ou édifices dépendant de l'apanage du Palais-Royal, ou toutes autres autorisées par lettres patentes enregistrées.

Les frères du roi ayant quitté la France, l'assemblée législative, par une loi des 19-23 mai 1792, supprima le traitement d'un million qui leur était affecté pour l'entretien de leur maison, et déclara saisissables par leurs créanciers leurs rentes apanagères (art. 6).

Enfin un décret du 24 septembre de la même année supprima, à partir de ce jour, les rentes apanagères, « *attendu que la convention ne reconnaissait plus de princes français.* »

L'empire rétablit les apanages.

Dans le sénatus-consulte du 28 floréal an XII sur la *liste civile et la dotation de la couronne*, il était dit « que les « princes français Joseph et Louis, et à l'avenir les fils « puînés naturels et légitimes de l'empereur, seraient traités « conformément aux art. 1, 10, 11, 12 et 13 du décret du « 21 décembre 1790, 6 avril 1791. » En d'autres termes, ils avaient droit à une rente apanagère à l'âge de vingt-six ans, à moins qu'ils ne se mariassent avant cet âge.

C'était revenir par une voie détournée aux anciens apanages, quoiqu'on n'ait pas voulu en prononcer le nom. Le sénatus-consulte du 30 janvier 1810 fut plus hardi : le titre quatrième est intitulé : *Du douaire des impératrices et des apanages des princes français.*

Voici les points les plus remarquables du sénatus-consulte :

Le principe des rentes apanagères était aboli : « *La plus grande partie des apanages des princes*, porte l'art. 56,

12.

consiste [toujours en immeubles situés dans l'étendue du territoire français. »

Ces immeubles devaient être pris dans le domaine extraordinaire ou dans le domaine privé de l'empereur. En cas d'insuffisance, il devait y être pourvu par un sénatus-consulte.

Si l'apanage était concédé sur le domaine extraordinaire ou privé, la concession était faite par décret de l'empereur. La concession des apanages sur l'État ne pouvait avoir lieu que par un sénatus-consulte.

La fixation de la quotité de l'apanage n'était pas uniforme ; il appartenait à l'empereur de la déterminer : néanmoins, elle ne pouvait être élevée à plus de 3 millions.

Les biens apanagés étaient inaliénables et imprescriptibles ; ils ne pouvaient être échangés qu'en vertu d'un sénatus-consulte. Tous les échanges qui n'avaient pas été faits dans cette forme devaient être déclarés nuls et de nul effet.

Il était expressément interdit aux tribunaux de statuer sur la nullité des échanges. La décision était réservée au conseil d'État.

Les règles sur les charges, la transmission et l'extinction de l'apanage étaient les mêmes que dans l'ancien droit.

Remarquons, toutefois, quelques dispositions qui portent le caractère de l'époque. Le sénatus-consulte déclarait exclus de l'apanage les princes qui n'auraient pas été élevés depuis l'âge de sept ans dans le palais fixé par l'empereur pour l'éducation commune de tous les princes nés dans l'ordre de l'hérédité.

Il introduisait, en outre, deux nouvelles causes d'extinction de l'apanage, la vocation de l'apanagiste actuel à une couronne étrangère, et la sortie du prince apanagé du territoire de l'empire sans la permission de l'empereur. Dans ces deux cas, l'apanage devait passer au prince collatéral, appelé à recueillir à défaut du prince apanagé et de ses enfants.

Conformément à ces dispositions, un sénatus-consulte du

13 décembre 1810 détermina l'apanage du roi Louis, en qualité de prince français.

Cet apanage fut fixé à un revenu annuel de 2 millions. Des fonds de terre y étaient affectés jusqu'à la concurrence d'un revenu net de moitié. L'autre million devait être pris sur les fonds généraux du trésor public.

Après le décès du prince apanagiste, l'apanage, à l'exception du million annuel, devait passer au second fils, parce que l'aîné des enfants du prince Louis avait reçu de l'empereur le grand-duché de Berg à titre d'apanage.

Une ordonnance royale du 19 août 1814 déclara que les rentes accordées pour apanages aux membres de la famille Bonaparte cesseraient d'être payées.

Sous la restauration, les princes de la branche aînée ne réclamèrent jamais la restitution de leurs apanages, et il ne leur en fut pas constitué de nouveaux.

L'art. 23 de la loi du 8 novembre 1814 sur la liste civile portait qu'il serait payé annuellement par le trésor royal une somme de 8 millions pour les princes et princesses de la famille royale *pour leur tenir lieu d'apanage.*

La loi du 15 janvier 1825, qui fixa la liste civile de Charles X, répéta la même disposition, en abaissant la somme à 7 millions.

Il ne subsistait plus d'autre apanage que l'apanage d'Orléans. Trois ordonnances successives du roi Louis XVIII, des 18 et 20 mai 1814 et du 7 octobre suivant, remirent M. le duc d'Orléans en possession de tous ceux des biens de l'ancien apanage de sa branche qui étaient encore dans les mains du domaine.

Ces ordonnances furent attaquées comme inconstitutionnelles. On prétendit que le roi n'avait pu faire revivre par une simple ordonnance un apanage qui avait été révoqué par une loi. Si une loi avait été nécessaire pour remettre les émigrés en possession de leurs biens non-vendus, pourquoi en eût-il été autrement des princes d'Orléans ? Le roi Charles X voulut mettre fin à ces discussions en insérant en 1825, dans le projet de loi sur sa liste civile, un article ainsi conçu :

« Les biens restitués à la branche d'Orléans, en exécution « des ordonnances des 18 et 20 mai, 17 septembre et 7 oc- « tobre 1814 et provenant de l'apanage constitué par les « édits des années 1661, 1672 et 1692 à Monsieur, frère « du roi Louis XIV, pour lui et sa descendance masculine, « continueront à être possédés, aux mêmes titres et condi- « tions, par le chef de la branche d'Orléans, jusqu'à extinc- « tion de sa descendance mâle, auquel cas ils feront retour « au domaine de l'État. »

A la suite de la révolution de 1830, l'apanage d'Orléans fut réuni au domaine de l'État, conformément aux principes de l'apanage. La loi du 2 mars 1832 sur la liste civile prononça cette réunion.

L'administration voulut à la même époque faire rentrer dans le domaine de l'État le domaine de Chambord, comme ayant été donné à M. le duc de Bordeaux, *à titre d'apanage*. Mais la cour d'Orléans, par arrêt du 4 mai 1839, maintenu par la chambre des requêtes de la cour de cassation sur les conclusions conformes de M. Dupin, jugea que Chambord ne constituait pas un apanage, parce qu'au moment où il avait été offert par souscription publique à M. le duc de Bordeaux, il avait cessé de faire partie du domaine de l'État. En effet, en vertu de la loi du 1er décembre 1790, Chambord avait été successivement affecté à la Légion d'honneur, cédé au domaine extraordinaire et distrait du domaine extraordinaire par l'empereur, qui l'avait constitué en majorat au profit du prince de Wagram, avec faculté d'aliénation, à charge de remploi approuvé par décret impérial. L'aliénation avec remploi ayant été faite en 1819 par la princesse de Wagram avec l'autorisation du roi Louis XVIII, Chambord était devenu *propriété privée*, et c'est à ce titre que les tribunaux en ont maintenu la propriété entre les mains de M. le duc de Bordeaux.

Dans la session de 1827, un projet de loi fut soumis aux chambres qui avait pour objet de constituer en apanage à M. le duc de Nemours le domaine de Rambouillet, les forêts de Senonches, de Châteauneuf et de Montécaut. Mais ce projet souleva à son apparition une telle opposition, qu'il fut retiré en vertu d'une ordonnance royale, avant même que la commission chargée par la chambre des députés de l'examen du projet de loi eût fait son rapport.

Un apanage, en effet, n'avait plus sa raison d'être sous la monarchie de juillet, où le roi, en vertu de l'art. 22 de la loi de 1832, avait conservé son domaine privé. L'État devait subvenir aux besoins des fils puînés du monarque, quand les biens du monarque s'incorporaient avec ceux de l'État ; mais depuis que le monarque avait conservé en propre ses biens patrimoniaux, c'était à lui à doter ses enfants des deniers royaux, sauf un supplément sur le budget de l'État, en cas d'insuffisance.

Outre cette raison particulière à la monarchie de juillet, l'apanage répugne aux mœurs et aux idées modernes. Il était nécessaire à une époque où la considération étant attachée à la possession de la terre, les princes devaient être les plus grands propriétaires pour être les plus grands seigneurs de la nation ; mais prendre aujourd'hui dans le domaine de l'État déjà si restreint une de ses plus belles portions pour en accorder la jouissance exclusive à la descendance d'un prince, c'est blesser le sentiment de l'égalité et même celui de la justice : car comment la comparaison ne se ferait-elle pas dans l'esprit du peuple entre la jouissance du chef de l'État viagère et compensée par tant de charges, avec la jouissance héréditaire, tranquille, du prince apanagé, exempte des mêmes soucis et des mêmes dépenses? Au point de vue politique, les apanages, immobilisés dans une famille, créent autour d'elle des intérêts, des liens, des influences qui finissent par contre-balancer le pouvoir royal et font naître des partis dans l'État.

C'est pour cette raison sans doute qu'il n'est pas dit un mot des apanages dans la constitution de 1852.

Les lois, que nous avons énumérées et le titre du code forestier consacré aux bois et aux forêts possédés à titre d'apanage, sont donc sans application.

Ainsi, par la marche des temps, au partage de la souveraineté sont substitués les apanages, aux apanages les rentes apanagères, aux rentes apanagères les dotations en argent.

Tel est le dernier terme de la législation.

CHAPITRE III.

DU DOMAINE DE LA COURONNE.

Nous avons vu comment le domaine de la couronne était devenu domaine national, par la loi du 1ᵉʳ décembre 1790.

Le roi n'ayant plus les revenus du domaine pour subvenir aux charges de la royauté, il devint nécessaire de lui allouer une dotation sur les fonds de l'État. Cette dotation fut appelée par la constituante la *liste civile* (1). Elle se composait

(1) Le mot *liste civile* a une origine anglaise ; après la révolution de 1688, le parlement s'attribua le droit de subvenir par des subsides annuels aux dépenses de l'armée et du clergé ; on ne laissa au roi que le droit d'acquitter les traitements des fonctionnaires civils, et la somme

d'une somme d'argent annuelle et de la jouissance de certains immeubles. Le chiffre de cette somme et la désignation des immeubles qui formaient le domaine de la couronne, faisaient l'objet de la loi du 1er juin 1791, qui fut la première loi relative à la liste civile. Depuis lors, il passa en usage de régler, dans la loi sur la liste civile, tout ce qui concernait le domaine de la couronne.

La liste civile de Louis XVI se composait d'une somme annuelle de 25 millions et de la jouissance d'un certain nombre d'immeubles, tels que Versailles, Saint-Cloud, Meudon, le Louvre, les Tuileries, dont le roi percevait les revenus à la charge d'acquitter les contributions publiques et les charges de toute nature.

Le sénatus-consulte du 28 floréal an XII, organique du gouvernement impérial, statua (art. 15) que la liste civile serait réglée, ainsi qu'elle l'avait été par les art. 1 et 4 de la loi des 26 mai et 1er juin 1791.

Il fut ajouté que l'empereur aurait des palais impériaux aux quatre points cardinaux de l'empire. Mais rien n'avait été résolu relativement au système domanial.]

Il y fut pourvu par le sénatus-consulte du 30 janvier 1810.

Le sénatus-consulte distinguait trois sortes de domaines.

La première comprenait les biens meubles et immeubles qui formaient la dotation de la couronne.

La seconde était le domaine extraordinaire. Il se composait des domaines et biens mobiliers et immobiliers que l'empereur acquérait par des conquêtes ou des traités soit patents, soit secrets.

L'empereur disposait par *décret* du domaine extraordinaire : 1° pour subvenir aux dépenses de ses armées ;

---

qui fut votée à cet effet s'appela *liste civile*. Ce mot a donc en Angleterre un sens plus étendu qu'en France où il s'entend seulement de la somme votée au chef de l'État pour défrayer sa maison.

2° pour récompenser ses soldats et les grands services civils ou militaires rendus à l'État; 3° pour élever des monuments, faire faire des travaux publics, encourager les arts et ajouter à la splendeur de l'empire.

Enfin, en troisième lieu était le domaine privé.

« *L'empereur*, porte l'art. 31, *a un domaine privé provenant soit de donations, soit d'acquisitions, le tout conformément aux règles du droit civil.* »

Le domaine privé de l'empereur n'était pas soumis au principe de la dévolution.

Les biens immeubles et droits incorporels du domaine privé de l'empereur, dit l'art. 48, *ne seront en aucun temps, et sous aucun prétexte, réunis de plein droit au domaine de l'État : la réunion ne peut s'opérer que par un sénatus-consulte.*

L'empereur pouvait disposer de son domaine, soit par acte entre vifs, soit par testament, sans être lié par aucune des dispositions du code Napoléon (art. 35).

S'il mourait *ab intestat*, les droits de ses héritiers aux biens du domaine privé étaient réglés par les art. 43, 44, 45, 46 et 47, et ce qu'il y avait de remarquable, c'est que, s'il ne laissait que des princesses, le parent en ligne collatérale qui lui succédait comme empereur avait droit à une part d'enfant (art. 46).

Ainsi les institutions impériales n'enlevaient pas au monarque appelé au trône les biens qu'il possédait lors de son avénement pour les confondre dans le domaine de l'État : elles ajoutaient au contraire à son patrimoine privé, en lui conférant un droit anormal d'hérédité dans le domaine privé de son prédécesseur, lorsqu'il n'était pas le descendant en ligne directe de celui-ci.

C'était le contre-pied des règles de l'ancienne monarchie, et la négation absolue de cette maxime de l'édit de 1607, que le monarque ne doit avoir rien de distinct ni de séparé du domaine de l'État.

La loi sur la liste civile du roi Louis XVIII, du 8 novembre 1814, et celle sur la liste civile de Charles X, du 15 janvier 1825, passent sous silence le domaine extraordinaire.

Il fut aboli par la loi du 15 mai 1818, qui déclara, art. 98, que le domaine extraordinaire faisait partie du domaine de l'État.

Le domaine de la couronne reste composé des mêmes biens que sous l'empire, et soumis aux mêmes règles ; mais, à l'égard du domaine privé, il existe une grande différence.

La restauration rétablit le principe de la dévolution dans l'art. 20 de la loi du 8 novembre 1814, ainsi conçu :

« *Les biens particuliers du prince qui parvient au trône,*
« *sont, de plein droit et à l'instant même, réunis au do-*
« *maine de l'État, et l'effet de cette réunion est perpétuel*
« *et irrévocable.* »

Les termes de l'art. 20 de la loi de 1814 étaient exactement semblables à ceux de la loi du 22 novembre 1790, en ce qui concerne les biens appartenant au monarque au moment de son avénement au trône.

Ils ne différaient même que très-peu de cette loi de 1790, quant aux biens que le roi pouvait acquérir pendant son règne. « Les domaines privés, dit l'art. 21, possédés ou ac-
« quis par le roi, à titre singulier et non en vertu des droits
« de la couronne, sont et demeurent, pendant sa vie, à sa
« libre disposition ; mais s'il vient à décéder sans en avoir
« disposé, ils sont réunis de plein droit au domaine de
« l'État. »

« Dans la disposition que le roi peut faire de ses domaines
« privés, ajoute l'art. 22, il n'est lié par aucune des prohi-
« bitions du code civil. »

C'était en ce dernier point que consistait la dérogation à la loi de 1790. D'après la loi de 1790, le domaine privé du prince faisait de plein droit retour à la couronne au moment de son décès. La loi de 1814 lui donne la faculté d'en disposer par acte entre vifs ou par testament, sans être assujetti aux règles du droit commun.

Après la révolution de 1830, il fallut fixer une liste civile au nouveau monarque.

Elle fut constituée par la loi du 2 mars 1832. Cette loi organisa le domaine de la couronne sur les mêmes bases que les constitutions précédentes. Mais un certain nombre d'immeubles, estimés à près de 18 millions, furent retranchés de la dotation immobilière, qui s'était accrue des immenses domaines composant l'apanage d'Orléans.

Une discussion brûlante s'éleva dans la chambre à l'occasion du domaine privé. Le nouveau roi possédait des propriétés très-considérables qui provenaient de sa famille ou qu'il avait recueillies dans la succession de sa mère : ces biens devaient-ils faire retour à la couronne par son avénement au trône?

Le droit constant de la monarchie, la loi de 1790, l'exemple encore récent des deux derniers règnes, l'habitude de confondre les biens du prince avec ceux de l'État passée dans les mœurs de la nation, la pensée d'identifier le trône avec la nouvelle dynastie, proclamaient hautement le principe de la dévolution.

D'un autre côté, on pouvait dire que le roi ne succédait pas en vertu du droit traditionnel, et qu'il n'avait pas été saisi à son insu et avant son acceptation de la couronne par cette ancienne maxime : *Le roi est mort : vive le roi!* Les anciens principes ne lui étaient donc pas applicables. Roi en vertu de l'acceptation volontaire qu'il avait faite des conditions proposées par la nation, il ne pouvait être tenu au delà de ce contrat, et si ce contrat ne lui prescrivait pas l'abandon de son domaine privé, à quel titre en aurait-on exigé le retour à la couronne?

Si nous appliquons à la solution de cette question les principes de droit public que nous avons étudiés, soit dans l'ancien droit, soit dans la loi de 1790, nous dirons que le principe de la dévolution n'avait rien d'inconciliable avec l'avénement de la nouvelle dynastie. Qu'on l'abrogeât en 1790, lorsqu'on brisait le mariage *saint* et *politique* entre le roi et sa couronne, rien n'eût été plus juste : mais puisqu'il avait été maintenu à l'égard des rois à qui s'appliquaient les nouveaux principes de la monarchie constitutionnelle, la dynastie d'Orléans avait-elle le droit de s'y soustraire? Peu importait que Louis XVI et Louis XVIII fussent montés sur le trône comme successeurs de Hugues Capet, et que Louis-Philippe y eût été appelé par la volonté nationale. L'incorporation des biens du prince dans ceux de l'État n'était pas la loi d'une dynastie : c'était la loi de la royauté. Quiconque touchait à la couronne devait s'y soumettre. La royauté de Juillet n'était pas viagère : elle était transmissible aux enfants. On dit qu'elle n'était pas inamissible; mais est-ce que la restauration, sujette au principe de la dévolution, n'était pas, en sa double qualité de monarchie parlementaire et constitutionnelle, exposée à la même instabilité?

Le prince qui acceptait la couronne en 1830 avait si bien senti que, par le fait de son acceptation, il se plaçait sous l'empire des anciens principes de la monarchie, que le 7 août 1830, il fit, sous réserve d'usufruit, donation à ses enfants, à l'exception de l'aîné, de tous ses biens meubles et immeubles.

La loi du 2 mars 1832 consacra cette donation :

« Le roi, porte l'art. 22, conservera la propriété des « biens qui lui appartenaient avant son avénement au trône : « ces biens et ceux qu'il acquerra à titre onéreux pendant son « règne composeront son domaine privé. »

Et l'art. 23 ajoutait : « Le roi peut disposer de son do-

« maine privé, soit par acte entre vifs, soit par testament,
« sans être assujetti aux règles du code civil qui limitent la
« quotité disponible »

Le maintien du domaine privé entre les mains du roi
ayant été consacré par un acte législatif, les chambres en
tirèrent les conséquences, et toutes les fois qu'on leur sou-
mit des projets de dotation pour des princes de la famille
royale, elles les repoussèrent toujours, par ce motif que le
domaine privé était suffisant pour répondre à leurs besoins.

Néanmoins, le 22 janvier 1852, un décret du prince président de la république revint sur la donation du 7 août 1830;
et considérant que le principe de la dévolution était une règle
fondamentale de la monarchie, que la donation du 7 août
avait été faite en fraude de ce principe, qu'elle n'avait pu
être validée par la loi de 1832 parce que ce serait attribuer
un effet rétroactif à cette loi que de lui faire valider un acte
radicalement nul d'après la législation existante au moment
où cet acte avait été consommé, il déclarait que les biens
meubles et immeubles qui faisaient l'objet de la donation du
7 août 1830 étaient restitués au domaine de l'Etat.

Après avoir ainsi fait revivre, à l'égard de la dynastie dé-
chue, le principe de la dévolution, le nouveau pouvoir se l'appliqua à lui-même.

L'art. 3 du sénatus-consulte du 12 décembre 1852 sur la
liste civile et la dotation de la couronne est ainsi conçu :

« Les biens particuliers appartenant à l'empereur au mo-
« ment de son avénement au trône sont de plein droit réunis
« au domaine de l'État, et font partie du domaine de la
« couronne (1). »

_____

(1) Un décret impérial du 14 septembre 1853 ouvrit au ministère
des finances un crédit extraordinaire de 1,241,200 fr. pour la portion
payable en 1853 du prix d'acquisition des immeubles réunis au domaine de l'État, en vertu du principe de la dévolution (art. 3 du sénatus-consulte du 12 décembre 1852).

Il nous reste à exposer les règles que le sénatus-consulte du 12 décembre 1852 a établies pour l'administration du domaine de la couronne.

La couronne n'étant qu'usufruitière des biens qui lui sont affectés, ne peut ni les vendre, ni les donner, ni les engager, ni les grever d'hypothèques. Elle peut seulement aliéner les biens inventoriés avec estimation.

Les biens de la couronne étant inaliénables sont imprescriptibles.

L'échange ne peut être autorisé que par un sénatus-consulte. Un sénatus-consulte du 23 avril 1856 dont nous parlerons tout à l'heure a réglé les formes des échanges.

Les biens de la couronne et le trésor public ne sont jamais grevés des dettes de l'empereur ou des pensions par lui accordées. Les droits de ses créanciers et des employés de sa maison, à qui des pensions de retraite ont été accordées ou sont dues par imputation sur un fonds de retenues faites sur leurs appointements, sont réservés sur le domaine privé.

La durée des baux, d'après la charte de 1814, ne pouvait excéder 18 ans. La charte de 1830 l'a portée à 19 ans, et le sénatus-consulte du 12 décembre 1852 à 21 ans. Ils ne peuvent être renouvelés plus de 3 ans avant leur expiration (art. 10).

Les forêts de la couronne sont soumises au code forestier en ce qui les concerne : elles sont assujetties à un aménagement régulier.

Il ne peut y être fait aucune coupe extraordinaire quelconque, ni aucune coupe des quarts en réserve, ou des massifs réservés par l'aménagement pour croître en futaie, si ce n'est en vertu d'un sénatus-consulte (art. 11).

L'empereur peut faire aux palais, bâtiments et domaines de la couronne tous les changements, additions et démolitions qu'il juge utiles à leur conservation ou à leur embellissement

(art. 13). Ces travaux sont à la charge de la liste civile,
ainsi que l'entretien et les réparations de toute nature des
meubles et immeubles de la couronne (art. 14).

Enfin le sénatus-consulte veut que, sauf les conditions qui
précèdent et l'obligation de fournir caution dont l'empereur
est affranchi, toutes les autres règles du droit civil s'appliquent au domaine de la couronne.

L'administration de la liste civile et de la dotation de la
couronne est confiée au ministre d'État sous le titre de
ministre d'État et de la maison de l'empereur (décret du
14 décembre 1852).

Les actions concernant la dotation de la couronne et le
domaine privé sont dirigées par ou contre lui. Les unes et
les autres sont instruites et jugées dans les formes ordinaires
(art. 22 S.-C. du 12 décembre 1852).

Cet article est une dérogation à l'art. 69 du code de
procédure, d'après lequel l'empereur est assigné pour ses
domaines dans la personne du procureur impérial de l'arrondissement.

L'article 22 précité ne s'expliquait pas sur le point de
savoir si le ministre des finances devait être appelé dans les
causes qui intéressent les biens de la couronne, comme
représentant l'État nu-propriétaire de ces biens. Un décret de
1791, art. 15, disait : « Les actions relatives aux domaines
« nationaux dont le roi a la jouissance seront intentées ou
« soutenues par l'intendant de la liste civile ou par celui
« que désignera le roi, à la charge de notifier la contestation
« au directoire du département, lorsqu'elle intéressera la pro-
« priété. »

Le sénatus-consulte du 30 janvier 1810, relatif à la dotation de la couronne, se contente de dire que « les biens de
« la couronne sont administrés par un intendant général, le-
« quel exerce les actions judiciaires de l'empereur, et contre

« qui toutes les actions à la charge de l'empereur sont diri-
« gées et les jugements prononcés. »

Les lois des 8 novembre 1814, 15 janvier 1825 et 2 mars
1832, sur les listes civiles des rois Louis XVIII, Charles X
et Louis-Philippe, reproduisent textuellement le sénatus-consulte.

La question était donc laissée à l'interprétation de la jurisprudence, et elle a toujours décidé (1) que l'administrateur
de la liste civile représentait seul le souverain dans toutes les
contestations judiciaires où la propriété des biens du domaine
de la couronne était intéressée.

En est-il de même dans les échanges et les expropriations
pour cause d'utilité publique, qui sont encore aujourd'hui des
modes d'aliénation permis du domaine de la couronne ? La
présence du ministre des finances est-elle nécessaire pour
opérer la translation de propriété ?

En matière d'expropriation d'un bien de la couronne, les
art. 13 et 26 de la loi du 3 mai 1844 ne permettent aucun
doute : ils exigent l'intervention du ministre des finances
comme représentant l'État.

En matière d'échange, le décret du 11 juillet 1812 laissait à l'intendant général de la liste civile le soin de remplir
toutes les formalités ayant pour but d'établir la propriété,
la valeur et l'estimation des biens de l'échangiste.

Sur le rapport fait à l'empereur, et dans le cas où l'é-
change paraissait convenable, un décret autorisait l'intendant général de la couronne à en passer acte devant notaire.

Il est vrai que l'art. 13 et dernier du décret ajoutait :
« *Notre grand juge ministre de la justice, notre ministre*
« *des finances et notre intendant général du domaine de*

---

(1) On ne peut citer en sens contraire qu'un arrêt d'Amiens du 4
mars 1844. Le pourvoi contre cet arrêt a été rejeté par la cour de
cassation en 1848.

« *la couronne sont chargés de l'exécution du présent dé-*
« *cret.....* » Mais cette disposition exigeait la présence du
ministre des finances pour les actes postérieurs à l'échange,
tels que la radiation des hypothèques, l'enregistrement gratuit de l'acte et la radiation de l'immeuble échangé du tableau
des propriétés de l'État, plutôt que pour l'acte lui-même.

La forme des échanges ayant été modifiée sous le gouvernement constitutionnel qui suivit l'empire, on considéra
comme une conséquence nécessaire de ces modifications
l'intervention du ministre dans l'acte d'échange.

Pour trancher la double difficulté que nous venons de signaler, un sénatus-consulte du 23 avril 1856 interpréta
l'art. 22 du sénatus-consulte du 12 décembre 1852 sur la
liste civile et la dotation de la couronne ; il est ainsi conçu :

Article unique. « L'administrateur de la dotation de la
« couronne a seul qualité pour procéder en justice, soit en
« demandant, soit en défendant, dans les instances relatives
« à la propriété des biens faisant partie de cette dotation ou
« du domaine privé.

« Il a seul qualité pour préparer et consentir les actes re-
« latifs aux échanges du domaine de la couronne et tous au-
« tres actes conformes aux prescriptions du sénatus-consulte
« du 12 décembre 1852.

« Il a pareillement qualité, dans les cas prévus par les
« articles 13 et 26 de la loi du 3 mai 1841, pour consentir
« seul les expropriations et recevoir les indemnités, sous la
« condition de faire emploi desdites indemnités, soit en
« immeubles, soit en rentes sur l'État, sans toutefois que le
« débiteur soit tenu de surveiller le remploi. »

A l'égard du domaine privé, le sénatus-consulte du 12
décembre 1852 reproduit les dispositions de la loi du 8 novembre 1814, sur la liste civile du roi Louis XVIII.

« Le domaine privé de l'empereur se compose des biens

« qu'il acquiert à titre gratuit ou onéreux pendant son
« règne (art. 18).

« L'empereur peut disposer de son domaine privé, sans
« être assujetti aux règles du code civil sur la quotité dis-
« ponible.

« S'il n'en a pas disposé, les propriétés du domaine privé
« font retour au domaine de l'État et font partie de la dota-
« tion de la couronne (art. 19). »

Les propriétés du domaine privé sont, sauf l'exception
portée en l'article précédent, soumises à toutes les règles du
code Napoléon : elles sont imposées et cadastrées (art. 20).

Telle est la constitution du domaine de la couronne, qui
n'est qu'un démembrement du domaine de l'État affecté à la
jouissance du souverain.

Voyons les règles relatives au domaine de l'État proprement dit.

CHAPITRE IV.

DU DOMAINE DE L'ÉTAT.

L'assemblée constituante avait, comme nous l'avons
vu, confondu toutes les propriétés de la nation sous le nom
de domaine national, et l'avait déclaré aliénable.

Mais bientôt la nature même des choses fit admettre une
distinction.

Le domaine national comprenait des choses nécessaires à
l'usage ou à la protection de tous, telles que les rivages de la

13.

mer, les places publiques, les fortifications, etc., etc., et d'autres qui, n'étant destinées ni à l'usage public ni à la défense de l'État, étaient dans le patrimoine de la nation comme dans le patrimoine d'un simple particulier, telles que les maisons, bois, usines, etc., etc. Ces deux sortes de biens ne pouvaient être soumises aux mêmes règles.

La loi du 11 juillet 1791 sur les places de guerre traça la première ligne de démarcation entre les propriétés nationales aliénables et les propriétés nationales inaliénables.

La distinction entre le domaine public et le domaine de l'État ressort implicitement des termes mêmes du code Nap., art. 538 : « *Toutes les portions du territoire français qui ne sont pas susceptibles d'une propriété privée sont considérées comme des dépendances du domaine public.* » Art. 713. « *Les biens qui n'ont pas de maître appartiennent à l'État.* »

Mais c'est à la doctrine et à la jurisprudence qu'appartient l'honneur d'avoir nettement séparé le domaine public du domaine de l'État, et d'avoir appliqué les conséquences de cette séparation.

La différence capitale qui existe entre le domaine public et le domaine de l'État, c'est que le domaine public est inaliénable.

Son inaliénabilité résulte de l'art. 538 lui-même, puisque, sous la dénomination de domaine public, il comprend toutes les portions du territoire français *qui ne sont pas susceptibles d'une propriété privée.* En outre, l'art. 541 permet à l'État d'aliéner les fortifications et remparts des villes *qui ne sont plus places de guerre*, ce qui implique naturellement que, tant qu'elles sont places de guerre, leurs fortifications et remparts sont inaliénables.

Si le gouvernement aliénait une grande route ou même un canal de navigation (1), à la charge de maintenir la naviga-

_____

(1) Les canaux de navigation font partie du domaine public, quoi.

tion comme service public, ce serait un simple engagement révocable au gré de l'administration.

Il résulte encore du principe de l'inaliénabilité que des servitudes ne peuvent être acquises ni par titre ni par prescription sur des fonds dépendant du domaine public. Ainsi, les édifices publics ne peuvent être soumis à la servitude légale de mitoyenneté. On ne peut ouvrir des jours, conformément aux art. 676 et 678 du code Nap., sur des cours et jardins dépendant d'un monument public. Si des concessions de ce genre sont faites par l'administration, elles ont un caractère précaire et ne constituent pas des servitudes (1).

L'inaliénabilité s'efface quand un bien cesse de faire partie du domaine public.

Mais pour qu'un bien cesse de faire partie du domaine public, faut-il que son affectation à un service public ait été abrogée expressément?

M. Proudhon (2) pense qu'un bien sort du domaine public par cela seul que, en fait, il est réduit à un état de dégradation tel qu'il est impropre à remplir le service auquel il a été destiné. Il cite comme exemple une forteresse qui aurait sauté et qui ne serait plus occupée militairement, ou un chemin qui serait devenu impraticable par l'éboulement d'une montagne.

L'affectation d'un fonds à un service public, dit-il, n'est autre chose qu'un droit d'usage ou d'usufruit établi sur ce fonds au profit du public : or, les droits d'usufruit ou d'usage s'éteignent quand, par suite du changement d'état survenu dans les lieux, il y a impossibilité d'en jouir.

qu'ils ne soient pas compris dans l'énumération de l'art. 538 (loi du 21 vendémiaire an v). L'art. 538 n'est pas limitatif. Ainsi on peut ranger dans le domaine public les chemins de fer.

(1) Pardessus, *Traité des servitudes*, n° 43.

(2) *Domaine public*, t. i, p. 289.

Mais si ce système était juste, il faudrait dire que le changement d'état, indépendamment du non-usage, suffit pour abroger l'affectation d'une chose à un service public ; car l'usufruit et les servitudes s'éteignent par ce seul changement (art. 624 et 703 C. Nap.). M. Proudhon ne va pas si loin : il comprend qu'on ne peut rien enlever au domaine public sans le consentement de l'administration ; mais il fait résulter ce consentement d'un non-usage et d'un fait précaire, comme celui de l'abandon. Là est l'erreur : s'il y a des règles pour le déclassement des voies publiques et des places de guerre, c'est que ce déclassement ne s'opère pas par le non-usage. D'ailleurs, ce non-usage suppose-t-il de la part de l'administration l'intention d'abandonner un terrain ? n'est-ce pas plutôt une loi des événements qui veut que, suivant les circonstances, on porte la défense de l'État tantôt d'un côté, tantôt de l'autre ? C'est ce qui a été jugé par arrêt de la cour de cassation du 3 mars 1828, préfet du Pas-de-Calais contre Pille, confirmé par un second arrêt de la cour de cassation, chambres réunies, statuant entre les mêmes parties et dans la même cause, le 27 novembre 1855 (1).

Le principe de l'inaliénabilité du domaine public souffre une exception : elle est relative aux lais et relais de la mer, qui sont placés, par l'art. 548 C. Nap., au nombre des dépendances du domaine public, et que l'art. 41 de la loi du 16 septembre 1807 permet au gouvernement de concéder.

« Le gouvernement concédera aux conditions qu'il aura
« réglées les marais, lais et relais de la mer, le droit d'endi-
« guage, les accrues, atterrissements et alluvions de fleuves,
« rivières et torrents, quant à ceux de ces objets qui for-
« ment propriété publique ou domaniale. »

Les tribunaux en ont déduit la conséquence que les lais et relais de la mer étaient aliénables et prescriptibles.

(1) Cass., 7 novembre 1852, 18 avril 1855.

Les formalités de la concession sont, d'après une ordonnance royale du 23 septembre 1825, 1° un travail des ponts et chaussées; 2° une enquête *de commodo et incommodo;* 3° un avis favorable du ministre de la guerre et de celui de la marine; 4° un examen de la demande de concession en conseil d'État.

Le caractère général de ces concessions est d'avoir une utilité publique, en imposant aux concessionnaires de faire des travaux d'endiguage ou d'assainissement.

En 1835, plusieurs communes de l'Ouest conçurent la crainte que des compagnies industrielles n'obtinssent les concessions des lais et relais de la mer au détriment des riverains, et la chambre des députés adopta un projet de loi d'après lequel les lais et relais de la mer ne pouvaient plus être aliénés qu'aux enchères, à moins qu'une loi spéciale n'intervînt pour faire une concession. La chambre des pairs rejeta le projet de loi, car il manquait son but : les compagnies industrielles étaient plus à craindre pour les riverains dans les adjudications publiques que dans les concessions administratives, et en même temps plus puissantes pour obtenir des lois.

Le domaine public se divise en trois branches : le domaine militaire, le domaine maritime et le domaine des ponts et chaussées, et ces trois branches sont réparties entre trois ministres : le ministre de la guerre, le ministre de la marine et le ministre des travaux publics.

Les fonds du domaine public sont susceptibles de certains produits, tels que les herbages des fossés des fortifications, les revenus des francs bords des canaux, la location des fossés des places de guerre.

Les aliénations, concessions ou allodiations de ces produits sont faites par l'administration des domaines, sans le concours des ministres, et quelquefois par l'administration des contributions indirectes qui lui a été substituée pour la plus grande facilité des perceptions.

Le domaine de l'État comprend toutes les parties du domaine national qui ne rentrent pas dans le domaine public et dont l'État jouit à titre de propriétaire.

Le domaine de l'État s'accroît par les conquêtes et les traités. L'art. 25 de la loi du 2 mars 1832 porte en effet :

« Il ne sera plus formé de domaine extraordinaire. En « conséquence, tous les biens meubles ou immeubles acquis « par droit de guerre ou par des traités patents ou secrets « appartiendront à l'Etat, sauf toutefois les objets qu'une loi « donnerait à la couronne. »

Il s'accroît également : 1° des biens que le prince possède au moment de son avénement au trône et de ceux de son domaine privé dont il n'a pas disposé au jour de son décès (art. 19 du S.-C. du 12 décembre 1852).

2° Des biens vacants (art. 713 C. Nap.), et des successions en déshérence (art. 768).

3° Des acquisitions faites à titre gratuit ou onéreux. L'acquisition est à titre gratuit, lorsque l'État est donataire ou légataire : les acquisitions à titre onéreux résultent des achats ou des expropriations d'immeubles pour cause d'utilité publique et des alignements.

Une classe de biens domaniaux est sujette à des règles particulières : ce sont les forêts.

Deux principes fondamentaux ont été posés par la loi de 1790, relativement au domaine de l'État.

1° Le domaine de l'Etat est aliénable.

2° L'aliénation ne pourra avoir lieu qu'en vertu d'une loi.

Le premier principe n'a reçu aucune exception. L'aliénabilité est la règle constante de la législation.

Mais la nécessité d'une loi a fléchi pour la plupart des aliénations des biens de l'État.

C'est ce que nous allons démontrer en étudiant les divers modes d'aliénation.

Nous examinerons ensuite quelles sont les règles de compétence dans les contestations qui peuvent naître des aliénations domaniales.

Nous déduirons de là le caractère de la législation domaniale, si toutefois il existe encore une législation domaniale.

§ 1. *Des divers modes d'aliénation des biens de l'État.*

I. Des adjudications.

Lorsque l'assemblée constituante eut décrété la vente des domaines de la couronne et des biens ecclésiastiques jusqu'à concurrence de 400 millions, le premier système qu'elle adopta fut de se servir des municipalités comme d'un intermédiaire entre elle et les acquéreurs. Les municipalités adressaient leurs demandes au comité établi par l'assemblée pour l'aliénation des biens domaniaux : celui-ci acceptait leurs offres après estimation, et les municipalités revendaient elles-mêmes aux particuliers par voie d'adjudication (1).

Le décret du 9 juillet 1790, confirmé par celui du 9 août suivant, permit aux particuliers de s'adresser directement, soit au comité de l'assemblée nationale, soit à l'administration ou au directeur du département, pour soumissionner les biens qui seraient à leur convenance. Lorsque ces soumissions étaient égales au prix d'estimation, les biens étaient mis en vente, mais toujours aux enchères publiques : « *Les*

(1) Décrets des 17-24 mars, 14-17 mai 1790.

« *adjudications définitives seront faites à la chaleur des*
« *enchères et à l'extinction des feux.* »

C'est à ces formalités que se réfère l'art. 8 de la loi du
1ᵉʳ décembre 1790 lorsqu'il dit : « Les domaines nationaux
et les droits qui en dépendent peuvent être vendus et aliénés
à titre perpétuel et incommutable, en vertu d'un décret formel du corps législatif, sanctionné par le roi, en observant
les formalités prescrites pour ces sortes d'aliénations. »

Deux conditions étaient nécessaires pour aliéner : 1° un
décret d'autorisation ; 2° une adjudication publique.

C'est ainsi que furent faites toutes les aliénations des biens
nationaux sous la convention.

Mais un pareil système supposait une assemblée perma-
nente et immiscée dans l'administration du pays. Lorsque
l'administration proprement dite eut pris plus de force et
que les attributions du corps législatif eurent été restreintes,
il parut presque impossible de faire statuer par une loi sur
toutes les aliénations qui seraient faites, d'autant plus que
par la mainmise de l'État sur les biens des émigrés, des
hospices et du clergé, la nation se trouvait en possession
d'une grande masse d'immeubles dont elle voulait se défaire
à tout prix.

Le premier coup porté à l'intervention législative le fut
par le décret du 28 ventôse an IV qui créait 2 milliards
400 millions de mandats territoriaux. Les mandats emportaient avec eux hypothèque, privilége et délégation spéciale
sur tous les domaines nationaux situés dans toute l'étendue
de la république, de manière que tout porteur de ces mandats
pouvait se présenter à l'administration du département de la
situation du domaine national qu'il voulait acquérir, et le
contrat de vente lui en était passé (art. 4).

Ainsi, la vente avait lieu, non-seulement sans loi, mais
même sans adjudication publique.

Dès lors nous ne devons pas nous étonner si une loi postérieure autorisa d'une manière générale l'administration à vendre les biens nationaux. Ce fut la loi du 16 brumaire an v, relative aux dépenses ordinaires et extraordinaires de l'an v. L'État devait 550 millions pour les dépenses extraordinaires de la guerre : on leur affecta les revenus des domaines nationaux et des forêts nationales, et pour compléter la somme de 550 millions, l'art. 8 ordonnait que *tous les domaines nationaux, à l'exception de ceux réservés pour le service public, des forêts nationales et bois réservés par les lois rendues à ce sujet, seraient mis en vente.* L'art. 9 ajoutait :

« Les ventes seront faites par les administrations de dé-
« partement, quinzaine après l'affiche, sur enchères reçues
« de la manière réglée par les lois antérieures à celles du 28
« ventôse. »

La loi du 15 floréal an x est plus explicite : elle est intitulée : *Loi qui détermine un nouveau mode pour la vente des fonds ruraux appartenant à la nation.*

Art. 1er. « La vente des fonds ruraux appartenant à la
« nation, *non réservés par la loi du* 30 *ventôse an* IX, con-
« tinuera d'avoir lieu par la voie des enchères, suivant les
« formes prescrites par la loi du 16 brumaire an IX. »

Or, que disait la loi du 30 ventôse? Elle affectait aux dépenses de l'instruction publique et à celles des militaires invalides un capital de 180 millions en biens nationaux qui devaient être distraits de la masse et qui *ne pouvaient être aliénés,* ni leur destination changée qu'*en vertu d'une loi.* Si le législateur se croit obligé de dire que les biens ainsi affectés ne pourront être aliénés qu'en vertu d'une loi, n'est-ce pas la plus forte preuve que les biens non affectés étaient aliénés sans loi?

Enfin, la loi du 5 ventôse an XII confirme celle du 15 floréal an x. Dans son art. 1er, elle fixe la mise à prix des domaines nationaux qui seront mis en vente et les règles du payement du prix d'adjudication ; d'où il résulte que l'administration avait le droit de vendre puisqu'on lui trace des règles. D'ailleurs, ces expressions *mettre en vente* se réfèrent à un acte administratif. L'assemblée constituante parlait des domaines nationaux dont *l'aliénation était ordonnée.*

Ainsi l'administration était autorisée par les lois des 16 brumaire an v, 15 et 16 floréal an x, et 5 ventôse an xii, à vendre les biens nationaux, sans recourir au pouvoir législatif. La seule formalité qui fût exigée, c'étaient les enchères.

M. Dufour (1) n'admet pas que les lois précitées eussent le sens général que nous leur attribuons. Il les considère comme des lois exceptionnelles, qui ne conféraient à l'administration que le droit de vendre certains biens nationaux désignés, ou la permission d'aliéner jusqu'à concurrence d'une certaine somme. La loi du 15 ventôse an xii n'est relative, suivant cet auteur, qu'à la vente de quelques domaines au delà des Alpes jusqu'à concurrence de quarante millions. Nous ne partageons pas cette opinion qui est contredite par le texte de la loi et la tendance générale de la législation à cette époque.

Mais ce qui nous semble incontestable, c'est que, comme le soutient M. Dufour, l'art. 25 de la loi du 22 avril 1815 a rétabli les vrais principes, lorsqu'il a dit : *Aucun domaine ne peut être aliéné ni échangé qu'en vertu d'une loi*, et le conseil d'État lui-même l'a reconnu dans un arrêt du 6 mars 1335, où nous lisons . « Une aliénation, même par voie d'échange, « ne peut avoir lieu qu'en vertu d'une loi. »

Nous croyons, et nous trouverons plusieurs fois l'occasion de développer cette idée, que la charte de 1814 et les lois subséquentes ont eu pour effet de revenir au droit commun en matière de vente domaniale, et qu'elles ont aboli toutes les lois antérieures qui n'étaient que des lois de circonstance.

(1) *Traité du droit administratif,* t. v, p. 107.

« Il était difficile, dit M. Batbie (1), de ne pas voir dans
« ces lois l'œuvre de circonstances passagères, et une saine
« interprétation aurait dû les mettre au rang des disposi-
« tions que le changement des époques abroge naturelle-
« ment. Mais la pratique administrative et le silence des
« chambres ont fait de ces prescriptions temporaires un
« droit permanent. Il n'est pas possible de revenir sur ce
« long usage, et la discussion doctrinale n'est même plus
« autorisée depuis la loi du 18 mai 1850, art. 2. »

Les lois du 16 brumaire an v, 15 floréal an x et 5 ventôse an xii sont donc considérées, dans l'état actuel de la
législation, comme conférant au gouvernement le droit d'a-
liéner les biens de l'État, et en vertu de ces lois, le gouvernement fait vendre aux enchères les immeubles, moins les
forêts, qu'on ne juge pas à propos de conserver dans le domaine de l'État.

Comment s'acquitte le prix d'adjudication ?

D'après la loi du 15 floréal an x, art. 5, le prix d'adjudication devait être payé par cinquièmes. Le premier cinquième
s'acquittait dans les trois mois de l'adjudication, le second
un an après le premier, et les trois autres ainsi successivement d'année en année.

Cette loi ne faisait pas courir les intérêts pendant le terme
accordé à l'acheteur, mais la mise à prix était augmentée de
10 p. 100, lesquels tenaient lieu de l'intérêt du prix de la
vente.

La loi du 5 ventôse an xii introduisit une modification
qui se rapprochait du droit commun dans son art. 106, ainsi
conçu : « Le premier terme ne paye pas d'intérêt; mais l'in-
« térêt à 5 0/0 par an est dû pour chacun des autres
« termes. »

Enfin, la loi de finances du 18 mai 1850 est revenue tout

(1) *Journal de droit administratif*, Toulouse, t. ii.

à fait au droit commun en supprimant les cinq termes, et en décidant que l'acheteur payerait les intérêts à partir de la mise en possession.

Le prix s'acquitte en numéraire. Les payements sont poursuivis et recouvrés en vertu du procès-verbal d'adjudication (loi du 15 floréal an x, art. 5 et 7).

L'administration est maîtresse de fixer dans le cahier des charges les époques du payement : elle les avance ou les recule suivant les besoins du trésor.

Dans le droit commun, si l'acheteur ne paye pas, le vendeur a le droit ou de poursuivre le remboursement du prix, ou de demander la résolution du contrat avec dommages-intérêts.

En matière de vente domaniale, l'administration a incontestablement le droit d'user des voies de contrainte pour se faire rembourser.

Mais la loi du 15 floréal an x lui donne une faculté particulière. Elle prononce, dans son art. 8, la déchéance de plein droit contre les acquéreurs en retard de payer aux termes fixés, si, dans la quinzaine de la contrainte à eux signifiée, ils ne se sont pas libérés. En outre, elle fixe elle-même le taux des dommages-intérêts : « Ils ne seront point sujets à « folle enchère, mais ils seront tenus de payer par forme de « dommages-intérêts une amende égale au dixième du prix « de l'adjudication dans le cas où ils n'auraient encore fait « aucun payement, et au vingtième s'ils ont délivré un ou « plusieurs à-compte, le tout sans préjudice de la restitu-« tion des fruits. »

Ainsi, les acquéreurs en retard de payer sont, aux termes de cette loi, déchus de plein droit et soumis à une sorte d'amende.

Mais l'administration peut ne vouloir pas user de son droit, ou même, lorsqu'elle l'a exercé, les acquéreurs peuvent se faire relever de la déchéance qu'ils ont encourue, soit par recours gracieux au ministre des finances, soit par voie contentieuse. Dans l'une et l'autre de ces hypothèses, on ne peut mettre en doute que l'acheteur ne soit tenu de payer les intérêts du prix de vente ; mais comment ces intérêts seront-ils calculés ?

D'après la loi du 30 août 1792, toute somme due par les acquéreurs de domaines nationaux, tant en intérêts qu'en capitaux, qui n'aurait pas été acquittée à l'échéance fixée par la loi, devait intérêt depuis le jour de ladite échéance jusqu'à celui de l'acquittement. C'était l'anatocisme dans toute sa force. Non-seulement les intérêts du prix de vente produisaient intérêts ; mais ces intérêts eux-mêmes étaient capitalisés indéfiniment pour donner naissance à de nouveaux intérêts.

Le décret du 22 octobre 1808 fit un pas vers l'équité, dans son art. 2 ainsi conçu :

« A l'avenir, et pour les décomptes non soldés, l'intérêt
« à 5 pour 100 ne pourra être capitalisé d'année en année,
« pour produire un intérêt des intérêts. Ce qui restera dû,
« tant en principal qu'intérêts, après chaque échéance fixée
« par le contrat, ne sera susceptible que d'un intérêt simple
« de 5 pour 100 par an jusqu'au jour de l'acquittement. »

Ce décret modifiait la législation précédente en défendant de capitaliser les intérêts des intérêts. Neanmoins, il était encore contraire à l'art. 1154 du code Napoléon, d'après lequel les intérêts échus des capitaux ne sont productifs d'intérêts qu'en vertu d'une demande judiciaire ou d'une convention spéciale. Il est vrai que, dans son art. 4, le décret de 1808 disait que les intérêts résultant d'un décompte définitif ne commenceraient à courir que depuis le mois qui suivait la *notification* de ce décompte ; mais cette disposition n'était applicable qu'aux décomptes définitifs, c'est-à-dire aux décomptes dressés pour le dernier terme.

Le décret de 1808 étant en opposition aussi évidente

avec le code Napoléon et ne s'appliquant, d'ailleurs, comme l'indique son titre, qu'aux acquéreurs des *domaines natio-naux*, on a élevé la question de savoir s'il était resté en vigueur depuis que la charte de 1814 avait aboli les domaines nationaux.

La difficulté s'est présentée à l'occasion du pourvoi formé par la compagnie Adam contre le ministre des finances.

La compagnie Adam s'était rendue adjudicataire, en 1825, de l'ancien hôtel du ministre des finances. Il y eut des retards dans le payement. L'administration ne crut pas devoir prononcer de déchéance, comme elle en avait le droit, en vertu de l'art. 8 de la loi du 15 floréal an x ; mais lorsqu'elle signifia des décomptes, elle fit entrer le calcul des intérêts, conformément au décret de 1808. La compagnie Adam protesta contre la capitalisation des intérêts et l'application qui lui était faite du décret de 1808.

Le ministre des finances en référa au comité des finances du conseil d'État qui émit, à la date du 27 octobre 1830, un avis ainsi conçu :

« Considérant que le droit commun n'est pas applicable « aux ventes des domaines nationaux qui sont régies par « des lois spéciales ;

« Considérant qu'il résulte de différentes lois, notamment « de celle des 30 août-6 septembre 1792, que les intérêts « dus par les acquéreurs en retard de payement devaient « être capitalisés chaque année pour produire des intérêts ;

« Considérant que la loi du 15 floréal de l'an x est venue « apporter des changements dans le mode de vente de ces « biens, ainsi que celle du 5 ventôse an xii qui n'a astreint « les acquéreurs qu'au payement d'intérêts à 5 pour 100 ; « qu'à la vérité ces dernières lois n'ont pas prévu le cas, la « première des relevés de déchéance, la deuxième du re- « tard dans les payements ; que, néanmoins, l'un et l'autre « cas se sont présentés ; que ces lois n'ayant pas défendu de

« capitaliser les intérêts, l'administration a suivi la règle
« tracée pour la confection des décomptes qui imposait aux
« acquéreurs en retard le payement des intérêts capitalisés
« de chaque année ; que ce mode d'opérer a reçu une cons-
« tante application jusqu'à l'époque à laquelle est intervenu
« le décret du 22 octobre 1808 ; que ce décret, concernant
« la confection des décomptes des acquéreurs de domaines,
« a statué non-seulement pour les décomptes non soldés,
« mais encore pour ceux à dresser à l'avenir ; que ces dis-
« positions sont générales et n'ont fait aucune dérogation
« aux lois des 15 floréal an x et 5 ventôse an xii alors en
« vigueur ; que, depuis, ce décret, qui fait corps avec la légis-
« lation, a été constamment appliqué sans réclamation ;

« Considérant que, d'après le cahier des charges rédigé
« pour la vente de l'ancien hôtel du Trésor, rue Vivienne,
« cette vente a eu lieu aux termes des lois des 15 floréal an
« x et 5 ventôse an xii ; que, dès lors, ces lois interprétées
« par le décret de 1808 sont le contrat des parties ; que,
« dans le décompte présenté, le domaine n'a ajouté aux ca-
« pitaux que les intérêts dus à chaque échéance fixée par le
« contrat qui n'avaient pas été acquittés, et qu'il n'a fait
« produire au tout que l'intérêt simple de 5 pour 100 qui
« sera dû jusqu'au prix de l'acquittement, ce qui est con-
« forme au décret de 1808 ;

« Est d'avis :

« Que le décret du 22 octobre 1808 est applicable à tou-
« tes les ventes de domaines de l'État faites en vertu des
« lois des 15 floréal an x et 5 ventôse an xii, et de toutes
« les lois postérieures qui n'auront pas dérogé au mode fixé
« par ce décret... »

La compagnie Adam se pourvut contre la décision minis-
térielle rendue en conséquence de cet avis ; mais son pourvoi
fut rejeté, par arrêt du conseil du 12 avril 1832, par ce motif
que le cahier des charges, joint à l'adjudication du 5 avril

1825, avait soumis l'acquéreur à l'application de la législation générale des ventes de domaines nationaux, et que le décret du 22 octobre 1808 fait partie de cette législation.

Le conseil d'État n'examinait pas, comme on le voit, si la charte de 1814 n'avait pas abrogé le décret de 1808 ; et le principe qu'il posait comme constant à la tête de son avis, que le droit commun n'est pas applicable aux ventes des domaines nationaux, qui sont régies par des lois spéciales, était à démontrer, puisque ces lois spéciales n'étaient plus en harmonie avec les principes de la constitution.

Dans l'avis que nous venons de rapporter et l'arrêt qui l'a sivi, le conseil d'État ne donne rien moins à l'administration que le droit de faire revivre, à son profit, toutes les dispositions de la législation révolutionnaire sur la vente des biens nationaux, par ce seul fait qu'elle aura énoncé, dans le cahier des charges, que la vente est faite conformément aux lois de l'an x et de l'an xii. C'est là une conséquence très-grave, et sur laquelle on ne saurait trop insister.

Les *décomptes* des biens nationaux ont donné lieu à un grand nombre de lois et de décisions administratives. « Le « décompte, d'après le rapporteur de la loi de 1820, est le « compte du prix de vente et des payements successifs dans « les valeurs admissibles, assignats, mandats, effets publics « de toute nature, contenant le calcul des cours auxquels « ces valeurs sont admises, et le règlement des intérêts. »

Un arrêté du 4 thermidor an xi ordonna aux directeurs de l'enregistrement et des domaines, de procéder, dans le plus court délai, aux décomptes de tous les acquéreurs de biens nationaux.

Ceux-ci se trouvèrent dans le plus grand embarras, ne pouvant, pour la plupart, justifier des payements du prix d'acquisition, et la sécurité des possesseurs de biens nationaux se trouva compromise.

Pour remédier aux dangers de cette situation, le décret

du 22 octobre 1808 déclara que les quittances, délivrées dans le passé pour solde du dernier terme, vaudraient comme décomptes définitifs, s'il s'était écoulé six ans à dater de la publication du décret, sans que l'administration générale ait fait notifier de décompte ; et, quant à l'avenir, le décret établit une prescription spéciale de six ans au profit des acquéreurs, qui, ayant reçu une quittance pour solde, ne seraient pas poursuivis dans les six années qui suivraient la date de la dernière quittance.

Mais la nécessité de représenter une quittance exposait encore beaucoup d'acquéreurs au recours de l'administration. La loi du 12 mars 1820 y mit fin, en déclarant que les acquéreurs, auxquels il n'aurait pas été signifié de décompte par l'administration avant le 1er janvier 1822, seraient entièrement libérés du prix de leur acquisition.

Il faut remarquer que la loi de 1820 ne s'appliquait pas aux acquéreurs des biens vendus en exécution des lois des 15 et 16 floréal an x, *dont le dernier terme de payement n'était pas alors acquitté.* Ceux-ci ne pouvaient obtenir leur libération que par la quittance pour solde de ce terme. A plus forte raison ne s'applique-t-elle pas à ceux qui ont acquis postérieurement des biens de l'État.

Il en résulte que ceux qui achètent aujourd'hui des biens de l'Etat sont soumis à toute la rigueur des lois anciennes sur les décomptes, et traités moins favorablement que les acheteurs dont les contrats remontaient aux plus fâcheuses époques de la révolution. On ne peut au moins leur refuser le bénéfice de la prescription de six ans, établie par l'art. 6 du décret du 22 octobre 1808, puisqu'on leur applique la capitalisation des intérêts, en vertu de ce décret.

Il résulte encore de la consécration que le conseil d'État a imprimée aux lois de l'an x et de l'an xii, que, dans les ventes qui sont faites en exécution de ces lois, l'autorité adminis-

14.

trative est seule compétente pour juger les contestations qui s'élèvent au sujet des décomptes.

Parmi les autorités administratives, c'est au préfet, sauf recours au ministre des finances, et définitivement au conseil d'État, qu'il appartient de statuer sur ces contestations, aux termes de l'art. 4 de l'arrêté du gouvernement du 4 thermidor an XI.

Les adjudicataires sont tenus de payer les frais d'enregistrement dans les vingt jours, à raison de 2 pour 100 : tous les autres frais de vente sont à la charge de l'État.

II. Des échanges.

Le second mode d'aliénation des biens de l'État est l'*échange*.

Le principe de la loi de 1790 n'a subi aucune atteinte en matière d'échange. Il n'est pas d'exemple d'un échange conclu entre les particuliers et l'État, depuis cette époque, qui n'ait été autorisé par une loi.

Les règles, en ce qui concerne les démarches à faire pour opérer un échange, sont tracées dans une ordonnance royale du 12 décembre 1827, qui a reproduit elle-même les dispositions du décret du 11 juillet 1812, relatif au domaine de la couronne.

La proposition d'échange est adressée au ministre des finances. S'il juge à propos d'y donner suite, il la communique aux préfets des départements où sont situés les biens offerts et ceux demandés en échange. Il est procédé, par leurs soins, à une enquête administrative *de commodo et incommodo*, et, quand l'enquête est favorable, à une expertise contradictoire.

L'expertise est faite par trois experts : le premier, nommé

par le préfet du département, le second par le propriétaire des biens offerts en échange, et le troisième par le président du tribunal de la situation des biens, et dans le cas où les immeubles à échanger seraient situés dans deux ou plusieurs tribunaux différents, par le président du tribunal du lieu où se trouve l'immeuble appartenant au domaine, ou du moins sa plus forte partie. Lorsqu'il s'agit de bois, de forêts ou de terrains enclavés dans les bois et forêts, l'expert nommé par le préfet doit être choisi parmi les préposés de l'administration des forêts.

Les pièces renvoyées au ministre sont examinées : 1° en conseil d'administration des domaines, et, en outre, si la nature des immeubles l'exige, en conseil d'administration des forêts ; 2° par le comité des finances du conseil d'État.

Le ministre des finances peut, d'après ces délibérations, demander à l'empereur l'autorisation de passer acte avec l'échangiste. Cette autorisation est accordée par un décret qui figure au *Bulletin des lois*. MM. Macarel et Boulatignier, t. I, p. 173, ont proposé avec beaucoup de raison de substituer la publicité du *Moniteur* à l'insertion provisoire du contrat d'échange dans le *Bulletin des lois*. On éviterait ainsi de faire figurer au *Bulletin des lois* un acte nul, dans l'hypothèse où l'échange serait rejeté par le corps législatif.

L'échangiste ne peut entrer en jouissance avant que la loi approbative de l'échange n'ait été rendue (art. 6, *in fine*).

La résiliation de l'échange a lieu de plein droit :

1° Lorsqu'il a été stipulé entre les parties que l'échange serait comme non avenu, si la loi approbative de l'échange n'intervenait pas dans un délai convenu (art. 7).

2° Lorsque l'échangiste ne rapporte pas mainlevée et radiation pleines et entières des inscriptions qui grèvent sa propriété, dans quatre mois du jour de la notification qui lui en est faite par l'administration des domaines, à moins qu'un délai plus long ne lui ait été accordé par l'acte d'échange (art. 10.)

Aux termes de l'art. 11, le projet de loi relati à l'échange n'est présenté aux chambres qu'autant que les mainlevée et radiation des inscriptions existant au jour du contrat ont été rapportées et qu'il n'a pas été pris d'inscriptions dans l'intervalle.

De l'ensemble de ces règles, il résulte que l'échange n'admet aucun principe qui soit contraire au droit commun. Tout au plus pourrait-on citer comme une dérogation l'art. 10, d'après lequel, faute par l'échangiste de rapporter mainlevée et radiation de ses inscriptions hypothécaires, l'échange sera résilié de plein droit. Mais cette résiliation de plein droit, clause licite entre particuliers, puisque la loi en règle elle-même les effets (1), ne saurait être assimilée aux dispositions exceptionnelles que nous signalions en matière de vente.

Aussi, tandis que, suivant l'avis du conseil d'État du 27 octobre 1830, le droit commun ne serait pas applicable aux ventes des biens de l'État, une jurisprudence constante a-t-elle reconnu que les échanges, dans le silence de la loi spéciale qui les autorisait, étaient soumis à tous les principes du droit commun (2).

III. Des concessions.

Entre l'adjudication et l'échange, il faut placer les concessions qui tiennent à la fois de l'une et de l'autre. Les concessions tiennent de l'adjudication, en ce qu'elles sont faites moyennant un prix, et de l'échange, en ce qu'elles sont faites à une personne déterminée. Nous avons dit que la loi

(1) Art. 1656 C. Nap.
(2) Cass. 30 juin 1842, liste civile contre Lecourbe et Dupont.

du 1er·décembre 1790 exigeait deux conditions pour l'aliénation des biens nationaux, une autorisation législative et une adjudication publique. La loi du 15 floréal ayant supprimé l'intervention de la loi, les aliénations furent des adjudications publiques, sans autorisation législative. On peut dire des concessions, au contraire, qu'elles sont des aliénations législatives, sans adjudication publique.

Ce qui caractérise les concessions, c'est qu'elles sont faites à des personnes déterminées. Elles furent peu fréquentes sous la constituante et la convention. Il semble cependant que les premières aliénations des biens nationaux faites par l'assemblée constituante eurent lieu de cette manière, puisque les municipalités avaient seules le droit d'acquérir. Mais qu'étaient les municipalités, sinon des dépositaires chargés d'opérer eux-mêmes une revente aux enchères? Le système des enchères était plus conforme aux idées des assemblées qui voulaient morceler les biens de la nation. Il était plus conforme aussi aux intérêts de l'État, puisque les adjudications appellent la concurrence.

Les concessions supposent des circonstances anormales, exceptionnelles, un état de choses dans lequel l'intérêt public commande de renoncer au bénéfice de la concurrence pour transmettre la chose à telle personne plutôt qu'à telle autre.

On peut citer, parmi les dispositions législatives qui ont autorisé des concessions : 1º la loi du 22 mars 1806, qui permet au gouvernement de concéder aux habitants d'Esserts (Yonne) les terres qu'ils tenaient à bail emphytéotique depuis des siècles, de l'abbaye de Regny ;

2º La loi du 21 avril 1832, qui fait la même concession dans le même département, aux habitants du hameau de la Charbonnière ;

3º La loi du 7 mai 1836, portant concession à la ville de Paris de l'ancienne salle de l'Opéra, et une infinité d'autres.

Les concessions doivent être faites par une loi. Voilà le

principe. Il devrait être d'autant plus rigoureusement observé que la garantie résultant des enchères manque. Néanmoins, dans une multitude de cas, le gouvernement a reçu une autorisation générale de concéder des terres domaniales, sans avoir préalablement obtenu une loi.

Ainsi, l'administration concède, sans être autorisée par le corps législatif :

1° Les marais (loi du 16 septembre 1807, art. 41).

2° Les prises d'eau dans les fleuves et rivières navigables et flottables. Ce droit pour l'administration résulte implicitement de la loi des 12-20 août 1790, qui lui impose le devoir de diriger toutes les eaux vers un but d'utilité générale.

3° Les mines, si on les considère comme des concessions domaniales (loi du 21 avril 1810). Les concessions de mines sont faites par l'empereur en conseil d'État.

4° Les biens et domaines nationaux qui sont d'une utilité publique pour un département ou une commune. Ce droit résulte pour l'administration d'un avis du conseil d'État, devenu décret, qui n'a été publié au *Bulletin des lois* que le 1er mars 1831, et qui porte que les biens et domaines nationaux sont, « comme les propriétés particulières, susceptibles d'être aliénés en cas de besoin, pour utilité publique départementale ou communale, à estimation d'experts. »

5° Les terrains qui, ayant été acquis pour des travaux d'utilité publique, n'ont pas reçu cette destination. Cette rétrocession n'est permise qu'en faveur des anciens propriétaires ou de leurs ayants droit (art. 60 de la loi du 3 mai 1841).

6° Les terrains abandonnés par suite des nouveaux alignements (loi du 16 septembre 1807, art. 53). Cette concession ne peut être faite qu'aux propriétaires riverains de la voie publique.

L'art. 4 de la loi du 30 mai 1836 va même plus loin ; car il permet l'échange par simple acte administratif, exception

uniquè au principe d'après lequel tous les échanges domaniaux ont lieu en vertu d'une loi. Cet article dit en effet
que « les portions de terrains dépendant d'anciennes routes
» ou chemins, et devenues inutiles par suite de changement
» de tracé ou .d'ouverture d'une route royale ou départe-
» mentale, pourront être cédées sur estimation contradic-
» toire, à titre d'échange et par voie de compensation de prix,
» aux propriétaires de terrains sur lesquels les parties de
» routes neuves devront être exécutées, sauf à soumettre
» l'acte à l'approbation du ministre des finances, lorsqu'il
» s'agira de terrains abandonnés par des routes royales. »

De la combinaison de cet article avec l'article 53 de la loi
du 8 septembre 1807, il résulte que, lorsqu'un terrain est
délaissé par suite d'un changement de route, l'administration
doit le concéder aux riverains qui voudront s'en rendre
acquéreurs, et qu'elle a même la faculté de l'échanger contre
les terrains de la nouvelle route, toutes les fois que les propriétaires des terrains, sur lesquels les travaux de la route
neuve sont exécutés, sont en même temps riverains de la
route délaissée, ou que les riverains de la route délaissée ne
veulent pas user de leur droit de préemption.

On voit par ce tableau que, si la nécessité d'une loi pour
les concessions domaniales est toujours proclamée par la
législation, dans la réalité des choses, la plupart des concessions sont faites par le gouvernement sans recourir au pouvoir législatif.

Une loi qui mérite d'être citée, non-seulement parce
qu'elle confère au gouvernement un pouvoir de concéder
fort étendu, mais encore parce qu'elle montre la tendance de
la législation à supprimer avec le temps les prérogatives du
domaine, est la loi du 20 mai 1836. Elle autorisait le gouvernement à concéder pendant dix ans, sur estimation contradictoire, les terrains que l'administration des domaines prétendait avoir été usurpés sur l'État par des particuliers ou des

communes. Le délai de dix ans fut prorogé de dix autres années en 1847.

Cette loi renfermait une innovation dangereuse ; car elle permettait au gouvernement, non-seulement d'aliéner des biens nationaux, comme l'avait fait la loi du 15 floréal an x, mais de reconnaître la propriété des usurpateurs en transigeant avec eux. La loi du 14 ventôse an vii reconnaissait comme propriétaires incommutables d'anciens concessionnaires entrés en possession moyennant finance : la loi du 20 mai 1836 va plus loin, car elle abandonne les terres domaniales en pleine propriété à ceux qui les avaient usurpées. Ces conséquences dangereuses du projet de loi furent signalées dans la discussion : nous allons citer les termes mêmes du rapporteur de la commission à la chambre des députés :

« C'est une chose considérable en soi que d'autoriser des « transactions avec les usurpateurs du domaine de l'État. « Une pareille faculté peut paraître un encouragement à « l'envahir, une prime à l'usurpation même.

« Toutefois, il est pour l'État, comme pour les particuliers, « des faits qu'il faut subir, que le temps a cimentés et dont « il ne serait peut-être pas sage de méconnaître l'influence. « Il ne s'agit pas précisément de déroger aux lois générales « les qui ne permettent d'aliéner le domaine de l'État « qu'aux enchères publiques.

« Le projet de loi aurait ce caractère, s'il s'appliquait à « des terrains dont la propriété ne serait pas contestée à « l'État et dont il aurait la possession.

« Mais telle n'est pas la situation des choses.

« Entre l'État et les détenteurs il y a contestation.

« Il n'y a donc pas lieu d'examiner si l'aliénation des « terrains dont s'agit devrait ou non se faire aux enchères « publiques. Avant que cette mise aux enchères pût se « réaliser, il faudrait que l'État dépossédât les détenteurs, « fît juger contradictoirement avec eux qu'il est propriétaire;

« qu'il se fît aussi réintégrer ; en un mot, qu'il se plongeât
« dans les procès que le projet de loi a précisément pour
« but d'éviter.

« Ce que vous demande l'État, c'est la faculté de transi-
« ger : c'est là le véritable caractère du projet de loi... »

Ce rapport ne confirme-t-il pas ce que nous disions, que
le mode légal d'aliéner le domaine était l'adjudication? En
outre, n'efface-t-il pas le caractère immuable et pour ainsi
dire sacré du droit domanial, lorsqu'il assimile l'État aux
particuliers, en disant qu'il est pour lui, comme pour eux,
des faits dont il doit subir l'influence?

La chambre mit de sages entraves à la faculté de concession. Elle fut restreinte aux terrains dont l'État n'était pas
en possession, et qu'il serait forcé de revendiquer, comme
ayant été usurpés précédemment sur les rives des forêts domaniales. Les enclaves furent formellement réservées. On
ne permit de concéder les terrains étrangers au sol forestier
que si leur contenance ne dépassait pas cinq hectares. Enfin
la concession devait être faite aux détenteurs mêmes des terrains usurpés. « Concéder à des tiers les terrains usurpés,
« disait le rapporteur, ce serait ouvrir la porte à des spécula-
« tions qui iraient directement contre le but de la loi. »

Ainsi les pouvoirs de l'administration sont limités, tantôt
relativement à l'objet de la concession, tantôt relativement
à la personne du concessionnaire, tantôt enfin relativement
aux objets à concéder et au concessionnaire, quelquefois
même, comme dans la loi du 30 mai 1836, relativement aux
objets, aux concessionnaires et à la durée de la concession.
Mais de quelque manière que la concession soit faite, par
une loi spéciale ou en vertu d'une délégation générale, elle
constitue toujours un mode exceptionnel d'aliéner le domaine.

Les baux des biens domaniaux présentent peu de particularités. Ils sont faits, comme les aliénations, aux enchères

publiques, par-devant le représentant de l'administration, pour 3, 6 ou 9 années (1).

On peut citer comme conditions essentielles des baux des biens de l'État les clauses suivantes :

1° L'adjudicataire ne peut prétendre aucune indemnité ni diminution du prix de son bail en aucun cas, même pour stérilité, inondation, grêle, gelée ou tous autres cas fortuits;

2° Il est tenu de payer toutes les charges annuelles dont il est joint un tableau à celui des conditions, et les frais d'adjudication.

Enfin il est tenu de fournir une caution solvable dans la huitaine après l'adjudication, faute de quoi il sera procédé à un nouveau bail à sa folle enchère.

L'art. 14 de la loi du 28 octobre 1790 créait une hypothèque au profit de l'État sur les biens de ses fermiers. Cette disposition est-elle encore en vigueur? On l'a soutenu dans un système qui compte plusieurs arrêts en sa faveur. Mais l'argument d'analogie tiré de ce que les jugements administratifs emportent hypothèque judiciaire ne nous semble pas décisif. En matière d'hypothèque, tout est de droit étroit. Le code a abrogé virtuellement les lois antérieures et par conséquent l'art. 14 de la loi de 1790. On peut même dire qu'il l'a abrogé expressément, puisque l'art. 2127 C. Nap. ne fait résulter l'hypothèque conventionnelle que des baux notariés.

Il est une portion du domaine de l'État qui est soumise à des règles spéciales ; ce sont les bois.

L'assemblée constituante n'en avait pas permis l'aliénation. Les lois de la révolution qui autorisèrent l'aliénation des propriétés nationales en exceptèrent les bois. Mais cette prohibition elle-même finit par être écartée.

Une loi du 2 nivôse an iv permit la vente des bois d'une

(1) Loi du 5 novembre 1790.

contenance inférieure à cent cinquante hectares et séparés
d'un kilomètre des grandes masses de forêts.

Plus tard, la loi du 23 septembre 1814 ordonna qu'il
serait vendu jusqu'à concurrence de trois cent mille hectares
de bois de l'État. La loi du 25 mars 1817, que nous expli-
querons ci-après, affecta les bois à la caisse d'amortissement avec autorisation d'en vendre jusqu'à concurrence de
cent cinquante mille hectares, et la loi du 25 mars 1831
autorisa le gouvernement à vendre les bois de l'État jusqu'à
concurrence de quatre millions de revenu net.

Le mode de vente employé pour le sol forestier est le
même que pour les autres parties du domaine. Art. 18 :
« *Toute vente faite autrement que par adjudication publi-*
« *que sera considérée comme vente clandestine et déclarée*
« *nulle.* » L'adjudication a lieu au rabais. La mise à prix
s'ouvre sur le double de l'estimation, et l'on descend successivement jusqu'à ce qu'une personne prononce ces mots :
Je prends. A défaut d'adjudication d'après ce mode, on procède à l'adjudication aux enchères, en prenant pour base de
la mise à prix le montant de l'estimation.

Mais, si l'aliénation des biens de l'État est permise dans
l'intérêt du trésor, les affectations à titre particulier et les
concessions de droits d'usage qui nuisent aux bois sont dé-
fendues (art. 60 et 62 du code forestier).

A l'égard des affectations et des droits d'usage existant
au moment de la promulgation du code, le législateur a statué d'une manière qui mérite d'être remarquée: Il pouvait
prononcer une révocation générale de tous ces droits, car
nous avons établi qu'ils avaient été concédés contrairement
aux ordonnances. Mais une pareille révocation eût ébranlé
des industries importantes et causé une grande misère dans
la plupart des communes limitrophes des bois de l'État. Le
code de 1827 maintint toutes affectations jusqu'au 1ᵉʳ septembre 1837, et décida que celles qui auraient été reconnues

dans cet intervalle par les tribunaux, comme valablement faites pour un temps plus long, seraient remplacées par un cantonnement : l'État ferait abandon en pleine propriété aux
ayants droit d'une portion de bois équivalente à l'affectation.
Quant aux usages, l'Etat a le droit de se libérer de ceux
qui ont été judiciairement établis, soit au moyen d'un
cantonnement, s'il s'agit d'un usage en bois, soit au
moyen d'une indemnité pour les autres usages.

En cas de contestation, il est statué par les tribunaux.

L'adjudication des coupes se fait aux enchères publiques
en présence du préfet ou du sous-préfet de l'arrondissement.
Les adjudicataires sont tenus de donner caution. Ne peuvent être adjudicataires les agents forestiers ni leurs parents
et alliés en ligne directe, frères et beaux frères, etc., etc. (1).

Les adjudications de panage, glandée et paisson se font
dans les mêmes formes.

Terminons par quelques mots sur le domaine incorporel de
l'État.

Les droits incorporels qui font partie du domaine de l'É-
tat sont :

1° Le droit de pêche dans les rivières navigables et flottables (loi du 15 avril 1829, art. 1);

2° Les droits de bacs et bateaux de passage (loi du 6 frimaire an VII, art. 1 à 7);

3° Les droits de péage sur les ponts et les rivières (loi du
24 mai 1834);

4° Le droit de péage pour correction des rampes sur les
routes royales et départementales (loi de finances du 24 avril
1833, art. 1);

(1) Art. 24, code for., 553. Ordonnance réglementaire du 1er août
1827.

5° Le droit de chasse dans les forêts domaniales qui ne font pas partie de la dotation de la couronne.

D'après la loi du 9 mars 1791, les droits incorporels domaniaux devaient être perçus et régis pour le compte de la nation. Néanmoins, il était permis d'affermer ceux dont la perception serait sujette à trop de difficultés, « *ce qui ne pourra avoir lieu*, dit l'art. 6, *ni pour les droits casuels, quelle que soit leur quotité, ni pour les droits fixes payables en argent, qui sont de vingt livres ou au-dessus.* »

Les différents droits que nous venons d'énumérer sont affermés. Les baux sont consentis par adjudication publique.

L'État perçoit directement le droit de péage sur certains ponts.

Il en est de même de tous les autres droits qui pourraient être perçus par l'État, à quelque titre que ce fût, tels que les amendes, les confiscations, les objets vacants et sans maître, etc., etc.

Dans tous ces cas, la perception directe par l'État est la règle, le fermage est l'exception.

§ II. *De la compétence en matière d'aliénation des biens de l'État.*

Quels sont les tribunaux compétents pour statuer dans les contestations relatives aux aliénations des biens de l'État ?

Les parlements sous l'ancienne monarchie sauvegardaient le principe de l'inaliénabilité. Les corps judiciaires qui succédaient à sa juridiction devaient prendre en main la cause du domaine et veiller à ce que les règles relatives aux aliénations fussent observées.

Mais l'assemblée constituante avait posé comme base des nouvelles institutions qu'elle donnait à la France, le principe de la séparation des pouvoirs. Le pouvoir exécutif était distinct du pouvoir judiciaire, et comme sanction de cette disposition, il avait été créé de grands corps administratifs, qui, connaissant eux-mêmes de toutes les matières d'administration, devaient empêcher les tribunaux d'intervenir dans la marche du gouvernement et de contrôler ses décisions.

La loi du 1er janvier 1790 établit les administrations de département. Elle leur attribuait d'une manière générale tout ce qui concernait l'administration, *conservation des propriétés publiques, forêts, rivières, routes,* etc., etc., sans distinguer entre l'administration proprement dite et le contentieux.

La constitution de l'an III remplaça les administrations de district par des administrations de municipalités cantonales, et maintint celles des départements dans leurs attributions : « Les administrations de département, dit l'art. 18 « de la loi organique du 21 fructidor an IV, conserveront les « attributions qui leur sont faites par les lois aujourd'hui « en vigueur, quels que soient les objets qu'elles embras- « sent. »

Enfin, sous la constitution consulaire, le dernier état de choses fut fixé par la loi du 28 pluviôse an VIII, qui, distinguant entre l'administration et le contentieux administratif, attribua l'administration au préfet seul, et les affaires contentieuses au conseil de préfecture.

Dès lors il y eut deux juridictions, la juridiction judiciaire et la juridiction administrative; la juridiction judiciaire étant le droit commun et investie de toutes les questions de propriété ; la juridiction administrative restreinte aux matières dont la connaissance lui a été attribuée par une loi et dont le caractère général est de supposer un conflit entre les intérêts publics et l'intérêt privé.

« Les conseils de préfecture, dit M. Proudhon (1), n'ont
« été institués que dans l'intérêt public de l'administration
« et pour lever les obstacles qu'on peut éprouver dans la
« marche des services publics : donc ils ne peuvent pronon-
« cer que dans des causes d'intérêt public. »

A laquelle de ces deux juridictions devaient appartenir
les contestations relatives aux aliénations domaniales ?

D'après la logique des principes, le doute ne pouvait pas
s'élever. Lorsque l'Etat aliène, il n'aliène pas comme souverain, mais comme particulier : il n'agit pas au nom des intérêts généraux de la société, mais en vertu du droit de propriété inhérent à sa personnalité civile. Le contrat est un
contrat privé qui ne touche pas aux intérêts publics. On ne
peut pas dire qu'il s'agisse d'un acte d'administration. La
vente n'était pas laissée à l'arbitraire du gouvernement :
d'après la loi de 1790, elle était ordonnée par une loi. C'é-
tait donc un acte législatif dont aucun motif ne pouvait enlever la connaissance aux tribunaux ordinaires.

Mais, par des motifs politiques faciles à saisir, on jugea à
propos de se soustraire à leur intervention. Les biens confisqués révolutionnairement sur les établissements publics, sur
l'Église, sur les émigrés, avaient été vendus comme biens
nationaux. On craignit que les réclamations des propriétaires
dépouillés ne fussent accueillies par les tribunaux, et pour
l'empêcher, l'art. 4 de la loi du 28 pluviôse an VIII décida
que l'administration serait seule juge du *contentieux des
domaines nationaux.*

On expliqua cette dérogation aux principes en disant que
les ventes étant faites par l'administration, c'était à elle à les
régler. Mais le véritable motif de la loi est politique. L'art. 4
de la loi du 28 pluviôse an VIII était la conséquence logique
du nouveau principe proclamé par la constitution de l'an III.

(1) *Domaine public*, t. I, p. 179.

La constitution de l'an III, en effet, avait adopté une garantie spéciale pour les acquéreurs des biens nationaux. Elle n'accordait au propriétaire dépouillé qu'un recours contre le fisc. C'était la constitution de Zénon au titre de l'usucapion.

« La nation française, disaient la constitution du 5 fructidor « an III, art. 371, et celle du 22 frimaire an VIII, art. 94, « déclare qu'après une vente légalement consommée de « biens nationaux, quelle qu'en soit l'origine, l'acquéreur lé- « gitime ne peut en être dépossédé, sauf au tiers réclamant « à être, s'il y a lieu, indemnisé par le trésor public. »

De là il suivait que l'ancien propriétaire était créancier de l'État. Or, tout créancier de l'État porte sa demande au conseil de préfecture. Le conseil de préfecture se trouvait donc investi d'une compétence générale en matière de ventes nationales, soit que le procès s'élevât entre l'ancien propriétaire et l'État, soit qu'il fût entre l'État et l'acheteur.

En 1812, Napoléon publia son décret sur la forme et les conditions des actes d'échange avec le domaine de la couronne. La compétence proclamée est la compétence judiciaire. « Le sénatus-consulte ne sera d'ailleurs requis que « sauf les droits d'autrui, et ne fera point obstacle à ce que « des tiers, revendiquant tout ou partie de la propriété du « domaine échangé, ne puissent se pourvoir par les voies de « droit devant les tribunaux ordinaires. »

L'art. 9 de la charte de 1814 ayant déclaré l'inviolabilité de toutes les propriétés, *sans exception de celles qu'on appelle nationales*, il n'y avait plus de contentieux de domaines nationaux. La compétence administrative, en matière de vente des biens de l'État, n'avait plus de raison d'être. On devait tout au plus la maintenir pour les anciennes ventes, mais, à l'égard des nouvelles, on rentrait dans la règle ordinaire, d'après laquelle les actions domaniales doivent être portées devant les tribunaux judiciaires.

Mais le conseil d'État n'admit pas cette abrogation complète de la loi de pluviôse, et, parmi les difficultés auxquelles donnent naissance les ventes domaniales, il distingua celles qui s'élèvent entre les anciens propriétaires et l'acquéreur, et celles qui surgissent, au contraire, entre l'acquéreur et l'Etat. Les premières seules furent attribuées aux tribunaux judiciaires, et, quant aux secondes, comme elles ne peuvent se vider que par l'interprétation d'actes émanés de l'autorité administrative, le conseil d'État les a réservées aux tribunaux administratifs.

Cette distinction est clairement exprimée dans une décision du conseil d'État du 27 février 1835 ainsi motivée :

« *Sur la question de propriété entre l'État et les tiers*, « considérant que la vente dont s'agit a été faite par l'État « à la dame veuve Touillet le 25 novembre 1820, et que, « depuis la promulgation de la charte de 1814, les questions « de propriété des biens vendus par l'État et revendiqués « par des tiers, sont du ressort des tribunaux...

« *Sur la demande en garantie formée contre l'État par* « *la dame veuve Touillet*, considérant que les effets des « ventes des biens nationaux entre l'État et les acquéreurs « sont du ressort de l'autorité administrative... »

Telle est la doctrine que le conseil d'État a déduite de la loi de pluviôse. Cette doctrine est-elle rationnelle ? Nous ne le pensons pas. Toutes les fois qu'il y a translation de propriété, la compétence doit être judiciaire aussi bien dans les rapports du vendeur avec l'acheteur que dans ceux de l'acheteur avec des tiers. S'il y a danger à ce que les tribunaux contrôlent les actes de l'administration, il est plus dangereux encore que les aliénations ne soient pas faites en règle et que les droits des acquéreurs soient sacrifiés à des priviléges de l'État. Il ne s'agit, en effet, ici que d'une question de privilége. En dehors du domaine public, la souveraineté de l'État ne lui confère aucun droit de propriété, et conséquemment ses propriétés, s'il en a, ne doivent pas relever d'une juri-

15.

diction exceptionnelle. « Les propriétés des citoyens, dit un rapport du ministre de la justice, inséré au *Bulletin des lois*, 2ᵐᵉ série, n° 1625, ne sont pas moins inviolables que celles de la nation, et toutes les fois qu'il y a litige avec le domaine, *la nation elle-même se dépouille par une admirable fiction de sa souveraineté*, et se présente par ses agents vis-à-vis de tribunaux impassibles devant lesquels elle discute ses droits... »

Le conflit, s'il y en avait eu un à craindre, eût existé entre le corps législatif et les tribunaux, mais c'est justement parce que les aliénations domaniales n'étaient plus en fait un acte législatif, mais un simple acte d'administration, que le conseil d'État a voulu mettre l'administration à l'abri de tout contrôle en lui laissant comme garantie les tribunaux administratifs.

La même compétence s'applique aux aliénations du domaine de l'État qui ont lieu par voie de concession. Que la concession soit intervenue avec le concours spécial du corps législatif, ou en vertu d'une délégation plus ou moins générale de la loi, peu importe : le conseil d'État s'attache à la nature administrative de l'acte et non à la translation de la propriété pour s'attribuer à lui-même compétence, toutes les fois que la contestation existe entre l'administration et les concessionnaires. Si c'est entre les concessionnaires et des tiers qu'elle s'élève, le juge civil en connaîtra. Il faut remarquer que, par dérogation au principe qui veut que le conseil de préfecture soit juge ordinaire du premier degré pour le contentieux administratif, la jurisprudence a décidé que les difficultés entre l'État et les concessionnaires devaient être portées directement devant le conseil d'État (1).

A l'égard des échanges, la compétence judiciaire n'a ja-

(1) Cons. d'État, 6 mars 1835. — Min. des fin. contre dép. de la Dordogne.

mais été mise en doute. L'ordonnance de 1827, art. 12, a reproduit le décret impérial de 1812 et le conseil d'État a toujours jugé que les difficultés qui pourraient s'élever entre l'échangiste et l'administration, tant sur l'exécution des conditions de l'échange que sur la résolution du contrat, étaient du ressort de l'autorité judiciaire, quelque décision que pût prendre le ministre des finances (1).

Il est vrai que la jurisprudence du conseil attribue au conseil de préfecture les contestations relatives aux formalités qui précèdent la loi d'échange, telles que les enquêtes, les expertises, l'interprétation même de l'ordonnance qui envoie en possession provisoire. Si le conseil d'État entend par là rester seul juge de la régularité ou de l'irrégularité de l'échange, sa décision peut être justifiée, car tous les actes qui préparent l'échange avant la loi sont purement administratifs; il n'y a pas d'échange, il n'y a qu'un projet d'échange et par conséquent pas de translation de propriété. Mais dès l'instant où la loi a été rendue, « L'échange, dit avec raison M. Dufour, n° 1456, prend le caractère d'un contrat : il sort de la sphère administrative pour passer dans le domaine du droit commun; ce sont désormais les dispositions du droit civil qui font sa force et qui doivent présider à son exécution. » Ou l'échange sera attaqué comme irrégulier, et le conseil d'État sera compétent, ou, la régularité de l'échange admise, la contestation s'élèvera sur son interprétation, et dans ce cas la compétence sera judiciaire.

Cette doctrine est contraire à un arrêt du conseil d'État du 23 avril 1837 rendu dans l'affaire Bachelu contre le ministre des finances. Il importe de l'examiner.

Le général Bachelu avait acquis de l'État le bois des Étapes en Franche-Comté, en vertu d'un acte d'échange du 26 décembre 1811, autorisé par décret impérial du 29 juillet

(1) Arrêt du 6 novembre 1822, Rambourg c. le min. des finances.

précédent, lequel avait été confirmé par une loi du **22 mars 1813**.

L'échange était donc parfaitement régulier.

La commune de Pretin revendiqua contre le général Bachelu la propriété du bois des Étapes. Le tribunal d'Arbois et la cour de Besançon l'en déclarèrent propriétaire vis-à-vis du général Bachelu, mais ils se déclarèrent incompétents pour statuer sur le recours du général contre l'État.

Le conseil de préfecture du Jura, saisi de la question, reconnut que l'échangiste était en possession en vertu des actes d'échange et que son titre était inattaquable, parce qu'il était fondé à invoquer la prescription décennale; il le maintint donc en possession, mais il condamna l'État à payer une indemnité à la commune.

Pourvoi du ministre des finances devant le conseil d'État qui rendit l'arrêt suivant :

« En ce qui touche l'arrêté du conseil de préfecture,

« Considérant que ledit conseil, soit en condamnant l'État « à une indemnité envers la commune, soit en décidant une « question de prescription, a excédé ses pouvoirs : considé- « rant, en outre, que ledit conseil, en statuant sur l'interpréta- « tion d'un décret impérial, laquelle ne peut être donnée que « par nous en notre conseil d'État, a également excédé ses « pouvoirs ;

« *Au fond*, considérant qu'il résulte des actes adminis- « tratifs sus-visés que le bois des Étapes a été compris dans « l'échange préparé par le décret impérial du 29 juillet 1811, « et approuvé par la loi sus-visée du 22 mars 1813, et que « cet échange est devenu définitif.

« Art. 1er. L'arrêté du conseil de préfecture du Jura du 15 « mars 1832 est annulé pour cause d'excès de pouvoir.

« Art. 2. La requête de la commune de Pretin est rejetée. »

Le conseil d'État faisait, suivant nous, une juste interpré- tation de la loi en annulant, pour excès de pouvoir, l'arrêté du conseil de préfecture, tant pour avoir résolu une question de prescription que pour avoir interprété un décret impérial relatif à un échange.

Mais le conseil d'État commettait lui-même un excès de pouvoir, en déclarant que le bois litigieux faisait partie de l'échange. Il violait ouvertement l'art. 12 du décret du 11 juillet 1812, d'après lequel les tribunaux ordinaires sont seuls compétents pour statuer sur la revendication faite par un tiers de tout ou partie de la propriété des immeubles échangés. Le principe posé par le conseil d'État, qu'il a seul le droit d'interpréter les décrets impériaux, n'était même pas applicable, puisque ce décret avait été transformé en loi. Avec une fin de non-recevoir pareille à celle-ci : « *Qu'un échange est inattaquable, parce qu'il est devenu définitif,* » toutes les règles des échanges deviendraient illusoires, et un propriétaire serait dépouillé de sa propriété, par ce seul fait qu'elle aurait été comprise par erreur dans un acte d'échange.

Un pareil arrêt ne peut former aucun précédent dans la jurisprudence, et si le même fait se présentait, l'échangiste appellerait l'État en garantie : la cour, par le même arrêt qui déclarerait l'échangiste non propriétaire, condamnerait l'État à l'indemniser ; telle serait la véritable marche des choses.

Au reste, les principes ont été nettement développés dans les considérants d'un arrêt de la cour de Paris du 24 juin 1838, confirmé par la cour de cassation le 30 juin 1841.

« Considérant que les lois qui autorisent les échanges des « domaines de l'État ou de la couronne confèrent seulement « la capacité nécessaire pour contracter, mais n'ont pas pour « effet de soustraire les actes passés en vertu de ces lois aux « règles des contrats de cette nature ;

« Que si les tribunaux ne peuvent déclarer IRRÉGULIER un « échange autorisé par une loi, ils doivent cependant appli-

« quer ces lois, interpréter les contrats, et en assurer l'exé-
« cution conformément à l'intention des parties. »

— En matière forestière, la loi attribue compétence aux
tribunaux judiciaires sur toutes les questions de propriété,
d'affectation, d'usage, et pour la répression des délits et des
contraventions.

Elle reconnaît au contraire la compétence administrative,

1° Dans toutes les contestations qui pourront s'élever
pendant les opérations d'adjudication, soit sur la validité
desdites opérations, soit sur la solvabilité de ceux qui auront fait des offres avec leurs cautions (art. 20 code forestier).

D'après la loi du 4 mai 1837, ces contestations seront
décidées immédiatement par le fonctionnaire qui présidera
la séance d'adjudication.

2° Dans les réarpentages (art. 50).

3° Dans les contestations sur la possibilité et l'état des
forêts (art. 65).

4° Pour les déclarations de défensabilité.

5° Quand il y a litige entre l'administration forestière et
les habitants d'une ou plusieurs communes pour savoir si
l'exercice du droit de paturage est devenu pour eux d'une
absolue nécessité (art. 64).

Mais le code forestier garde le silence sur les difficultés
qui s'élèveront après l'adjudication, tant sur l'interprétation
du cahier des charges que sur ses effets et la libération de
l'acquéreur et des cautions.

Le conseil d'État admet la compétence administrative.
Il assimile les adjudications tant du sol forestier que des
coupes aux autres adjudications des biens de l'État et leur
applique les mêmes règles.

On pourrait dire que la compétence administrative étant
l'exception, la compétence doit être judiciaire, toutes les
fois qu'il n'y a pas délogation expresse. Or, non-seulement

le code forestier n'a pas renvoyé aux conseils de préfecture, mais, en statuant sur quelques cas, il a exclu les autres, *qui de uno dicit, de altero negat.*

Ce qui confirme notre interprétation, c'est la loi postérieure du 15 avril 1829 sur la pêche fluviale.

En effet, cette loi attribue au fonctionnaire qui préside la séance d'adjudication toutes les contestations qui s'élèvent pendant les opérations (art. 11).

Et quant à celles qui sont relatives à l'interprétation et à l'exécution des baux et adjudications, elles sont de la compétence judiciaire (art. 4).

Mais le conseil d'État a suivi lui-même dans sa jurisprudence le mouvement de la législation. S'il y a des actes qui portent le caractère d'actes administratifs, ce sont les baux. Longtemps le conseil d'État, raisonnant par analogie de la loi du 28 pluviôse an VIII, attribua aux conseils de préfecture le contentieux ressortant de l'interprétation des baux administratifs. Mais depuis il s'est écarté de cette doctrine, et considérant la loi de pluviôse comme politique, les conseils de préfecture comme une juridiction exceptionnelle, il a renvoyé aux tribunaux les contestations touchant la validité, l'interprétation, et l'exécution des baux passés par l'administration.

L'État est donc assimilé à un propriétaire privé : le bail, quelle que soit sa forme, constitue un contrat privé. « *Le bail*, porte un des arrêts du conseil, *simple acte de régie, n'est point un fait de juridiction administrative.* »

Mais la compétence administrative est maintenue dans tous les cas où le louage a pour objet d'assurer un service public, tel que le péage des ponts, le passage des rivières, les baux des établissements thermaux, les louages des herbages et coupes des roseaux dans les fossés des places de guerre, etc., etc.

L'administration des domaines n'est pas autorisée à agir

elle-même en justice. Elle est toujours représentée par le préfet du département où siége le tribunal devant lequel doit être portée la demande en première instance (1). Cette règle s'applique non-seulement aux actions qui sont portées devant les tribunaux judiciaires, mais encore à celles qui ressortissent du conseil de préfecture. Dans ce dernier cas le préfet ne peut siéger, car il serait à la fois juge et mandataire de l'une des parties. Devant le conseil d'état, l'État est représenté par le ministre.

Les formes de procéder diffèrent peu de celles du droit commun. Le préliminaire de conciliation est remplacé par une tentative de conciliation administrative. Elle consiste dans la remise d'un mémoire au préfet. La remise du mémoire a pour effet d'interrompre la prescription. Mais sous aucun autre rapport elle ne saurait être assimilée à une action en justice. Elle ne fait pas courir les intérêts.

Devant le parlement, le roi n'avait d'autre représentant que le procureur général. Les princes apanagistes tenaient à privilége d'y plaider par procureur. Dans l'état actuel de la législation, le domaine est suffisamment représenté par le ministère public qui expose l'affaire au nom du domaine et donne ensuite son avis. Mais l'État n'en a pas moins le droit de constituer un avocat, et c'est l'usage établi.

Avant de tirer les conséquences des principes de l'aliénation des biens de l'État, nous allons exposer les règles relatives à la prescription.

(1) Loi du 5 nov. 1790, art. 3, art. 69, cod. proc.

CHAPITRE V.

DE LA PRESCRIPTION DES BIENS DE L'ÉTAT.

L'imprescriptibilité du domaine était dans l'ancien droit la conséquence de son inaliénabilité. Lorsque le principe d'inaliénabilité eut été effacé du droit public de la France par le décret du 9 mai 1790, l'imprescriptibilité n'avait plus de raison d'être, et à partir de ce jour tous les biens de l'État furent sujets à prescription.

« La prescription, dit l'art. 36 de la loi du 1er décem-
« bre 1790, aura lieu à l'avenir pour les domaines natio-
« naux dont l'aliénation est permise par les décrets de
« l'assemblée nationale, et tous les détenteurs d'une portion
« quelconque desdits domaines, qui justifieront en avoir joui
« par eux-mêmes ou par leurs auteurs à titre de propriétai-
« res, publiquement et sans trouble, pendant quarante ans
« continuels à dater du jour de la publication du présent dé-
« cret, seront à l'abri de toute recherche. »

Le code Nap. dans son art. 2227 reproduit le même prin-
cipe. Il ramène l'État, les communes et les établissements publics à la prescription de droit commun, qui est de 30 ans.

La prescriptibilité est donc le principe. Elle ne s'applique pas cependant au domaine public, en raison de son inaliénabilité. « Si les fonds du domaine public sont imprescripti-
« bles, dit Proudhon, tom. 1, p. 284, c'est parce qu'ils
« sont affectés au service général de la société, que cette af-
« fectation opère un droit public pour tous contre lequel
« nul ne peut prescrire. *Præscriptio temporis juri publico*

« *non debet obsistere*, attendu que nul individu ne peut pla-
« cer son intérêt personnel au-dessus de celui de la société
« tout entière. »

Mais, en dehors du domaine public, tous les biens de
l'État sont sujets à la prescription.

Néanmoins une réserve avait été faite par la loi du 1ᵉʳ décembre 1790, à l'égard des forêts. — « Les grandes masses
« de bois et forêts nationales, dit l'art. 12, demeurent ex-
« ceptées de la vente et aliénation des biens nationaux per-
« mise ou ordonnée par le présent décret ou autres décrets
« antérieurs. » Cet article, rapproché de l'art. 36 où il est
dit que « la prescription aura lieu pour les domaines na-
« tionaux, dont l'aliénation est permise par les décrets de
« l'assemblée nationale, » avait fait penser que les forêts
étaient demeurées imprescriptibles.

Les forêts étaient cependant aliénables. L'art. 12 de la
loi de 1790 n'avait pas eu pour effet de les soustraire au
principe d'aliénabilité proclamé pour toutes les autres portions du domaine, mais de les excepter momentanément de
l'aliénation alors ordonnée. C'est ce qui résulte des termes
mêmes de la loi : « Les grandes masses de forêts sont ex-
« ceptées de la vente permise par le *présent* décret. » La loi
précédente des 28 octobre et 5 novembre avait dit dans le
même sens, mais d'une manière plus explicite encore : « Sont
« et demeurent exceptés de la vente, *quant à présent*, les
« bois et forêts dont la conservation a été arrêtée par le dé-
« cret du 6 août dernier. » Et ces mots *quant à présent*
s'expliquent très-bien. Le comité des domaines consulté
trouva qu'il n'était pas opportun d'aliéner les forêts et qu'il
valait mieux les aménager. Ce n'est donc plus le principe
d'inaliénabilité qui protége les forêts : elles ne sont plus inaliénables, et, n'étant plus inaliénables, elles cessent d'être
imprescriptibles en vertu de cet ancien axiome : *Alienabile,
ergo præscriptibile.*

Aussi le législateur de 1804, qui traçait des règles pour l'avenir, applique-t-il à l'État les principes de la prescription, sans distinguer entre les forêts et les autres propriétés nationales.

On pourrait certainement soutenir que le code n'ayant pas distingué entre les forêts et les autres biens de l'État, les forêts ont commencé à être prescriptibles depuis sa promulgation (1).

Mais, sans pousser le raisonnement aussi loin, admettons que l'aliénation étant suspendue, la prescription le fût également : que fallait-il pour que les forêts devinssent prescriptibles? Une loi qui fît tomber l'exception posée par la loi de 1790, et qui ordonnât que les forêts fussent aliénées.

Cette loi intervint le 25 mars 1817. Pour consolider le crédit public, les chambres affectèrent les forêts à la caisse d'amortissement avec autorisation de vendre jusqu'à concurrence de 150,000 hectares de bois.

Art. 143. « Tous les bois de l'État sont affectés à la « caisse d'amortissement. »

Art. 145. « La caisse d'amortissement ne pourra aliéner « les bois affectés à sa dotation qu'en vertu d'une loi. »

Ce n'était pas là un simple gage. La loi de 1817 déclarait en termes exprès la caisse d'amortissement propriétaire, et ce qui prouve que le public le jugea ainsi, c'est que le taux de l'emprunt s'éleva en peu de jours à une hauteur prodigieuse, de 57 francs, à plus du double, 126 francs! D'ailleurs qu'on analyse la discussion dans les deux chambres : les forêts y trouvèrent d'éloquents défenseurs, la loi fut votée en parfaite connaissance de cause et personne n'ignorait qu'elle opérât une aliénation.

C'était à la même époque que la loi de 1816 admettait les engagistes de bois au-dessus de 150 hectares à se rendre

(1) Douai, 24 décembre 1844 ; Grenoble, 26 novembre 1846.

propriétaires incommutables en payant le quart, que la loi du 15 mai 1818 accordait la même faveur aux échangistes, et que la loi de 1820 établissait une prescription spéciale pour les détenteurs des biens de l'État, aussi bien pour ceux qui étaient en possession des bois de l'État que pour les autres : tant il est vrai qu'à cette époque les forêts n'étaient plus distinguées des autres propriétés de l'État !

Après la loi de 1817, une loi postérieure de 1831 autorisa une nouvelle aliénation des bois de l'État jusqu'à concurrence de quatre millions de revenu net.

Aucun doute ne peut donc s'élever sur ce point. La loi de 1817 plaçait les forêts dans la même position que les autres domaines nationaux, et, en consacrant leur aliénation, les soumettait à la prescription.

Vainement objecterait-on que la caisse d'amortissement n'aliénait pas seule, mais que chaque aliénation devait être autorisée par une loi ; car la nécessité d'une loi existe pour la vente de tous les biens nationaux, qui n'en sont pas moins prescriptibles.

Mais, dit-on, la loi ne met dans le commerce et ne rend aliénables et prescriptibles que les portions de bois déclarées par la loi susceptibles d'être aliénées. Nous répondons : la loi de 1817 affecte indistinctement tous les bois de l'État à la caisse d'amortissement : elle en autorise indistinctement l'aliénation dans une certaine limite.

L'ordonnance rendue pour l'exécution de cette loi n'a pas fait non plus la désignation de ces bois (ordonnance du 10 décembre 1817).

Cette désignation est l'objet d'une mesure purement administrative. Et comment pourrait-il dépendre de l'administration de déterminer un droit de propriété, de faire, comme elle le voudrait, que telle forêt fût susceptible de prescription, que telle autre ne le fût pas ?

La loi, en donnant tous les bois de l'État pour gage aux

créanciers de l'État, les a mis dans le commerce. Elle n'a pas voulu que les uns retinssent un caractère d'inaliénabilité que les autres n'auraient pas.

Sans doute, elle n'a pas voulu qu'ils fussent vendus sans que le consentement de la nation intervînt. Mais c'est ici le consentement du propriétaire à la vente, consentement actuel, nécessaire au contrat, mais qui n'intervient que parce que la propriété était déjà aliénable dans ses mains, et par conséquent susceptible de prescription.

Nous sommes donc autorisés à conclure que si, jusqu'à la loi de 1817, les forêts pouvaient être considérées jusqu'à un certain point comme faisant partie du domaine public, cette assimilation ne saurait subsister depuis cette dernière loi. Un décret impérial du 17 avril 1809 déclare que *les biens cédés à la caisse d'amortissement ne sont plus censés faire partie du domaine public*. Les forêts tombent donc sous l'application du principe de la prescription, et cette portion privilégiée du domaine, qui avait conservé seule quelques-unes des prérogatives du domaine de la couronne, subit aujourd'hui, comme les autres propriétés de l'État, le niveau du droit commun.

La jurisprudence a été longtemps avant de se fixer sur ce point.

Différents arrêts, Riom, 6 avril 1838, Besançon, 18 août 1847, Caen, 11 décembre 1848, et deux arrêts de la cour de cassation, ch. civ., des 17 juillet 1850 et 8 août 1853, avaient maintenu l'imprescriptibilité des grandes forêts.

Mais un arrêt plus récent de la cour de cassation, rendu sur le rapport d'un éminent magistrat (1), et destiné par la netteté et la vigueur de ses déductions à faire jurisprudence sur cette matière, a décidé avec une autorité qui ne laisse plus de prise à la controverse que l'ancien principe de l'ina-

---

(1) M. le conseiller Laborie.

liénabilité du domaine de l'État ne s'appliquait plus aux grandes masses de forêts depuis la loi du 25 mars 1817.

Voici les remarquables considérants de cet arrêt :

« Attendu que, à partir du décret du 9 mai 1790 et de « la loi des 22 nov.-1er déc. de la même année, l'ancien « principe de l'inaliénabilité du domaine de l'État a été « effacé du droit public de la France ; que la faculté d'alié- « ner, attribut essentiel du droit de propriété, est devenue, « sauf les conditions de forme et de validité, applicable à « la propriété domaniale de l'État comme à la propriété « privée elle-même.

« Que, à la vérité, l'ancien privilége de l'inaliénabilité et « de l'imprescriptibilité, abrogé d'une manière générale par « les deux lois précitées, fut exceptionnellement maintenu « par divers décrets de la même année, spécialement par « l'art. 5 du décret des 25 oct.-5 nov., puis définitivement « consacré par les art. 12 et 36 combinés de la loi des 22 « nov.-1er déc. 1790 *pour les grandes masses de bois et* « *forêts nationales*, c'est-à-dire aux termes de la loi du 2 « nivôse an IV, pour les corps de forêts d'une contenance « de 150 hectares au moins; mais que cette exception elle- « même a été abrogée par la loi de finances du 25 mars « 1817.

« Attendu, en effet, que cette loi, en disposant par ses « art. 143, 145 et 147, que tous les bois et forêts de l'État « sont affectés à la dotation de la caisse d'amortissement, à « l'exception d'une portion réservée pour la dotation des « établissements ecclésiastiques, et pourront être aliénés, en « vertu d'une loi, par la caisse d'amortissement, *à laquelle* « *la propriété est dès à présent transportée,* a eu nécessaire- « ment pour effet de replacer cette nature de biens dans les « conditions du droit commun et sous l'empire du principe « général successivement formulé, soit par les art. 1er du « décret du 9 mai 1790 et 8 de la loi des 22 nov., 1er déc.

« de la même année, soit par l'art. 36 de la même loi, soit
« enfin par l'art. 2227 du code Napoléon.

« Attendu que la nécessité d'une loi pour autoriser la
« vente et l'aliénation est une condition commune à toutes
« les parties du domaine de l'État, et la seule forme sous
« laquelle l'État propriétaire puisse exprimer son consente-
« ment ; qu'elle ne fait donc point obstacle au libre cours de
« la prescription à l'égard des forêts domaniales, qui, alié-
« nables depuis la loi de 1817, au même titre et aux mê-
« mes conditions que toutes autres propriétés domaniales,
« sont devenues par cela même susceptibles d'une posses-
« sion utile ;

« Qu'il faut distinguer, en effet, entre le domaine de l'É-
« tat, aliénable et prescriptible de sa nature, et le domaine
« public, toujours inaliénable et imprescriptible, tant que la
« destination qui lui imprime ce double caractère n'est pas
« changée... »

Terminons par cet arrêt l'examen des règles qui régissent
l'aliénation et la prescription des biens de l'État dans le
droit actuel, et tirons-en quelques conclusions.

De même qu'il y a dans l'État deux personnes, une personne *morale* en qui réside la souveraineté, et une personne
civile investie du droit de propriété, de même il y a dans le
domaine national deux domaines, un domaine public qui
découle de la souveraineté, et un domaine privé, appelé domaine de l'État, qui résulte de la personnalité civile.

Le domaine public est inaliénable et imprescriptible,
comme la souveraineté elle-même.

Le domaine de l'État, possédé par l'État privativement
et non à titre de souverain, est aliénable et prescriptible.

Il doit être assimilé sur tous les points aux propriétés des
simples citoyens. Il ne doit y avoir pour lui ni juridiction
d'exception, ni priviléges, ni principes exclusifs du droit
commun.

Traiter avec l'État au point de vue des intérêts publics, c'est traiter avec un supérieur ; traiter avec l'État pour son domaine, c'est traiter avec un égal.

Tel doit être le principe de la législation et le progrès vers lequel elle tend toujours.

La législation actuelle en est-elle là ?

Voyons son point de départ et son point d'arrivée.

Son point de départ, c'est l'inaliénabilité et l'imprescriptibilité générale de tous les biens de l'État.

Son point d'arrivée, c'est l'aliénabilité et la prescriptibilité générale.

Au point de vue de la juridiction, l'État relève des tribunaux ordinaires, sauf dans un seul contrat, l'adjudication, dont l'interprétation a été attribuée par le conseil d'État aux tribunaux administratifs.

Au point de vue des priviléges, l'État n'en a aucun. Il n'a pas l'hypothèque générale, que le fisc en droit romain obtenait sur les biens de ses débiteurs. L'hypothèque que la loi du 28 octobre 1790 lui attribuait sur les biens de ses fermiers n'existe plus.

Au point de vue des droits exclusifs du droit commun, l'État vendeur n'a droit, depuis la loi de 1850, qu'aux intérêts auxquels tout contrat de vente donne ouverture ; mais la résiliation de plein droit est accordée au préfet avec droit de fixer une amende. Voilà un privilége.

De là ne pouvons-nous pas conclure qu'il n'existe pas, à proprement parler, de droit domanial, et qu'à part quelques dispositions de faveur qui ne tarderont pas à être abrogées, la législation actuelle assimile l'État à un simple particulier ?

Elle va plus loin : elle tend à donner à l'administration des domaines, chargée de la gestion des biens de l'État, les pouvoirs les plus étendus, puisque dans un grand nombre de cas que nous avons signalés, l'administration a la faculté d'aliéner sans être autorisée par une loi. Ce droit peut être un abus, mais il n'en constate pas moins, aussi bien que les transactions que tant de lois ont autorisées entre des concessionnaires ou des usurpateurs et l'État, que l'importance de son domaine tend à s'amoindrir.

Est-ce parce que la France est moins jalouse de ses intérêts aujourd'hui qu'elle ne l'était il y a cent ans? Non ; mais c'est que ses intérêts eux-mêmes ont changé. Quand la puissance, la force, la richesse, le crédit, étaient attachés à la propriété du sol, il fallait que l'État fût riche en terres. Si la richesse aujourd'hui a d'autres sources, il faut que l'État réunisse entre ses mains ces sources nouvelles. Supposez qu'en temps de guerre, l'État, pour subvenir aux dépenses, soit réduit à aliéner des terres : quelles ressources en tirera-t-il? Les institutions de crédit, au contraire, lui offrent des moyens prompts, rapides, de faire face à ses engagements.

Les propriétés foncières ne sont donc plus nécessaires à l'État. Ajoutez qu'elles lui sont onéreuses. Le ministre des finances qui vendait en 1831 les biens de l'État jusqu'à concurrence de 4,140,103 francs de revenu net, calculait que, par suite de l'aliénation, on obtenait sur les frais de surveillance une économie de 143,620 francs ; qu'en outre, l'impôt foncier frappant désormais les bois sortis du domaine de l'État pour passer aux mains des particuliers, le produit de la contribution foncière s'augmentait au profit du trésor d'un contingent annuel de 261,475 francs, sans compter les droits de mutation qui seraient perçus, tant au décès des propriétaires que lors des reventes partielles qui seraient nécessairement opérées.

Ainsi les propriétés sont une charge entre les mains de l'État. Une seule classe de biens mérite d'être conservée, ce sont les bois, nécessaires aux constructions et à la marine, et qui exercent sur l'atmosphère et le régime des eaux une influence réelle que les inondations récentes n'ont que trop constatée. Tout le monde connaît le mot de Sully : La France

16.

périra faute de bois ! Les bois doivent être en réserve entre les mains de l'État.

Doivent-ils être pour cela inaliénables et imprescriptibles ? Question du moment ! tout dépend des circonstances. Une chose ne fait pas partie à perpétuité du domaine public. Le domaine public varie suivant les besoins de la nation. En 1790, lorsque l'assemblée constituante défendit l'aliénation des forêts, elle prit une mesure opportune : car l'État avait besoin de bois pour ses vaisseaux. Aujourd'hui le système des constructions navales a changé, le fer a remplacé le bois ; les agents de l'administration n'exercent plus les droits que le code forestier leur confère sur les bois des particuliers : les forêts n'ont donc plus leur inviolabilité sacrée, et c'est là une considération qui, jointe aux raisons de droit que nous avons exposées, justifie la doctrine de la cour de cassation.

DE L'ALIÉNATION

ET

DE LA PRESCRIPTION DES BIENS DES COMMUNES

Les communes sont-elles soumises aux mêmes principes que l'État pour l'aliénation et la prescription de leurs biens ?

Deux idées sont attachées au mot de commune, selon qu'on l'envisage au point de vue administratif ou au point de vue politique.

Au point de vue administratif, la commune est une simple division du territoire : c'est l'unité de la circonscription territoriale.

Au point de vue politique, la commune est une association naturelle et nécessaire.

C'est sous ce dernier point de vue seulement que nous devons étudier la commune.

Dans l'ordre des temps, la commune a précédé l'État : « Elle est, dit M. de Tocqueville (1), la seule association « qui soit si bien dans la nature que partout où il y a des « hommes réunis, il se forme de soi-même une commune.

---

(1) *De la Démocratie en Amérique*, t. i, chap. v.

« La société communale existe donc chez tous les peuples,
« quels que soient leurs usages et leurs lois ; c'est l'homme
« qui fait les royaumes et crée les républiques : la com-
« mune paraît sortir directement des mains de Dieu. »

De là il suit que la commune, ayant une origine distincte
de l'État, ne saurait être confondue dans l'État ;

Qu'elle est vis-à-vis de l'État dans la même situation
qu'un particulier, et que, de même que l'État reconnaît et
garantit les droits de l'individu, il doit reconnaître et garantir les droits de la commune ;

Que cette reconnaissance des droits de la commune lui
constitue une personnalité, puisqu'on entend par *personne*
dans le langage du droit tout être ayant des droits et des
devoirs ;

Que dès lors la commune, personne civile, peut agir vis-
à-vis des tiers comme les particuliers, qu'elle peut acquérir,
aliéner, posséder, etc.

Mais a-t-elle la même liberté d'action que les particuliers ?
Ne résulte-t-il pas de sa nature même des entraves apportées à l'exercice de ses droits, et, notamment en ce qui touche à la disposition de ses biens, est-elle capable d'aliéner
et sujette à prescription comme les particuliers ?

Examinons la commune sous ce second rapport.

La commune est un être moral qui ne meurt pas. Elle se
compose non-seulement des habitants qui habitent aujour-
d'hui sur son territoire, mais de ceux qui viendront s'y établir
demain ; elle est formée non-seulement pour la génération
présente, mais pour les générations à venir (1).

De même que le roi n'était propriétaire des biens de la
couronne qu'à la charge de les transmettre à ses successeurs,

(1) Les principes de la propriété communale ont été exposés avec
une remarquable précision dans une thèse de doctorat soutenue en
1856 à Paris par M. H. Mercier de Lacombe.

de même les communes ne sont réputées propriétaires qu'à la charge de rendre et par conséquent de conserver. « Ce « n'est pas à tel ou tel individu que le bien communal ap- « partient, dit M. Henrion de Pansey, mais à la com- « munauté, corps immortel composé de ceux qui n'existent « pas, comme des habitants actuels. »

De cette condition particulière des communes est née la TUTELLE ADMINISTRATIVE. L'État intervient dans les actes principaux de la commune, comme le *représentant naturel des générations à venir*. Ce sont les expressions de M. Vivien, rapporteur de la loi communale en 1837 devant la chambre des députés.

Nous nous efforcerons de mettre en lumière ces deux principes, que la commune est une personne civile, mais une personne civile incapable, placée sous la protection de l'État.

Nous en déduirons les règles qui concernent l'aliénation et la prescription de ses biens.

Nous étudierons cette partie du droit communal,

1° Dans le droit romain ;

2° Dans l'ancien droit ;

3° Sous la révolution et l'empire ;

4° Sous la restauration ;

5° Dans la législation actuelle.

CHAPITRE PREMIER.

DE L'ALIÉNATION ET DE LA PRESCRIPTION DES BIENS DES COMMUNES EN DROIT ROMAIN.

Les principes de la matière se trouvent dans la loi 3, C., *De vendendis rebus civitatis*. Cette loi est de l'empereur Léon.

Les biens dont il s'agit sont des maisons, du blé, des édifices ou des esclaves, qui sont advenus à la ville de Rome ou à toute autre cité, à titre de succession, legs, fidéicommis ou donation.

L'empereur en autorise l'aliénation : « *Super his licebit civitatibus pro suo commodo inire contractum.* »

Mais il faut que cette vente ait une juste cause, et la loi en donne un exemple, *ut summa pretii, exinde collecta, ad renovanda vel restauranda mœnia publica proficiat.* Les empereurs Arcadius et Honorius avaient affecté à la réparation des édifices publics le tiers des revenus des biens-fonds des communes (1).

La loi s'occupe ensuite des formalités de la vente.

Pour la ville impériale, il faut un décret confirmatif émané de l'empereur lui-même. — *Si quidem ad hanc inclytam urbem..... non aliter, nisi imperiali auctoritate, vendantur.*

Dans les provinces, la sanction impériale n'est pas nécessaire, mais il faut que la vente soit consentie par les officiers municipaux et les notables de la commune, et ensuite confirmée par le proconsul ou le préfet de la province : *In provinciis vero, præsentibus omnibus seu plurima parte tam*

(1) L. **ii**, *de Operibus publicis.*

curialium quam honoratorum civitatis, ad quam res præ-
dictæ pertinent, sigillatim unumquemque eorum qui con-
venerint jubemus sententiam quam putet utilem patriæ suæ
designare.

Ut ita demum, decreti recitatione in provinciali judicio
interveniente, emptor competentem possit habere cautelam.

Ce texte est remarquable. Il montre que la tutelle administrative dont nous suivrons le développement dans l'histoire des communes, a eu son point de départ dans les
institutions impériales de Rome.

Mais la constitution de Léon était spéciale aux biens donnés ou légués à la cité. Les mêmes principes étaient-ils
applicables aux biens patrimoniaux des cités ?

Une loi de Paul, xxi, § 7, *Ad municipalem*, déclare que,
dans la vente des biens des cités, l'acheteur n'a pas, comme
dans la vente des biens du fisc, à craindre de surenchère,
lorsque la vente est parfaite, *non posse recedi à locatione*
vel venditione prædiorum publicorum jam perfecta..... Et
la l. i, C., *De vend. reb. civit.*, exprime la même idée... *Si,*
sine ulla conditione prædia vendente republica, compa-
rasti. Ces deux textes supposent nécessairement que les
biens des cités sont aliénables.

On ne peut pas dire qu'il s'agisse ici de biens donnés ou
légués à la cité : *prædia publica*, ce sont les biens patrimoniaux. Pothier, qui regardait les biens des cités comme inaliénables en droit romain, interprète ces mots *prædia* dans
le sens de biens hypothéqués à la cité. — *Intellige debito-*
rum, v. gr. reipublicæ obligata et pignoris jure distracta.
Mais cette interprétation détournée est formellement contredite par la qualification de publics donnée aux fonds, et
par l'assimilation établie dans la l. xxi de Paul entre la
vente et le louage.

D'ailleurs les cités étaient assimilées aux mineurs, *respu-*
blica minorum jure uti solet. Or, les biens des mineurs ne

furent jamais inaliénables à Rome. Les tuteurs et les cura-
teurs avaient le droit de les aliéner jusqu'à Sévère. Ce
prince, au témoignage d'Ulpien, fit une proposition trans-
formée en sénatus-consulte, qui défendait aux tuteurs de
vendre les biens-fonds de leurs pupilles sans la permission
du préteur, *sine decreto*. Les mêmes formalités furent sans
doute appliquées aux biens des cités. Seulement, l'autorisation, au lieu d'émaner des magistrats, dut émaner de l'empereur lui-même ou des préfets.

Ce qui nous confirme dans cette hypothèse, c'est ce qui
avait lieu pour les biens des décurions. On sait quelle lourde
charge pesait sur les magistrats municipaux depuis Constantin. Pour empêcher que ces fonctions ne fussent désertées,
on avait adopté contre les curiales le système de coercition
le plus rigoureux, et, comme les fonctions étaient attachées
à la propriété foncière, on leur avait défendu de vendre les
propriétés qui les rendaient curiales. Mais cette prohibition
n'était pas absolue. Le curiale pouvait vendre avec la permission du magistrat (1). Or, est-il vraisemblable que l'on
ait été plus sévère pour les biens des cités que pour ceux des
décurions, dont la conservation était si importante pour l'É-
tat ? D'ailleurs, les biens du fisc n'étaient pas inaliénables :
à quel titre ceux des cités l'auraient-ils été ?

Ce n'est pas dans le régime municipal de Rome que l'idée
de l'inaliénabilité des biens des corporations publiques se
fit jour. Nous croyons plutôt que ce principe s'appliqua d'a-
bord aux biens ecclésiastiques.

Les biens des cités étaient-ils prescriptibles ? Nous devons
décider que non, puisque ceux des mineurs ne l'étaient pas,
au moins d'après l'opinion la plus probable, car la loi unique,
C., *Si advers. usucap.* laisse des doutes. Outre cet argument
d'analogie, la l. ix, D., *de Usurp. et usuc.*, déclare impres-

---

(1) L. III, C. *de Præd. decurionum.*

criptibles les biens des cités : *Usucapionem recipiunt res cor-
porales, exceptis rebus.... populi romani et civitatum.*

Justinien assimila les cités à l'église et déclara que les
actions tant réelles que personnelles qui compétaient aux
cités ne seraient prescriptibles que par cent ans. Dans une
novelle postérieure, il réduisit la durée de la prescription à
quarante ans pour les églises, sans parler des cités.

Les biens des cités pouvaient donc être aliénés sous l'empire, pour des causes graves, avec le concours de la majorité
des magistrats municipaux et l'autorisation impériale. Les
principes du droit municipal étaient : propriété de la cité, tutelle administrative.

CHAPITRE II.

DE L'ALIÉNATION ET DE LA PRESCRIPTION DES BIENS DES COMMUNES DANS L'ANCIEN DROIT.

Les principes du droit romain sont-ils ceux qui ont pré-
sidé à l'organisation de la commune chez les Francs ?

La solution de cette question dépend de l'opinion que l'on
adopte sur l'origine des communes.

Si on suit le système de l'abbé Dubos, d'après lequel les
Francs seraient entrés en Gaule comme les alliés et non
comme les ennemis des Romains, nos communes sont la
continuité du régime municipal romain. Lois, mœurs,
usages, tout a été conservé par les Francs. Cette thèse, est
celle de M. de Savigny dans son *Histoire du droit romain*

au moyen âge : elle a été développée par Raynouard dans l'*Histoire du droit municipal en France.*

. Si au contraire on préfère l'opinion de Boulainvilliers, de Mably, de Montlosier, qui considèrent l'entrée des Francs en Gaule comme une invasion violente dont le résultat fut de bouleverser toute la face du pays, nos communes sont une institution nouvelle, née des concessions royales et féodales, ou des insurrections populaires, mais elles n'ont rien qui touche aux municipalités romaines.

Entre ces deux systèmes se place un système intermédiaire que nous adopterons. Il fait à chaque chose sa part dans l'origine des communes, aux insurrections populaires comme à la royauté, aux concessions féodales comme aux traditions romaines. Il est impossible de méconnaître que les rois et les seigneurs eux-mêmes, principalement à l'époque des croisades, n'aient accordé à leurs vassaux un grand nombre de chartes d'affranchissement. Les insurrections populaires, à la suite desquelles des villes se proclamèrent libres, sont des faits non moins constants. D'un autre côté, les institutions municipales de Rome ont laissé trop de vestiges dans le Midi pour qu'on puisse nier qu'elles s'y soient maintenues.

Il n'y eut donc rien d'uniforme ni d'absolu dans l'origine des communes. Le tort de l'abbé Dubos et celui de Boulainvilliers fut d'être trop exclusif. La vérité sur cette question consiste à distinguer entre les différentes parties du territoire de la Gaule franque.

« L'invasion franque a été destructive et conquérante
« dans le Nord, là où les populations étaient moins accablées
« de la domination romaine, où la lutte fut acharnée, vio-
« lente, implacable, parce que les institutions nationales
« survivaient encore et qu'elles pouvaient inspirer la résis-
« tance : elle a été pacifique et conservatrice dans le Midi,
« où les populations fatiguées du fisc se jetaient elles-mêmes

« au-devant des barbares et les accueillaient en libérateurs.

« Cette histoire de la France, c'est l'histoire des com-
« munes ; leurs vicissitudes sont les mêmes.

« Trois époques, ou plutôt trois grandes divisions de ter-
« ritoire répondent aux sources variées des institutions com-
« munales.

« Du Rhin à la Somme, tout se passe ainsi que l'a voulu
« M. de Boulainvilliers ; les Francs ont paru en conqué-
« rants : tout vestige, tout débris d'institution indépen-
« dante, d'autonomie communale, ont été engloutis, la servi-
« tude a tout couvert.

« De la Somme à la Loire, l'invasion a été s'adoucissant :
« des capitulations ont eu lieu entre les barbares et le pou-
« voir municipal, presque toujours représenté par les évê-
« ques ; et peut-être trouverait-on là ce que quelques histo-
« riens ont voulu étendre à toute la France, des essais d'or-
« ganisation germanique de la commune.

« De la Loire aux Pyrénées et sur les bords du Rhône, la
« conquête a été comme amortie ; le régime municipal ro-
« main s'est conservé à travers d'inévitables modifications,
« on l'a toléré et garanti (1). »

De même que la France se divise, au point de vue du droit
civil, en pays de droit écrit et pays de coutume, de même ses
lois municipales varient du nord au midi, suivant l'origine
de la municipalité elle-même.

Etudions les règles de notre ancien droit municipal, quant
à l'aliénation et à la prescription des biens des communes.

Dans les pays de droit écrit, prenons pour type la Provence. On sait qu'Aix, Arles et Marseille, constituées en
municipalités romaines sous l'empire, conservèrent leur organisation durant le moyen âge.

En Provence, les biens des communautés étaient aliéna-

(1) M. Mercier de Lacombe.

bles. *Communauté* est le terme qui exprimait dans l'ancien droit ce que nous entendons aujourd'hui par *commune*. Par *Commune*, au contraire, on désignait les biens communaux.

Les solennités exigées pour l'aliénation des biens des communes étaient celles que nous avons étudiées dans le code, *De vendendis rebus civitatis*. On procédait par la voie des enchères. C'était une règle dont les communautés ne pouvaient s'écarter. Il était admis que le simple accensement des biens d'une communauté pour dix ans devant être considéré comme une aliénation, était nul, s'il était effectué sans enchères. On jugeait à plus forte raison ainsi dans le cas où l'accensement avait été consenti pour un terme plus long, pour trente ans par exemple. (Arrêt du parlement de Provence, 28 sept. 1675 : Boniface, *Arrêts notables de la cour du parlement de Provence*, tom. IV, p. 785.)

Les formalités des enchères étaient empruntées au droit romain, aux anciennes ordonnances des rois et aux ouvrages des jurisconsultes ; mais on ne suivait pas en Provence l'ordonnance de 1681 relative aux fermes du roi, parce qu'elle s'écartait en certains points du droit romain et des usages du pays.

Nous trouvons plusieurs arrêts du parlement de Provence réglant les difficultés soulevées à l'occasion des enchères. Nous citerons ceux des 23 novembre 1640, 19 avril 1652, 18 novembre 1665, 27 janvier 1667. Ces arrêts décident qu'on *recevra les nouvelles offres en la vente des biens des communautés, après la délivrance et le contrat passé, quand il y a nullité aux enchères et contrats, et avantages pour les communautés.* — Brillon, *Dict. des arrêts*, v° Commun. d'habitants. — Il y a aussi un arrêt sur la même matière du 19 avril 1652. (Boniface, tom. II, p. 271.)

En 1780, un arrêt de règlement fut rendu par la cour des aides pour coordonner et fixer d'une manière définitive les

formalités préparatoires des baux à ferme des communautés.
(*Traité sur l'administration du comté de Provence*, par Coriolis, tom. III, p. 399.)

Les communautés, pour vendre leurs biens patrimoniaux,
avaient-elles besoin d'une autorisation de justice?

Voilà ce qui paraît avoir été le droit constitutif du pays,
d'après les meilleurs ouvrages qui se soient occupés de
l'ancienne Provence : le *Traité de l'administration du comté
de Provence*, par Coriolis, et la *Constitution provençale avant*
1789, par Ch. de Ribbe.

La première condition exigée était la délibération et le
consentement du conseil général de tout le peuple. On appelait ce conseil le *conseil général de tous les chefs de famille*. Il était convoqué dans les affaires graves, telles
qu'une aliénation. Il est à croire que ces conseils étaient assemblés librement et sans autorisation, dans un temps où les
communautés formaient autant de petits États ou de petites
républiques s'administrant et se gouvernant elles-mêmes.

Si la minorité s'opposait à une aliénation consentie par la
majorité, elle portait l'affaire devant la cour souveraine qui
jugeait et tranchait le débat dans le sens du plus grand intérêt de la communauté.

Plus tard, le pouvoir provincial s'étant développé et ayant
régularisé l'administration des communautés, on exigea l'autorisation du parlement ou de la cour des aides suivant les
matières, pour la tenue des conseils généraux de tous chefs
de famille (arrêt de la cour des aides du 5 mars 1755). Il
suit de là que la cour des aides, en autorisant le conseil général pour délibérer sur l'aliénation des biens de la communauté, autorisait par cela même l'aliénation.

Brillon, *Dictionnaire des arrêts*, v° *Aliénation des biens
de communauté*, cite un arrêt du parlement de Toulouse du
18 mai 1593, qui annulle la vente des biens de communauté
faite par les consuls de Bénac, défend à tous consuls du res-

sort de faire vente de biens appartenant à la communauté, *sans permission et autorité de justice.*

Ainsi les principes du droit romain régissaient les aliéna-tions des biens de communauté en Provence, comme dans tous les pays de droit écrit. Des deux principes dont nous cherchons le développement dans l'histoire des communes, la reconnaissance de leur personalité civile et leur soumission à la tutelle administrative, le premier seul était reconnu, constaté. La tutelle administrative n'existait pas. L'autori-sation, au lieu d'émaner du pouvoir royal, émanait des corps constitués du pays.

En était-il de même au nord dans les pays de coutume?

Il est difficile de formuler d'une manière précise les droits des magistrats municipaux sur les biens des communes. Ces droits dépendaient des chartes de concession qui variaient à l'infini. Nous trouvons néanmoins dans Beaumanoir (1) quel-ques principes remarquables. Il assimile les communes à des mineurs et les place sous la garde du seigneur souverain, auquel elles doivent recourir lorsqu'elles n'ont plus sol vail-lant, et que leurs propriétés dépassent leurs besoins...

« Aucunes fois l'on secour les bonnes villes de quémunes « en aucun cas comme l'enfant sous âgé.

« Chacun sire qui a bonne ville dessous li, és quelle il a « quémune, doit savoir l'état de la ville et comment elle est « démenée et gouvernée par leurs mayeurs et par cheux qui « sont établis pour la garder et memburnir.

« Se il advient qu'une ville de quémune doit plus qu'elle « n'a vaillant... peuvent-ils avoir départ par le seigneur « souverain pour que la ville ne se dépiéche et défasse du « tout, et ne pourquant ce ils ont tant vaillant que ils puis-« sent tenir leurs convenanches, lesquelles sont à tenir sans

(1) *Coutume de Beauvoisis,* ch. 1.

» que la ville soit toute dégâtée, ils doivent être contraints
« à ce faire. »

Dans un autre endroit, Beaumanoir dit qu'un bien communal ne saurait être valablement aliéné, s'*il n'étoit vendu par l'accord de la commune, laquelle chose ne seroit pas légière à faire.*

D'après ce passage, il faudrait que l'aliénation fût consentie par l'unanimité ou la majorité des habitants de la commune. Mais, un instant après, Beaumanoir suppose que les maires et jurés, *qui ont les besognes à gouverner,* ont vendu de leur autorité propre, et loin de déclarer la vente nulle, il la valide toutes les fois qu'elle a profité à la commune. Lors même qu'elle est frauduleuse, il ne donne aux habitants qu'un recours contre les officiers municipaux, et c'est seulement dans le cas où il y aurait eu complicité de la part des acquéreurs que ceux-ci seraient obligés de déguerpir.

On voit par là que si Beaumanoir indiquait des règles, en fait, l'application de ces règles était sans cesse modifiée.

Néanmoins les vrais principes ne .tardèrent pas à se développer. Dès le temps de Bouthillier, conseiller au parlement de Paris, sous le règne de Charles VII, la jurisprudence était que les communautés d'habitants ne pouvaient aliéner sans l'autorisation du prince souverain, et pour de justes causes.

« S'il est, dit ce magistrat (1), aucun qui achète aucune
« chose, supposez que à celui titre d'achat il eût acquis
« prescription de long temps, si l'achat n'est trouvé trop
« légitime et droiturier, et que ce ait été converti en très-
« grands profits de la communauté, que si autres officiers
« viennent après, et ils peuvent montrer que ce a été fait à
« moins de profit pour les susdits, ou que pour le présent

_____

(1) *Somme rurale,* titre 47.

47

« ce seroit profit à la communauté de ravoir leur chose, ra-
« voir la doivent : car *commune a toujours restitution.....*
« *quiconque achète de commune bien se garde...* si aura la
« commune, s'il n'étoit confirmé du prince souverain, et
« ce ait été pour leurs clairs et évidents profits, et que au-
« trement leur convint avoir fait pire marcher au préjudice
« de la chose publique. »

On remarque dans ce texte les trois principales règles de
cette matière. On y voit :

1° Que pour la régularité de l'aliénation d'un bien communal, la confirmation du prince souverain est nécessaire, *s'il
n'étoit confirmé du prince souverain;*

2° Qu'il faut que l'aliénation ait une cause juste et lucrative pour la commune, *et que ce ait été pour leurs clairs et
évidents profits.* Et même que si, par l'élévation progressive de la valeur des biens-fonds, l'aliénation cesse d'être
avantageuse à la commune, elle doit être rescindée, *ou que
pour le présent ce seroit profit à la communauté de ravoir
leur chose, ravoir la doivent;*

3° Que l'acquéreur ne peut se prévaloir du temps qui s'est
écoulé depuis son acquisition, et que, dans l'impuissance
d'opposer la prescription, il doit rendre l'objet acquis : *supposez que à celui titre d'achat, il ait acquis prescription de
temps.*

Ces mots *prince souverain* ne désignaient pas le roi, mais
tout haut baron investi du pouvoir civil et militaire, et ju-
geant en dernier ressort. Le roi, à cette époque, n'était souverain réellement et de fait que dans les terres dont il avait
la mouvance immédiate. Il était souverain fieffeux du reste
du royaume, c'est-à-dire chef de la hiérarchie féodale.
Bouthillier entendait par prince souverain le roi dans ses domaines et les hauts barons dans leurs fiefs. Il considérait (1)

_____

(1) Henrion de Pansey, *des Biens communaux*, chap. XXV.

l'aliénation d'un bien communal comme nulle, si elle n'avait reçu leur autorisation.

Les communes du Midi jouissaient donc d'une liberté beaucoup plus grande que celles du Nord. Ici l'autorisation des magistrats du pays, là la confirmation du seigneur souverain ; ici, un véritable jugement entre l'opinion de la majorité et celle de la minorité, là une permission que le seigneur pouvait donner ou refuser à son gré : voilà la différence des deux systèmes, dont la cause est dans la différence d'origine des deux sortes de municipalités.

Comment s'établit la tutelle de la royauté sur les communes ? A quelle époque le roi se réserva-t-il à lui seul le droit d'autoriser les actes des communes ? La tutelle administrative fut-elle reconnue dans les pays de droit écrit ? Tels sont les points que nous avons à éclaircir.

Ce n'est qu'après l'abaissement de la féodalité qu'on peut chercher le point de départ de la tutelle du roi sur les communes. L'ordonnance de Blois contenait une disposition ainsi conçue, art. 284 :

« Pareillement enjoignons à nos dits procureurs faire in- « former diligemment et secrètement contre ceux qui de « leur propre autorité ont ôté et soustrait les lettres, titres, « et autres enseignements de leurs *sujets* pour s'accommoder « des communes dont ils jouissaient auparavant, ou, sous « prétexte d'accord, les ont forcés de se soumettre à l'avis « de telles personnes que bon leur a semblé, et en faire « poursuite diligente. Déclarons dès à présent telles sou- « missions, compromis, transactions ou sentences arbitrales « ainsi faites, de nul effet. »

De cet article, il résulte que les seigneurs avaient encore pleine autorité sur les communautés, puisqu'il est question de leurs *sujets*, et que la royauté n'en avait aucune, puisque Henri III annule les ventes parce qu'elles ont été *séduites* ou *forcées*, sans alléguer cette autre raison beaucoup plus

17.

puissante, qu'elles auraient été faites sans sa participation.

Sous les règnes orageux de Charles IX, Henri III et les premières années de celui de Henri IV, les communes, surchargées de tailles et obérées de dettes, furent contraintes d'aliéner une grande partie de leurs biens-fonds et presque tous à vil prix. Henri IV rendit, au mois de mars 1601, un édit qui autorisait les communes à rentrer dans leurs fonds aliénés, en remboursant dans l'espace de quatre années les sommes qui leur auraient été payées.

Dans l'ordonnance générale de Louis XIII du mois de janvier 1629, on lit : « Leur défendons pareillement (aux « seigneurs et gentilshommes) d'usurper les communes des « villages et les appliquer à leur profit, ni les vendre, en- « gager, ou bailler à cens sous les peines portées par les • ordonnances, et si aucunes ont été usurpées, elles seront « incontinent restituées. » Ce texte, comme celui de 1579, excipe des actes de violence et non pas du défaut d'autorisation.

Néanmoins, ce fut vers cette époque que le droit de confirmer les aliénations des biens des communautés devint l'attribut exclusif du souverain. Nous en donnerons deux raisons, la destruction de la féodalité par Richelieu, le texte même de l'ordonnance de Louis XIV du 22 juin 1659.

Cette déclaration porte dans son préambule que « plu- « sieurs communautés ayant été tourmentées par plusieurs « rencontres d'estants, ont été portées à vendre et à aliéner « à des personnes puissantes, comme seigneurs des lieux, « juges, magistrats ou principaux habitants des villes, leurs « biens, usages, bois et communaux, *ce qui ne leur était* « *pas loisible de faire sans notre permission et décret de* • *justice.* »

Ces derniers mots supposent ou une loi antérieure ou une jurisprudence universelle et bien établie. Il n'y a point de loi. Ce serait donc la jurisprudence qui eût exigé la confirmation du roi pour la validité de la vente d'un bien communal. Or, la jurisprudence ne s'établit pas en un jour : il lui faut au moins vingt ou trente ans pour se fixer. En la faisant remonter à l'année 1639, nous pensons avoir indiqué son véritable point de départ, d'autant plus que la déclaration de 1659 n'annule que les aliénations faites depuis vingt ans, ce qui se réfère à l'année 1629.

Lorsque Louis XIV eut centralisé le pouvoir, il développa la tutelle administrative. La déclaration du 22 juin 1659 ne s'appliquait qu'aux communes de Picardie et de Champagne. Les communes des autres provinces réclamèrent la même faveur, et elle leur fut accordée par un édit célèbre donné par Louis XIV au mois d'avril 1667.

« Entre les désordres causés par la licence des guerres, « est-il dit dans le préambule de cet édit, la dissipation des « biens des communautés a paru des plus grands. Elle a été « d'autant plus générale que les seigneurs et autres per- « sonnes puissantes se sont prévalus de la faiblesse des plus « nécessiteux..... Pour dépouiller les communautés, l'on « s'est souvent servi de dettes simulées ; on a abusé des « formes de la justice..... Les communaux ayant été alié- « nés, les habitants, se trouvant privés des moyens de « faire subsister leurs familles, ont été forcés d'abandonner « leurs maisons ; les bestiaux ont péri, les terres sont de- « meurées incultes et le public en a reçu des préjudices très- « considérables.

« Et comme l'amour paternel que nous avons pour nos su- « jets nous fait porter nos soins partout, que nous n'avons « rien tant à cœur que de garantir les plus faibles de l'op- « pression des plus puissants, et de faire trouver aux plus « nécessiteux du soulagement dans leurs misères, nous « avons estimé que le moyen le plus convenable à cet effet, « était de faire rentrer les communautés dans leurs usages « et communes aliénés, etc..... »

En conséquence, le roi ordonne : 1° « Que dans un mois à
« compter du jour de la publication des présentes, les habi-
« tants des paroisses et communautés, dans toute l'étendue
« du royaume, rentreront, sans aucunes formalités de justice,
« dans les fonds, prés, pâturages, bois, terres, usages, com-
« munes, communaux, par eux vendus, baillés à cens ou
« emphytéose, *depuis l'année* 1620 ; — en payant et rem-
« boursant aux acquéreurs, dans dix ans, en dix payements
« égaux, d'année en année, le prix principal desdites alié-
« nations *faites pour causes légitimes et qui aura tourné*
« *au bien et utilité desdites communautés*, suivant la liqui-
« dation qui en sera faite par les commissaires à ce dé-
« putés, etc. »

Défenses sont faites à toutes personnes, de quelque qualité et condition qu'elles soient, de troubler ni inquiéter les
habitants desdites communautés, dans la pleine et entière
possession de leurs biens communs, et auxdits habitants *de
plus aliéner leurs usages et communes*, sous quelque cause
et prétexte que ce puisse être, *nonobstant toutes permissions qu'ils pourraient obtenir à cet effet ;* à peine contre
les consuls, échevins, procureurs-syndics et autres personnes chargées des affaires desdites communautés, qui auront
passé les contrats ou assisté aux délibérations qui auront
été tenues à cet effet, de trois mille livres d'amende, au payement de laquelle ils seront solidairement contraints, au profit des hôpitaux généraux des lieux; *de nullité des contrats*,
et de perte du prix contre les acquéreurs, qui sera délivré
pareillement auxdits hôpitaux.

« Et pour traiter d'autant plus favorablement les com-
« munautés, continue l'édit, nous les avons confirmées et
« confirmons par ces présentes dans la possession et jouis-
« sance des usages et communes qui leur ont été concédés
« par les rois nos prédécesseurs et par nous.......»

Tel fut l'édit de 1667, modifié par un arrêt du conseil du

14 juillet suivant, qui, pour prévenir les voies de fait qui avaient eu lieu dans certaines communes, défendit aux habitants de se mettre eux-mêmes en possession, avant d'avoir présenté leurs requêtes aux commissaires départis dans les provinces.

L'esprit de l'ordonnance de 1667 est facile à saisir. Au point de vue politique, elle substitue à l'autorité des seigneurs sur les communautés l'autorité du roi.

Au point de vue du droit, l'ordonnance de 1667 porte un caractère arbitraire. Elle révoque les aliénations, sans donner le motif de leur révocation. Était-ce l'inaliénabilité absolue des biens des communes, analogue à celle du domaine de la couronne ? Était-ce le défaut d'autorisation de la part du roi ? L'ordonnance ne s'explique pas. Mais il est probable que la pensée du roi était d'accorder aux communes une restitution pleine et entière en qualité de mineures. Du moins telle était la base de la déclaration précédente du 7 juin 1659 :

« .... Voulons que les dites communes aient le secours
« qui leur est dû en cette rencontre, *comme étant réputées*
« *mineures*, et les remettre de plein droit et de fait dans les
« biens et droits par elle aliénés. »

Si l'édit de 1667 ne parle pas en termes exprès de la minorité des communes, il en applique le principe, puisqu'il n'oblige les communes qu'à restituer *ce qui aura tourné au bien et utilité des dites communautés.*

La même incertitude règne sur le point de savoir si les communes pourront aliéner dans l'avenir. Il leur est interdit d'aliéner *nonobstant toutes permissions...* Que faut-il entendre par ce mot *permission ?* Nous pensons que Louis XIV défend par là aux communes d'aliéner en vertu des permissions que les corps souverains donnaient aux communautés dans les pays d'États, comme en Provence, de se réunir pour délibérer sur les aliénations.

Mais le roi pouvait donner cette permission : ce qui le prouve, ce sont deux déclarations du même prince ; la première est du 6 novembre 1677 : le roi en guerre avec la Hollande, l'empire et l'Allemagne, admet tous les détenteurs des biens communaux à se faire confirmer dans leurs possessions, en payant le huitième à dire d'expert. Une autre déclaration du 11 juillet 1707 admit les détenteurs, qui n'avaient pas satisfait à la précédente, à se faire maintenir dans leur possession à titre irrévocable, en payant le sixième. Confirmer ainsi les possesseurs moyennant finance, c'était transiger : or, pour transiger, il faut avoir pouvoir d'aliéner.

Nous ne croyons donc pas que les biens des communautés dans l'ancien droit fussent inaliénables, comme le domaine. Ce qui est certain, c'est que les communautés n'avaient pas le droit de vendre seules, et c'est à cause de cette prohibition que la plupart des anciens auteurs considéraient leurs biens comme inaliénables, témoin ce passage de Domat : « Les biens et les droits d'un corps ou communauté « appartiennent tellement au corps qu'aucun des particuliers « qui le composent n'y a aucun droit de propriété et n'en « peut disposer en rien : ce qui fait que, comme ces com- « munautés sont perpétuelles et se conservent toujours pour « le bien public, leurs biens et leurs droits qui les font sub- « sister doivent toujours demeurer au corps, et c'est ce qui « rend ces biens et ces droits *inaliénables.* »

En d'autres termes, la communauté ne peut vendre parce que ses biens sont grevés de substitution au profit des générations futures. Ces principes sont incontestables. Mais la question est de savoir si le pouvoir royal, représentant des générations futures, ne peut autoriser les communautés à aliéner, de même que, par rapport au domaine de la couronne, les états généraux auraient pu autoriser le monarque à en faire des aliénations irrévocables. Depuis Louis XIV, le pouvoir royal eut ce droit ; mais l'intention du monarque

n'était pas d'en user. On doit penser que l'édit de 1667 sur
les communautés était inspiré par les mêmes pensées que
l'édit de 1667 sur le domaine. Il entrait dans les vues de
Colbert que l'Etat et les communautés exploitassent leurs
biens et payassent leurs dettes avec les revenus.

L'édit de 1683, qui établissait en quelque sorte le budget
des communes, disait que les dépenses ordinaires seraient
prises sur les revenus patrimoniaux : « S'il n'y en a pas, per-
« mettons de délibérer sur le fonds qui devra être fait pour
« les dites dépenses, soit par imposition annuelle, soit par
« levées sur les denrées, pour la délibération, avec l'avis des
« dits sieurs intendants et commisssaires, nous être renvoyée
» pour y pourvoir, ainsi qu'il appartiendra. » Non-seulement l'édit ne permettait pas de vendre des biens pour acquitter les dettes, mais il le défendait expressément : « Défendons expressément aux habitants des dites villes et gros
bourgs fermés de faire aucune vente ni aliénation de leurs
biens patrimoniaux, communaux et d'octroi. »

Les communes n'étaient autorisées à emprunter qu'en cas
de peste, logement et ustensil des troupes, et réédification
des nefs et églises tombées par vétusté ou en cendres.

Les formalités de l'emprunt étaient celles-ci : il devait
être voté à la pluralité des voix par une assemblée générale
des habitants. L'acte était dressé par un greffier ou un notaire : il devait recevoir l'approbation de l'intendant, qui donnait la permission de faire l'emprunt, dont il donnait avis
au roi : en conséquence duquel il était pourvu par le roi aux
impositions à faire pour le remboursement.

On voit se dessiner nettement dans cet édit le système
financier et le système administratif de Louis XIV. Mais
qu'arriva-t-il ? Il arriva pour les communes la même chose
que pour le domaine. Après avoir révoqué tous les engagements, on engagea de nouveau. Après avoir révoqué les

ventes des biens communaux, on les aliéna pour payer les dettes, lorsque les autres ressources furent épuisées.

Les formalités qu'on suivit par voie d'analogie furent celles que l'édit de 1683 établissait pour les emprunts, et qu'un édit postérieur du 2 août 1687 et une déclaration du 2 octobre 1703 exigeaient pour intenter tout procès, c'est-à-dire la délibération des habitants et l'autorisation par écrit de l'intendant, autorisation dont avis était donné au roi.

On peut confirmer cette assertion en citant plusieurs auteurs, dont aucun ne met en doute l'aliénation des biens communaux.

Rousseaud de Lacombe, dans son *Recueil de jurisprudence des pays de droit écrit et coutumier*, nous semble avoir bien résumé les principes de la matière, v° *Vente* :

« Les biens des communautés d'habitants ne peuvent être
« vendus qu'avec le consentement de plus des deux tiers des
« habitants, porté par acte d'assemblée reçu par devant une
« personne publique, et après une permission de vendre obtenue du juge, et cela par affiches et proclamations publiques même dans les lieux circonvoisins. *Il paraît qu'il
« faut obtenir cette permission du commissaire départi de
« la province, par argument tiré de la déclaration du roi
« du 22 octobre 1703.*

« Mais le principal point est qu'il y ait nécessité de vendre. Cette nécessité est essentielle et donne la forme à la
« vente, et, quand elle manque, la vente est nulle, quand
« même tous les habitants, sans exception d'un seul, auraient
« opiné d'une commune voix pour la vente. En quoi les
« communautés ont un parfait rapport avec les mineurs,
« dont les tuteurs ne peuvent aliéner les biens qu'au cas où
« il y ait nécessité de payer les dettes. »

« Les communautés peuvent aliéner, dit Bourjon, titre IV,
« sect. 3, n° XVI, lorsqu'il est juridiquement prouvé que l'a-

« liénation leur est avantageuse ; mais il faut, pour cela,
« cette preuve ; sans elle, l'aliénation serait nulle. »

Dans plusieurs parlements, l'édit de 1669 ne fut pas enregistré, par exemple, dans le parlement de Franche-Comté,
ainsi qu'il résulte d'un arrêt de la cour de cassation du 21
juin 1815. Les pays d'Etats maintinrent toujours avec fer-
meté leurs anciens usages. On peut donc s'expliquer comment des communautés vendaient leurs biens postérieurement à cette époque, sans *autorisation* des intendants ou du
roi. Mais cet abus même confirme le principe que nous vou-
lions établir, l'aliénabilité des biens communaux.

Les biens des communautés étaient-ils prescriptibles?

L'édit de 1659 n'annulait que les aliénations faites depuis
vingt ans : l'édit de 1667, considérant sans doute l'édit de
1659 comme interruptif de prescription, révoquait toutes
les aliénations postérieures à 1620. Aucun ne révoque d'une
manière générale les aliénations des biens des communautés, à quelque époque qu'elles pussent remonter, comme on
révoquait les aliénations domaniales.

Un arrêt de la cour de cassation du 11 janvier 1811, statuant sur une aliénation faite en 1711 par la commune de
Montigny au profit de son ci-devant seigneur. a déclaré que
« par là même que l'art. 1er de l'édit du mois d'avril 1667
« ne déclarait pas imprescriptibles les biens des commu-
« nautés, ils devenaient par une conséquence nécessaire
« soumis à la prescription par une possession publique, pai-
« sible et tranquille pendant l'espace de quarante ans. »

La prescription de quarante ans était admise dans beaucoup de coutumes *entre privilégiés*. On l'appliquait aux
communes, quoiqu'elles ne fussent pas spécialement dénom-
mées. Mais quand la coutume ne consacrait pas une prescription plus longue que la prescription ordinaire, c'était par
trente ans qu'on prescrivait contre les communes.

Merlin (1) cite plusieurs arrêts pour établir que telle était sur ce point la jurisprudence des parlements. Il ajoute que cette opinion était conforme à une déclaration du mois d'avril 1686, donnée pour confirmer, moyennant finance, les possesseurs des terres défrichées dans les marais et garrigues du Languedoc, qui sont sous la haute justice du roi. Par cette loi, le prince déclarait ne pas entendre empêcher que les communautés, qui n'avaient pas suffisamment de pâturages, ne puissent obliger ceux par lesquels ont été faits *depuis trente ans* des ouvertures et défrichements dans les garrigues, de les réduire en nature d'usage et de biens communaux.

Les règles que nous venons d'exposer s'appliquaient aux biens patrimoniaux des communautés, tels que les maisons et les fonds de terre; mais elles possédaient en outre des terrains vagues, des pâturages, des marais, des bois, dont la jouissance était abandonnée aux habitants. Ces sortes de terre portaient le nom de *communes*.

A qui, des seigneurs ou des communes, appartenait la propriété des communaux? question vivement débattue, qu'on doit résoudre en faveur des seigneurs ou des communes, suivant le système qu'on adopte sur la conquête de la Gaule par les Francs.

Un point hors de doute, c'est qu'il existait des biens communaux en Gaule, sous la domination romaine. On lit dans le Digeste : *Saltus communis in quo municipes jus compescendi habent.* Mais la difficulté est de savoir si ces terres communales furent laissées aux communes ou envahies par les conquérants.

Les municipalités romaines ont-elles subsisté, malgré l'invasion, comme le soutient l'abbé Dubos : les biens communaux n'ont cessé, dès lors, de leur appartenir que par

---

(1) *Répert.*, v° *Prescript.*, sect. III, § V.

des actes de violence de la part des seigneurs qui ne constituent pas le droit ; en cas de doute, la présomption de propriété est en faveur des communes : *Pas de seigneur sans
titre.*

Les chefs francs se sont-ils partagé au contraire à titre de
fief toutes les provinces conquises, suivant la prétention de
M. de Boulainvilliers; tout ce qui est compris dans l'enclave
du fief doit appartenir au seigneur : *Pas de terre sans seigneur.*

Nous adopterons sur ce point une opinion qui découle naturellement de celle que nous avons précédemment émise sur
l'origine des communes. Dans le Midi, la condition naturelle
de la terre est l'*alleu* : dans le Nord, elle est le *fief*; dans le
Midi, les communaux appartiendront aux communautés jusqu'à preuve du contraire, tandis que la présomption opposée
sera admise dans le Nord.

Dans l'ancien droit, les parlements avaient pour jurisprudence d'attribuer aux seigneurs, en cas de doute, la propriété
des communaux, et ils en faisaient résulter deux droits particuliers au profit des seigneurs, le *cantonnement* et le *triage.*

Le cantonnement et le triage reposaient l'un et l'autre sur
cette idée que les communes ne tenaient leurs communaux
que de la libéralité des seigneurs primitifs. Par le cantonnement, le seigneur convertissait le droit d'usage, concédé par
ses auteurs à la commune sur la totalité d'un bois, d'un marais ou de tout autre terrain, en un droit de propriété sur
une portion déterminée dudit terrain. Par le triage, le seigneur distrayait à son profit le *tiers* d'un bois, marais, ou tout
autre terrain concédé par ses auteurs en propriété à une communauté d'habitants.

Les seigneurs qui réclamaient le triage, disaient : Nos
auteurs, en faisant la concession des communaux, doivent
être présumés s'être au moins réservé le droit d'y participer eux-mêmes comme principaux habitants ; dès lors, nous

avons la faculté de nous en faire délivrer une part, pour en
jouir séparément et privativement, d'après le principe que
nul copropriétaire n'est tenu de demeurer dans l'indivision.

Le triage donna lieu à de tels abus, que Louis XIV voulut le réprimer. L'édit de 1667 prononçait la nullité de tous
les triages faits depuis 1637, et ordonnait que les triages
faits antérieurement seraient révisés. Mais la matière ne fut
complétement réglementée que par l'ordonnance du mois
d'août 1669, sur les eaux et forêts, au titre xxv, où il est
parlé des *bois, marais, landes, pâtis, pêcheries, et autres
biens appartenant aux communautés et habitants des paroisses.*

D'après cette ordonnance, les seigneurs pouvaient demander le triage, si la concession des communaux avait été purement gratuite de la part du seigneur primitif, et si les deux
tiers restant à la paroisse suffisaient à ses besoins.

La concession était *réputée gratuite*, à moins que les habitants ne justifiassent du contraire par l'acquisition qu'ils en
avaient faite, ou qu'ils ne fussent tenus de quelque charge.
Cette présomption d'inféodation au profit des seigneurs était
étrange, et, quoique l'ordonnance permît aux habitants de
prouver que la concession était *onéreuse* par toute espèce de
reconnaissance, en argent, corvées ou autrement, sans justifier d'aucun titre, elle ne serait pas moins difficile à expliquer, si on ne savait que le roi, en qualité de souverain fieffeux du royaume, appliquait à son profit toutes les maximes
de la féodalité. On avait transformé en loi de l'État la maxime
pas de seigneur sans titre ; l'art. 383 de l'ordonnance de
1629 portait que *tous héritages ne relevant d'autres seigneurs seraient censés relever du roi.*

Tels étaient les principes reçus touchant la propriété des
communaux.

L'inaliénabilité des communaux n'existait pas en droit,
mais en fait, elle résultait de l'utilité que les habitants avaient

de les conserver, et du peu de profit qu'on eût retiré de leur aliénation. Il y avait une faveur spéciale pour les communaux. « *Henrys*, dit Brillon, v° *Communaux*, tient qu'on ne peut changer des bois et pâturages communs. Usages et pâtis des communes ne peuvent être saisis réellement pour dettes de leur communauté.* (Arrêt de la cour des aides, 23 avril 1651.)

Les communaux ne furent jamais considérés comme susceptibles de division et de partage. Les partager, c'était nier la personnalité civile de la commune qui en était propriétaire, et dépouiller, au profit des habitants actuels, les habitants futurs d'un patrimoine qui leur était dû.

Les partages des communaux ne furent autorisés que par exception avant 1789, et toujours avec la stipulation formelle que les portions seraient *indivisibles, inaliénables et reversibles à la communauté.*

Ainsi un édit de juin 1762 permit aux communes de la province dite des *Trois-Évêchés*, de partager entre les ménages alors existants, et par portions égales tirées au sort, la totalité ou seulement partie de leurs communaux, marais, prés, pâtis, landes ou friches (art. 1er) ; mais le troisième article veut que les parts soient *individuelles* et *inaliénables* , et le cinquième porte que toutes les parts seront héréditaires *en ligne directe seulement;* que celles qui deviendront vacantes passeront aux plus anciens mariés de la commune qui n'en auraient point encore, etc.

Des arrêts du conseil de 1771, 1773 et 1777 permirent aux communes des généralités d'Auch et de Pau de partager également leurs marais, landes et autres terrains, entre leurs membres respectifs, ménage par ménage, mais à la charge d'une redevance vis-à-vis la commune.

Un édit de janvier 1774 permit le partage à toutes les communes du duché de Bourgogne, du Mâconnais, de l'Auxerrois, du pays de Gex et Bugey, sous les mêmes conditions que l'édit de juin 1762, relatif aux Trois-Évêchés.

Le 27 mars 1777, lettres patentes contenant à peu près les mêmes dispositions pour la Flandre française.

Le 13 novembre 1779, lettres patentes pour l'Artois, contenant notamment, art. 1er : « Toutes les terres, prés, « marais, landes ou friches, appartenants aux communau-« tés d'habitants de notre province d'Artois, seront parta-« gés par portions égales en valeur entre tous les *chefs de* « *famille* de chaque lieu, mariés ou célibataires; sous la-« quelle dénomination de *chef de famille*, le curé de la « paroisse sera compris *pour en jouir en usufruit seule-* « *ment, aussi longtemps qu'ils seront domiciliés dans le* « *lieu*, etc. »

Reconnaissance de la personnalité civile et par voie de conséquence de la propriété des communes;

Assimilation des communes aux mineurs;

Prohibition d'aliéner leurs biens, sauf le cas de nécessité urgente dont l'appréciation est réservée aux intendants;

Impartageabilité des communaux proprement dits en pleine propriété :

Voilà le résumé des principes de la législation communale avant 1789.

CHAPITRE III.

LOIS DE LA RÉVOLUTION ET DE L'EMPIRE.

La législation de la révolution et de l'empire est le contre-pied de celle de l'ancienne monarchie. C'est la négation

complète de la personnalité et de la propriété des communes.
C'est un système d'oppression substitué à la tutelle administrative.

Pour moins nous écarter de l'ordre chronologique des lois,
nous examinerons d'abord ce qui concerne les *communaux*.

Nous verrons ensuite ce qui a été statué relativement aux
biens *patrimoniaux* des communes.

1° *Des communaux.*

L'assemblée constituante avait aboli le régime féodal dans
la nuit du 4 août 1789. Comme conséquence de cette abo-
lition, elle abolit le droit jusqu'alors reconnu en faveur des
seigneurs de s'approprier les biens vacants et terres vagues,
dans l'arrondissement de leur seigneurie, ainsi que les arbres plantés ou crûs naturellement sur les chemins et voi-
ries (décrets des 15 mars, 26 juillet 1790, et avril 1791).

Les assemblées subséquentes, et particulièrement la convention, allèrent plus loin : elles renversèrent la présomption
admise par l'ordonnance de 1669, en déclarant que les biens
communaux appartenaient de plein droit aux communes, sans
qu'elles fussent tenues de justifier d'aucun titre ni même
d'aucune possession de fait.

« *Les terres vaines et vagues*, ou gastes, landes, biens
« hormes ou vacants, garrigues, dont les communautés ne
« pourraient pas justifier avoir été anciennement en posses-
« sion, *sont censés leur appartenir et leur seront adjugés*
« *par les tribunaux*, si elles forment leur action dans le
« *délai de cinq ans*, à moins que les ci-devant seigneurs ne
« prouvent par *titres* ou par *possession* exclusive, continuée
« paisiblement et sans trouble *pendant quarante ans*,
« qu'ils en ont la propriété (loi du 28 août 1792 art. 9). »

La loi du 10 juin 1793 fut plus explicite encore : elle éta-

blit que « la *possession de quarante ans*, exigée par la loi
« du 28 août 1792, pour justifier la propriété d'un ci-devant
« seigneur sur les terres vaines et vagues, etc., *ne pourrait*
« *en aucun cas suppléer le titre légitime :* et en second
« lieu, que le titre légitime ne pourrait être celui qui émane-
« rait de la puissance féodale, mais seulement un acte
« authentique constatant que le seigneur aurait légitime-
« ment acheté lesdits biens.....»

Le triage fut aboli *pour l'avenir* par décret de la constituante du 15 mars 1790. L'assemblée législative alla plus
loin : elle révoqua dans la loi du 28 août 1792 tous les triages postérieurs à l'ordonnance de 1669.

Mais les mêmes décrets maintinrent les actions en cantonnement.

En vertu de ces nouveaux principes, les communaux prirent une grande extension. La convention ne voulait pas les
laisser aux communes : car c'était ériger les communes en indi-
vidualités puissantes, au lieu de les absorber dans l'Etat. La
vente aux enchères eût été peu lucrative : elle eût permis
d'ailleurs à quelques particuliers de reconstituer les grandes
propriétés foncières dont on ne voulait plus. Que fit-on ? On
partagea. Pour morceler à l'infini le territoire, pour que les
nouveaux propriétaires fussent intéressés à maintenir le nouvel ordre de choses, on distribua aux habitants les terrains
communaux. Un décret du 14 août 1792 ordonna que, « im-
« médiatement après les récoltes, tous les terrains et usages
« communaux autres que les bois, seraient partagés entre
« les citoyens de chaque commune pour en jouir en toute
« propriété...»

La loi du 10 juin 1793 maintint le partage en le rendant
facultatif, d'*impératif* qu'il était auparavant. « *Le partage*
« *des biens communaux sera facultatif.* » Mais à qui appar-
tenait-il de déterminer s'il y avait lieu au partage ? A l'assemblée des habitants. Encore l'assentiment de la majorité

n'était même pas nécessaire. Art. 9. *Si le tiers des voix vote pour le partage, le partage sera décidé.*

La portion de chaque habitant était inaliénable entre ses mains pendant dix ans. Ce n'était pas, comme dans l'ancien droit, pour empêcher que les terres partagées ne passassent entre des mains étrangères, puisque la prohibition d'aliéner était temporaire et qu'il n'y avait aucune clause de retour au profit de la commune ; mais la convention voulait empêcher par là que les petits propriétaires ne vendissent leur part aux gens riches qui eussent acquis de grandes possessions. Le but politique de la loi eût été manqué. On retrouve la même prohibition d'aliéner à Rome dans les lois agraires. Tant il est vrai que les mêmes idées font adopter les mêmes dispositions dans tous les pays !

La loi du 10 juin 1793 donna naissance à de grandes difficultés, soit entre les particuliers et les communes, soit entre les diverses sections des communes elles-mêmes. La loi du 21 prairial an IV, considérant qu'il était instant d'en arrêter *les funestes effets*, suspendit tout partage non consommé et maintint provisoirement tous les possesseurs des terrains partagés d'une manière quelconque.

Enfin, la loi du 9 ventôse an XII fixa la législation.

Elle déclara exécutoires tous les partages de communaux effectués en vertu de la loi du 10 juin 1793 et dont *il avait été dressé acte.*

Dans les communes où les partages avaient eu lieu, sans qu'il en eût été *dressé acte*, les détenteurs sans titres, mais qui avaient défriché, planté ou même clos de murs ou de haies vives les terrains dont ils avaient joui, étaient maintenus en possession provisoire et pouvaient devenir propriétaires incommutables, à la charge par eux de déclarer leurs terrains, et de se soumettre à payer à la commune une redevance annuelle, fixée par expertise à la moitié du produit annuel du

18.

bien ou du revenu dont il aurait été susceptible au moment de l'occupation.

Art. 4. « L'aliénation définitive de ces terrains sera faite, « comme toutes les autres aliénations de biens communaux, « *en vertu d'une loi,* qui autorisera les maires des communes « à passer le contrat de concession aux frais des conces- « sionnaires. »

Art. 5. « Tous les biens communaux possédés sans acte « de partage ou qui ne seront pas dans le cas précisé par « l'art. 3, ou pour lesquels les déclarations et soumissions « n'auront pas été faites, rentreront dans les mains des com- « munautés d'habitants. »

Ainsi cette loi, 1° confirmait la propriété [des habitants; — 2° n'autorisait d'aliénation qu'en vertu d'une loi.

Le partage des communaux opérait spoliation de la commune au profit de ses habitants. On alla plus loin en ce qui concernait les biens patrimoniaux. On en dépouilla les communes pour les transférer non plus aux habitants, mais à l'Etat.

2° *Des biens patrimoniaux des communes.*

Dans son décret du 24 août 1793, concernant la dette publique, la convention déclara dettes nationales toutes les dettes des communes, et s'appropria en retour tout leur actif jusqu'à concurrence du montant de leurs dettes.

En conséquence, il était ordonné que dès ce moment tous les *biens des communes, meubles et immeubles,* seraient *régis, administrés* et VENDUS *comme les autres biens nationaux,* à l'exception seulement des *communaux dont le partage était décrété,* et des *objets destinés pour les établissements publics.*

En vertu de cette loi, on séquestra et on mit en vente une grande quantité de biens communaux.

Cette vente fut heureusement suspendue par la loi du 2 prairial an v qui ordonna que « *à l'avenir, les communes ne pourraient aliéner ni échanger qu'en vertu d'une loi.* » C'était assimiler leurs biens aux biens nationaux, puisque, comme nous l'avons vu, l'aliénation des biens nationaux devait être faite par acte législatif.

Sous l'empire, on put croire un instant que les communes allaient rentrer dans leurs droits. Des décrets des 23 avril 1810 et 9 avril 1811 leur rendaient tous les édifices communaux qui n'avaient pas été vendus, parce qu'ils étaient employés à un service public. On voit même dans un rapport du ministre des finances, en date du 13 septembre 1809, que ce ministre proposait au chef du gouvernement de restituer aux communes les biens-fonds qui étaient restés entre les mains de la régie en vertu de la loi du 23 août 1793, sans avoir été vendus. Mais telle n'était pas la pensée du chef de l'Etat.

Un décret du 28 mai 1812 ordonna que ces biens continueraient d'être vendus comme biens nationaux.

Puis, l'année suivante, le fameux décret du 20 mars 1813 déclara *cédés à la caisse d'amortissement*, pour être vendus au profit de l'État, dans les formes ordinaires, « les biens « ruraux, maisons et usines possédés par les communes, « excepté les bois, les biens communaux proprement dits, « les halles, marchés, promenades et emplacements utiles, « et les édifices affectés à un service public. »

Les communes devaient en compensation recevoir *en inscriptions 5 pour 100 une rente proportionnée au revenu net des biens cédés*, d'après les règles qui furent établies ultérieurement par un décret du 6 novembre 1813.

Dépouillées de leurs communaux par la loi du 10 juin 1793, de leurs biens patrimoniaux par le décret du 24 août de la même année, frustrées des débris échappés aux recherches de la convention par le décret de 1813, les communes n'avaient rien à aliéner : nous n'avons donc pas à rechercher les règles qui présidèrent à l'aliénation de leurs biens pendant cette période.

Toutefois, lorsque la loi du 2 prairial an v suspendit la vente de leurs biens, les communes ne laissaient pas d'avoir encore quelques biens qu'elles avaient soustraits aux investigations.

L'art. 54 de la loi du 14 décembre 1789 ne prescrivait d'autre formalité pour la vente des biens des communes que la délibération du conseil municipal.

La loi du 10 août 1791 avait autorisé les communes, ayant des dettes, à vendre leurs biens pour les acquitter, excepté les édifices affectés à un service public. Elles devaient présenter une simple pétition au directoire du département ; la vente était faite dans la forme des ventes nationales.

Plus tard, la loi du 10 juin 1793 avait donné aux assemblées d'habitants le droit de délibérer la vente d'un bien communal qui ne pouvait être partagé. Après le décret du 24 août 1793, beaucoup de communes qui ne voulaient pas que leurs biens entrassent dans le fisc, avaient profité de cette loi pour les vendre à des acheteurs fictifs.

En l'an v, on voulut fermer la porte à ces abus, et la loi du 2 prairial porte « qu'à *l'avenir, les communes ne pourront faire aucune aliénation ni aucun échange de leurs biens sans une loi particulière.* »

Cet article présupposait la propriété des communes, et la cessation de la confusion entre les communes et l'État opérée par le décret de 1793. Il exigeait une loi pour l'aliénation de leurs biens, parce que l'administration proprement dite n'était pas encore organisée et que le pouvoir législatif dirigeait tout.

Beaucoup de lois autorisèrent des aliénations ou échanges des biens des communes. Elles stipulaient en général que

les sommes, provenant de remboursements ou de soultes d'é-
change, seraient placées en achat de rentes sur l'État, toutes
les fois qu'elles suffiraient pour acquérir 50 francs de rente
(lois du 14 ventôse an XIII, du 7 septembre 1807, art. 153).

CHAPITRE IV.

LÉGISLATION DE LA RESTAURATION.

Le gouvernement de la restauration rétablit enfin les communes dans leurs droits.

La loi de finances du 26 avril 1816 abolit le décret de
1813 et ordonna de remettre à la disposition des communes
les biens qui n'auraient pas encore été vendus.

Une ordonnance royale du 23 juin 1819, rendue au nom
de cette ancienne tutelle royale que Louis XIV avait organisée..... *considérant*, est-il dit dans le préambule, *qu'il nous
appartient de faciliter la réintégration des communes dans
tous leurs droits, en usant à leur profit de la faculté ré-
sultante de la* TUTELLE *qui nous est déférée par les lois*.....
autorisa les communes à rechercher les terrains usurpés sur
leur territoire depuis la publication de la loi du 10 juin 1793,
et généralement tous les biens d'origine communale lors en
jouissance privée, dont l'occupation ne résultait d'aucun acte
de concession ou de partage, écrit ou verbal, qui ait dessaisi
la communauté de ses droits en faveur des détenteurs
(art. 1).

En même temps l'ordonnance donnait aux détenteurs qui
auraient fait leur déclaration dans un délai de trois mois la

faculté d'être maintenus en possession définitive des biens par eux déclarés, en faisant la soumission de payer à la commune propriétaire les quatre cinquièmes de la valeur actuelle desdits biens, déduction faite de la plus value résultant des améliorations, ou une redevance annuelle égale au vingtième du prix du fonds, ainsi évalué et réduit à dire d'experts (art. 2 et 3).

Faute de quoi, les détenteurs devaient être poursuivis à la diligence du maire devant le conseil de préfecture en restitution des terrains usurpés et des fruits exigibles, et ils ne pouvaient devenir acquéreurs qu'en payant la valeur intégrale des fonds, sans aucune remise ni modération.

Dans aucun cas, disait l'art. 5, *l'aliénation définitive des biens communaux usurpés ne pourra être consommée qu'en vertu de notre autorisation, et après que toutes les formalités applicables aux actes translatifs de la propriété communale auront été remplies.*

Ainsi, cette ordonnance replaçait les communes sous la tutelle du pouvoir royal. Elle substituait à la nécessité d'une loi qu'exigeait la loi du 2 prairial an v une simple autorisation du roi.

Elle offrait un nouvel exemple d'une transaction faite avec des usurpateurs.

Enfin, elle consacrait de la manière la plus énergique la propriété des communes.

L'ordonnance du 23 juin 1819 a jeté les bases de la législation actuelle.

CHAPITRE V.

Dans notre législation actuelle, il n'est pas de principe plus incontestable que celui de la propriété communale.

De même que le domaine national se divise en domaine public et domaine de l'Etat, de même le domaine communal se divise en biens *publics* et biens *privés* des communes.

Les biens publics des communes, en d'autres termes, le *domaine public municipal* se compose des choses qui sont affectées à l'usage de tous, le territoire, les établissements publics, les choses qui font l'objet de la petite voirie, etc. Le domaine public municipal n'est qu'une fraction du domaine public général : le seul point sur lequel il en diffère, c'est que les fonds du domaine public général sont considérés comme appartenant à l'Etat, tandis que les fonds du domaine public municipal sont ou sont présumés être d'origine communale. Il en résulte que, l'affectation à un service public cessant, ce qui est du domaine national rentre dans le domaine de l'Etat et ce qui est du domaine municipal dans celui de la commune.

Les biens qui composent le domaine public municipal sont hors du commerce, et tant que dure leur affectation à un service public, ils sont inaliénables et imprescriptibles.

Les biens privés des communes appartiennent exclusivement aux communautés d'habitants. Ils se subdivisent en biens *patrimoniaux* et en biens *communaux* proprement dits.

Les biens patrimoniaux sont ceux qui se louent ou s'afferment au profit de la commune, tels que maisons, moulins, prés, métairies, bois mis en coupe réglée, etc., dont les revenus sont versés dans la caisse municipale.

La jouissance des biens communaux, au contraire, est abandonnée à la généralité des habitants. L'art. 542 C. N. les a définis « ceux à la propriété ou au produit desquels les « *habitants* d'une ou de plusieurs communes ont un droit « acquis. » Définition qui comprend à la fois les biens dont la commune est propriétaire, et ceux dont elle n'a que l'usage ou l'usufruit.

Quelques auteurs (1) ont conclu des termes de l'art. 542 que la commune n'était que nu-propriétaire des communaux, et que les habitants de la commune avaient sur les biens de cette nature un véritable droit d'usage.

Mais tout l'ensemble de la législation proteste contre une semblable théorie. Si l'art. 542 est ainsi rédigé, c'est qu'il a été emprunté inconsidérément à la loi du 10 juin 1793 qui, pour être logique en ordonnant le partage des biens communaux, devait faire résider la propriété dans la personne des habitants. Mais le rapporteur de cette loi lui-même reconnaissait la propriété communale, lorsqu'il disait à la convention : « Personne n'avait encore de propriété individuelle sur « ces biens, car ce qui appartient à tous n'appartient à per- « sonne en particulier ; c'est donc par l'effet de la loi que les « habitants deviendront aujourd'hui propriétaires. »

Dans nos lois actuelles, le conseil municipal a le pouvoir d'enlever les biens communaux à la jouissance des habitants pour les donner à ferme (*Ord.* 7 octobre 1818), ou d'établir une cotisation sur les ayants droit à la jouissance, droit qui serait inadmissible si les habitants étaient nu-propriétaires.

D'ailleurs, l'abrogation de la loi de 1793 ne permet plus d'invoquer la définition qu'elle a donnée des biens communaux, et de son abrogation même on doit conclure que la lé-

(1) Proudhon, *Usufr.*, II, n° 2870.

gislation, en matière de communaux, est revenue aux anciens principes qui attribuent la propriété des communaux à la commune.

Examinons maintenant :

1° Les modes d'aliénation des biens communaux ;

2° Les règles de compétence ;

3° Les règles de la prescription.

DES MODES D'ALIÉNATION DES BIENS COMMUNAUX.

1° *Des ventes.*

Pour qu'une commune puisse aliéner soit par vente, soit par échange, il faut qu'elle soit autorisée par délibération du conseil municipal (art. 46 de la loi du 18 juillet 1837).

D'après cette loi, la délibération du conseil municipal était exécutoire sur arrêté du préfet, en conseil de préfecture, quand il s'agissait d'une valeur n'excédant pas 3,000 francs, pour les communes dont le revenu était au-dessous de 100,000 francs, et de 20,000, francs pour les autres communes. S'il s'agissait d'une valeur supérieure, il était statué par ordonnance du roi.

Le décret du 26 mars 1852 sur la décentralisation administrative, art. 4, tableau A, 41°, déclare la délibération du conseil municipal exécutoire sur arrêté du préfet, en conseil de préfecture, quelle que soit la nature des biens mis en vente et leur valeur.

Les pièces à produire pour la vente d'un bien communal sont :

1° Une délibération du conseil municipal sur l'utilité de l'aliénation ;

2° Un procès-verbal d'estimation des biens à aliéner avec description et plan ;

3° Une enquête *de commodo et incommodo* pour connaître le vœu général des habitants. Les habitants qui s'opposent à l'aliénation doivent adresser leur opposition, avec les motifs à l'appui, à l'autorité appelée à approuver la délibération du conseil municipal ;

4° Une nouvelle délibération du conseil municipal sur les oppositions soulevées dans l'enquête ;

5° L'homologation du préfet.

Les aliénations sont faites par le maire, assisté de deux membres du conseil municipal et du receveur municipal (1). Elles ont lieu *aux enchères*. Tel est le principe qui n'est écrit dans aucun texte de loi, mais qui résulte de l'état de minorité des communes. Il lui est fait exception :

1° Par l'ordonnance du 23 juin 1819, qui permet de concéder les biens communaux aux usurpateurs, dans les cas que nous avons examinés ;

2° En cas de redressement, de changement de direction ou d'abandon (après déclassement) d'un chemin vicinal, les terrains qui cessent de servir de voie de communication, peuvent être cédés aux propriétaires riverains, sur leur soumission de s'en rendre acquéreurs, et d'en payer la valeur d'après l'estimation faite par experts (2).

Toute aliénation à l'amiable est exceptionnelle. Elle ne peut être autorisée que 1° lorsque l'objet est d'une valeur très-minime ; 2° lorsqu'il y a un avantage tellement évident pour la commune que la formalité des enchères devient tout à fait inutile ; 3° lorsqu'il s'agit d'une vente faite par une

(1) Loi du 18 juillet 1837, art. 46.
(2) Loi du 21 mai 1836, art. 19.

commune à un autre établissement public. Dans ce dernier cas, l'examen des différentes autorités joint à l'intérêt qui s'attache également aux deux établissements sont des garanties suffisantes.

Les maires ne peuvent se rendre adjudicataires des biens de leur commune (art. 1596 C. Nap.) ; mais la même exclusion n'existe pas à l'égard des membres du conseil municipal qui ne sont pas administrateurs, à moins qu'ils n'assistent le maire pour l'adjudication.

Les aliénations des biens communaux, faites avec l'autorisation de l'autorité compétente, sont-elles soumises au droit de surenchère? La cour de Nîmes l'avait décidé ainsi dans un arrêt du 28 novembre 1837, en se fondant sur l'assimilation établie par la loi entre les communes et les mineurs ; mais la même cour, dans un arrêt postérieur du 12 mars 1845, nous semble avoir fait une application plus juste de la loi, en rejetant la surenchère, par les motifs suivants :

« Que c'est vainement qu'on prétendrait assimiler entiè-
« rement les communes aux individus mineurs ; qu'il existe
« entre eux des différences essentielles fondées sur leur na-
« ture, sur leurs droits et sur ceux qu'on peut invoquer
« contre eux ; qu'ainsi, par exemple, la prescription court
« contre les communes, tandis qu'elle ne court pas contre
« les mineurs;

« Que les formes de la surenchère, en matière de biens
« communaux, n'ayant été tracées par aucune loi spéciale,
« il faudrait suivre celles de l'art. 965 C. pr., qui sont inap-
« plicables aux ventes opérées par voie administrative, et
« qu'on ne peut d'ailleurs supposer que le législateur, s'il
« avait entendu proclamer le principe, en eût complétement
« négligé l'exécution..... »

Les adjudications publiques des biens communaux doivent-elles être faites par acte notarié? Pour l'affirmative, on argumentait à fortiori du décret du 10 août 1807, et de l'ordon-

·nance du 7 octobre 1818, qui exigent cette formalité pour les baux consentis par les hospices et les communes. On ré-pondait, pour la négative, qu'aucune loi n'a prescrit, en ma-tière de *ventes*, l'intervention d'un notaire, et qu'il convient d'éviter les frais. Cette opinion a été adoptée dans une cir-culaire du ministre de l'intérieur du 19 décembre 1840.

Il résulte de la même circulaire que les actes d'adjudica-tion, dressés par les maires, n'emportent pas exécution parée, parce que, dans ces sortes d'actes, le maire n'exerce que des attributions purement municipales (1).

2⁰ *Des échanges.*

Les principes de la vente s'appliquent à l'échange. L'échan-giste fait sa soumission : deux experts sont nommés, l'un par l'échangiste, l'autre par le maire, pour examiner les biens.

L'enquête *de commodo et incommodo* est une formalité essentielle de l'échange. L'ordonnance royale qui a autorisé l'échange d'un chemin vicinal et de deux sources publiques, sans être précédée d'enquête *de commodo et incommodo*, ainsi que l'exige la loi du 28 juillet 1824, peut être attaquée par des habitants de la commune qui n'ont été entendus dans aucune enquête, et qui prétendent avoir des droits de pro-priété sur les sources litigieuses.

La commune qui veut obtenir l'autorisation d'échanger, doit prouver, avant tout, l'utilité de l'échange. Dans la pra-tique administrative, on accorde rarement cette autorisa-tion, à moins que les terrains qui seraient attribués à la com mune n'eussent une destination déterminée pour un service municipal (2).

(1) Loi du 18 juillet 1837, art. 10, 7⁰.
(2) « Les échanges ne peuvent être autorisés qu'autant qu'ils au. raient un but réel d'utilité publique et que l'avantage ou la nécessité

En matière d'alignements, un maire peut valablement traiter avec sa commune, comme acquéreur, vendeur, ou échangiste : c'est un cas exceptionnel qui ne saurait recevoir d'extension, parce que le contrat ne résulte pas de la volonté respective des parties, mais des dispositions mêmes d'une loi spéciale, qui impose aux propriétaires l'obligation de reculer ou d'avancer dans des vues générales d'embellissement ou d'utilité publique.

La vente des objets mobiliers doit également être faite aux enchères.

A l'égard des rentes, Foucart cite, n° 1603, une circulaire du directeur de la dette inscrite, d'après laquelle les communes pourraient aliéner leurs rentes sur l'État, en vertu de simples arrêtés du préfet.

3° *Des partages.*

Il ne s'agit plus de partages faits en vertu de la loi de 1793. Quand même cette loi n'eût pas été directement révoquée, elle ne serait plus applicable aujourd'hui, car son seul but était d'autoriser les communes à partager leurs biens sans aucun contrôle, et de les soustraire, sous ce rapport, à la tutelle du gouvernement. Or, des lois postérieures les obligent formellement à ne plus faire aucune aliénation, et par conséquent aucun partage de leurs biens, sans avoir obtenu l'autorisation administrative.

Cependant le gouvernement peut autoriser les partages des biens communaux par suite du droit même qui lui est conféré d'autoriser l'aliénation de ces biens, droit qui n'est

en serait incontestable. Dans les cas ordinaires les communes doivent vendre... » Décis. du min. de l'intérieur, septembre 1837.

soumis à d'autres règles que celles qu'il s'est imposées lui-
même, comme garantie d'une bonne administration.

Les partages dont nous nous occupons sont donc des concessions faites par la commune à ses habitants. Cette concession n'étant pas une adjudication publique, est une exception aux règles ordinaires des aliénations. Les partages sont
faits, non pas à titre gratuit, mais à titre onéreux. Les habitants copartageants sont soumis à payer aux communes
venderesses, soit un capital, soit une rente représentative
du lot à eux afférent. Ce sont de véritables aliénations à
l'amiable (Décret du 4me jour complémentaire an XIII).

Rarement on autorise des partages de cette nature ; car ils
ont pour effet de dépouiller la commune au profit des habitants, et de lui enlever les chances d'élévation de prix qui
pourraient résulter d'une mise aux enchères. On leur refuse
même aujourd'hui le nom de partages, et les ordonnances
d'autorisation ne les considèrent plus que comme des aliénations amiables ordinaires, faites non pas à des habitants
copartageants, mais à des acquéreurs déterminés.

En conséquence, les mêmes conditions exigées pour toutes
autres aliénations ont été imposées aux acquéreurs.

Les aliénations des communaux doivent-elles être favo-
risées ?

On ne peut invoquer contre les propriétés des communes
les mêmes raisons que nous faisions valoir contre les propriétés de l'État. L'administration en est plus facile et moins
coûteuse.

D'ailleurs, on peut dire en faveur des communaux qu'ils
sont affectés à un service public, puisqu'ils servent à faire
vivre les pauvres. Pour des villageois dont la fortune consiste en bétail, et dont la pauvreté fière s'humilie de tout ce
qui ressemble à une aumône, les pâturages gratuits ont un
avantage inestimable que les subventions des bureaux de
bienfaisance ne remplaceront jamais.

S'il y a des abus, que le conseil municipal les réprime : il a le droit de régler la jouissance des communaux.

Nous sommes peu touché de l'objection qui consiste à dire que les communaux sont des terrains incultes qu'une jouissance commune frappe de stérilité, aux dépens de l'agriculture et de l'industrie. Qu'on les défriche, l'agriculture et l'industrie y gagneront peu, et les communes y perdront beaucoup : or, c'est de la commune que les communaux sont le patrimoine.

Le seul cas dans lequel la jouissance des communaux pourrait être modifiée, c'est lorsqu'elle ferait beaucoup de tort à l'agriculture, sans rapporter aucun profit aux habitants. Dans cette hypothèse on pourrait, sans recourir à une aliénation, établir, conformément à un avis du comité de l'intérieur du 26 août 1834, « un mode de jouissance qui,
« tout en laissant la propriété des biens reposer sur la tête
« de la commune, transforme la jouissance commune en une
« jouissance individuelle concédée pour un temps limité et
« soumise à une rente annuelle. Ce mode de jouissance a sur
« un partage véritable l'avantage de faire rentrer dans les
« mains de la commune les lots de ceux qui cessent de l'ha-
« biter, et permet de faire participer à la jouissance des
« communaux les individus qui viennent s'y établir posté-
« rieurement. Il a de plus pour effet de remettre au bout
« d'un certain temps la totalité des terrains communaux à
« la disposition de la commune... »

Les bois de la commune qui ne sont pas soumis au régime forestier peuvent être aliénés comme les autres biens de la commune.

Quant aux bois qui auront été reconnus susceptibles d'aménagement ou d'une exploitation régulière par l'autorité administrative, ils ne pourront être vendus ou échangés que sur l'avis de l'administration des forêts.

Le partage est défendu (art. 92 Cod. for.).

19

Un quart des bois des communes sera mis en réserve (art. 93 C. for.). L'ordonnance de 1572 l'exigeait ainsi.

Les adjudications des coupes ordinaires et extraordinaires des bois des communes sont faites en présence du maire par les agents forestiers dans la même forme que les adjudications des coupes des forêts de l'Etat (art. 100 C. for.).

On entend par *affouage* le droit que les habitants d'une commune ont sur un bois pour leurs besoins. — Les coupes des bois communaux destinées à être partagées en nature pour l'affouage des habitants, ne pourront avoir lieu qu'après que la délivrance en aura été préalablement faite par les agents forestiers (art. 103 C. for.).

Le partage des biens d'affouage se fait par feu, à moins qu'il n'y ait titre ou prescription contraire (art. 105 C. for.).

Le code forestier (art. 109) créait un privilége sur le produit des coupes au profit du trésor, pour le remboursement de la contribution foncière et des frais de conservation et de régie dont est chargée l'administration forestière. Si les coupes étaient délivrées en nature pour l'affouage et que les communes n'aient pas d'autres ressources, il décidait qu'il serait distrait un portion suffisante des coupes pour être vendue aux enchères avant toute distribution, et le prix en être employé au payement desdites charges.

Ce privilége a cessé d'exister depuis la loi du 25 juin 1841. D'après l'art. 5 de cette loi, l'adjudicataire est tenu de payer en sus 5 centimes par franc pour rembourser le trésor, et, quant aux produits délivrés en nature, il doit être perçu par le trésor le vingtième de leur valeur fixée par lé préfet sur les propositions des agents forestiers et les observations du conseil municipal.

Cette dernière disposition elle-même reçoit peu son application depuis l'établissement des taxes d'affouage. La part affouagée n'est enlevée que moyennant le payement de la taxe.

Cette taxe a été pendant quelque temps considérée comme illégale par l'administration forestière, mais le conseil d'État en a admis la légalité.

A l'égard des droits d'usage, les communes ne peuvent en constituer de nouveaux. Elles peuvent, comme l'État, s'affranchir des anciens en cantonnant. Mais à la différence des usagers dans les bois de l'État, les habitants peuvent vendre, échanger, disposer comme ils l'entendent, des bois qui leur sont délivrés par leur commune.

Cette disposition est un argument décisif à l'appui de l'opinion que nous avons soutenue, que les habitants n'ont pas, sur les biens communaux, un droit d'usage proprement dit, mais une jouissance précaire que le conseil municipal peut toujours leur retirer. En effet, l'usager ne peut vendre son droit (art. 631 C. Nap.). Les usagers, dans les bois de l'État, sont soumis à cette règle. Pourquoi en est-il autrement des usagers des biens communaux ? C'est que les habitants ne sont pas de véritables usagers. « On doit faire « une grande différence, » disait le rapporteur du code forestier, M. Favard de Langlade, « entre le droit d'usage « qu'ont les habitants d'une commune dans les forêts de « l'État et celui qu'ils ont dans leurs bois communaux ; l'un « étant un droit sur une chose qui ne leur appartient pas, et « l'autre un droit qui n'est qu'un mode de jouissance de leur « propre chose. »

Nous n'avons parlé que des aliénations faites par les communes à titre onéreux. Les aliénations à titre gratuit seront rares. Néanmoins, on ne peut pas dire qu'elles soient interdites aux communes. Sous la révolution, plusieurs communes firent des distributions de terres aux volontaires. Ainsi la ville de Rouen fit une donation d'une maison au marinier Brune. Si la donation consiste en immeubles, elle doit être approuvée par arrêté du préfet en conseil de préfecture. Si elle consiste en argent, elle sera portée au budget au nombre

19.

des dépenses facultatives, et l'approbation du budget suffira pour la valider (1).

Il nous reste à examiner les règles de compétence relatives à l'aliénation des biens domaniaux.

2° *Des règles de compétence relatives à l'aliénation des biens communaux.*

Quels sont les tribunaux compétents pour statuer sur l'aliénation des biens communaux?

Ce sont les tribunaux judiciaires. La vente et l'échange sont considérés comme contrats privés, et restent justiciables des tribunaux ordinaires, à la juridiction desquels aucun texte de loi ne les a soustraits.

Toutefois, comme ce serait violer le principe de la séparation des pouvoirs que de permettre aux tribunaux d'examiner si l'administration a rempli les formalités voulues pour l'aliénation, on doit dire que toutes les difficultés relatives à l'observation des formalités préparatoires de l'acte seront vidées par la juridiction administrative. Ainsi les conseils de préfecture examineront s'il y a eu délibération du conseil municipal, avis du préfet, estimation des biens, enquête *de commodo et incommodo*, etc., etc.

Mais la régularité de l'acte une fois admise, les questions que peut soulever l'exécution du contrat ou l'interprétation de l'acte d'adjudication, sont de la compétence judiciaire.

En matière de partage, les règles de compétence présentent quelques particularités.

Le décret du 28 août 1792 avait laissé aux tribunaux la

---

(1) Par une délibération toute récente, la ville de Paris a concédé à M. de Lamartine la jouissance d'un terrain bâti au bois de Boulogne.

connaissance des actions en revendication intentées par les communes (art. 20).

Mais la loi du 10 juin 1793 déféra aux directoires de départements les contestations qui pourraient s'élever à raison du mode de partage, et décida que tous les procès qui naîtraient entre les communes et les propriétaires, à raison des biens communaux ou patrimoniaux, seraient vidés par la voie de l'arbitrage.

La loi du 9 ventôse an xii (art. 6 et 7) distingua deux choses : 1° les difficultés qui s'élèveraient entre une commune et le détenteur d'un bien communal, soit sur les actes et les preuves de partage des biens communaux, soit sur l'exécution des conditions prescrites à ceux dont le partage était imparfait ; 2° les actions en revendication que des tiers pourraient exercer contre les particuliers, en raison de biens communaux dont ceux-ci seraient détenteurs. Dans le premier cas, la compétence était administrative ; dans le second, judiciaire.

Un avis du conseil d'État du 18 juin 1809 porte que toutes les usurpations de biens communaux, depuis la loi du 10 juin 1793 jusqu'à la loi du 19 ventôse an xii, soit qu'il y ait ou n'y ait pas eu de partage exécuté, doivent être jugées par les conseils de préfecture, lorsqu'il s'agit de l'intérêt de la commune contre les usurpateurs.

L'art. 6 de l'ordonnance du 23 juin 1819 reproduisit ces dispositions.

Art. 6. « Conformément aux dispositions de la loi du 9
« ventôse an xii et de l'avis interprétatif du 18 juin 1809,
« les conseils de préfecture demeureront juges des contes-
« tations sur le fait et l'étendue des usurpations, sauf le cas
« où le détenteur, niant l'usurpation et se prétendant pro-
« priétaire à tout autre titre qu'en vertu d'un partage, il
« s'élèverait des questions de propriété, pour lesquelles les
« parties auraient à se pourvoir devant les tribunaux. »

Ainsi, les conseils de préfecture n'auront à trancher une question de propriété que dans le cas unique et très-rare où le détenteur d'un bien communal invoquerait, comme titre, un partage.

En matière de partage elle-même, les conseils de préfecture seront compétents, toutes les fois que des communes, propriétaires par indivis, voudront partager ou que des difficultés s'élèveront entre elles sur les modes de partage. Mais si l'une des communes prétend qu'elle est seule propriétaire, ou même si l'indivision existe entre des communes et des particuliers, l'autorité judiciaire en connaîtra.

Des trois modes d'aliénation des biens communaux que nous avons indiqués, il n'y a donc que le partage qui rentre dans la compétence des tribunaux administratifs.

Dans les actions judiciaires, la commune est représentée par le maire. Celui-ci ne peut agir qu'en vertu d'une délibération du conseil municipal.

4° De la prescription.

Les biens des communes sont prescriptibles par trente ans (art. 2227 C. Nap.).

La prescription de dix ans contre l'action en nullité ou en rescision leur est opposable, alors même qu'il s'agit d'une aliénation que le maire a consentie en cette qualité, mais sans autorisation régulière (Cass., 19 juin 1838, comm. de Saintreux c. Henrion). La raison de douter pouvait naître de ce que les prescriptions de cette nature ne courent pas pendant l'état de minorité.

Avant de terminer, nous voulons indiquer une disposition de la loi du 18 juillet 1837, qui montre la tendance de notre législation à assimiler les communes aux particuliers. C'est l'art. 46, § 2, ainsi conçu :

« La vente des biens mobiliers et immobiliers des com-
« munes, autres que ceux qui servent à un usage public,
« pourra, sur la demande de tout créancier porteur d'un
« titre exécutoire, être autorisée par une ordonnance du roi
« qui déterminera les formes de la vente. »

Depuis le décret de 1852, l'ordonnance du roi sera rem-
placée par un simple arrêté du préfet.

Ainsi, les créanciers ont action sur les biens des communes. La commission de la chambre des pairs, se fondant sur
ce que l'intention générale de la loi était de conserver les
biens des communes, et sur ce que la génération présente n'a
que l'usufruit de ces biens qu'elle doit transmettre aux générations futures, avait demandé que cette disposition fût re-
tranchée du projet de loi; mais M. Girod de l'Ain répondit
avec beaucoup de raison :

« Vis-à-vis des tiers, les communes, l'État lui-même, sont
« comme un simple particulier, à moins de conditions ex-
« presses que des intérêts supérieurs commandent. Lors-
« qu'une commune a des dettes et que son créancier a un
« titre exécutoire, il faut que le créancier soit payé, comme
« s'il s'adressait à un particulier. Quand la commune a des
« propriétés et que la vente de ces propriétés est le meilleur
« mode de payement, il faut que la commune vende ces
« propriétés. »

DE L'ALIÉNATION ET DE LA PRESCRIPTION

DES BIENS DES ÉTABLISSEMENTS PUBLICS.

Les établissements publics sont des personnes civiles comme les communes, mais elles en diffèrent d'une manière essentielle.

Les communes sont des associations naturelles et nécessaires.

Les établissements publics, au contraire, doivent leur existence soit à l'État, soit aux communes, soit aux départements.

Il en résulte que l'État, qui ne peut supprimer une commune, peut toujours supprimer un établissement public, mais à la charge de conserver à ses biens la destination qui leur était affectée.

Pour qu'un établissement constitue un établissement public, il faut deux choses : 1° qu'il ait un but d'utilité publique, 2° qu'il soit fondé par l'État, les communes, les départements ou par un établissement public déjà constitué.

Voyons comment de la personnalité civile des établissements publics découlent les règles relatives à l'aliénation et à la prescription de leurs biens.

Il n'existait pas à Rome d'établissements publics. La pensée qui a inspiré la fondation de la plupart des établis-

sements publics dans les temps modernes est une pensée de
charité ou d'instruction publique. Or, ces deux idées étaient
inconnues des Romains. L'instruction publique n'était pas
en faveur, puisque Caton chassait de Rome les rhéteurs,
comme des corrupteurs de la jeunesse. Sous l'empire même,
il est souvent question dans Tacite et dans Quintilien des
écoles de déclamation, mais il ne paraît pas qu'elles aient eu
un caractère officiel avant Vespasien. La loi unique C. *de
Studiis liberalibus u bis Romæ et Constantinopolitanæ* fixe
le nombre des professeurs du Capitole, *intra Capitolii audi-
torium :* mais aucune loi ne constitue la personnalité civile des
colléges. La charité était encore plus incompatible avec les
mœurs des Romains. Elle était moins nécessaire que de nos
jours parce que les hommes libres étaient moins nombreux : le
père, en retour de l'autorité despotique qu'il exerçait sur ses
enfants, subvenait à leurs besoins, et le maître trouvait dans
son intérêt même un motif de ne pas livrer à la misère ses
esclaves.

Il n'y avait d'hôpitaux, ni à Rome ni en Grèce. *Hospi-
tium* signifiait l'exercice de l'hospitalité ; accompagné de
l'adjectif *publicum*, il indiquait l'hospitalité que les nations
et les villes accordaient réciproquement à leurs voyageurs,
par suite des traités intervenus entre elles : accompagné de
l'adjectif *privatum*, il indiquait celle qui s'accordait de
famille à famille en vertu de conventions analogues.

Les citoyens étaient tenus de nourrir et de faire soigner
leurs esclaves vieux ou infirmes. A cet effet, chaque maison
avait son infirmerie domestique qui portait le nom de *va-
letudinaria*. Avec une telle organisation sociale, les hôpitaux
étaient inutiles, et le besoin s'en faisait peu sentir.

Ce n'était pas toutefois que les Romains ne reconnussent
d'autres personnes civiles que l'État et les communes. Il
existait chez eux des êtres moraux qui sous le nom d'*univer-
sitas* ou de *collegium* étaient autorisés par les lois, les sé-

natus-consultes ou les constitutions impériales, et avaient le droit de posséder. « Quibus autem permissum est corpus
« habere collegii, societatis sive cujusque alterius, eorum
« nomine proprium est ad exemplum reipublicæ habere res
« communes, arcam communem, et actorem sive syndicum
« per quem, tanquam in republica, quod communiter agi
« fierique oporteat, agatur, fiat. »

Mais de quelle nature étaient ces communautés ?

La loi nous en donne des exemples : « Paucis admodum
« in causis concessa sunt hujusmodi corpora : ut ecce
« vectigalium sociis permissum est corpus habere, vel auri-
« fodinarum, vel argentifodinarum et salinarum ; item col-
« legia Romæ certa sunt, quorum corpus senatus-consultis
« atque constitutionibus principalibus confirmatum est,
« veluti pistorum et quorumdam aliorum, et naviculariorum
« qui in provinciis sunt. »

On voit par ces exemples qu'il s'agissait de corporations publiques, et nullement d'établissements fondés dans des vues d'utilité publique.

C'est au christianisme qu'on doit les premiers établisse-ments publics qui aient paru dans le monde. Il prêchait la charité, la justice, le dévouement, le soulagement des pauvres et des infirmes, l'assistance des faibles et des misé-rables que méprisait l'antiquité. Les idées chrétiennes se traduisirent par des fondations pieuses, des asiles pour les vagabonds, des écoles pour les enfants, des hôpitaux pour les malades.

Ces établissements étaient administrés par les évêques, qui eurent dans le principe_le droit d'aliéner pour nourrir les pauvres et dans les cas de nécessité urgente. Le canon xxvi du cinquième concile de Carthage tenu en 395 ordonna qu'il serait délibéré par le métropolitain avec un nombre

(1) L. 1, de Coll. et corp.

requis d'évêques et que, si la nécessité était si pressante qu'on ne pût pas consulter auparavant le métropolitain, il fallait consulter les évêques voisins et ensuite faire rapport au concile sur la nécessité de cette aliénation.

Dans l'Église latine, le canon *sine exceptione*, 52, caus. 12, quæst. 2, défendit à l'évêque d'aliéner les biens de l'Église, même pour son utilité, sans délibération et consentement de tout le clergé, et la signature des clercs.

Quand les empereurs furent devenus chrétiens, ils dotèrent eux-mêmes les établissements religieux de biens considérables; mais en retour il les placèrent sous la surveillance du pouvoir, et réglèrent par des dispositions législatives l'administration de leurs biens.

Telle fut l'origine des établissements publics.

Ces établissements avaient déjà une existence distincte de l'Église elle-même. L'empereur Léon, l. 14, c. *de Sacrosanctis ecclesiis*, avait déclaré inaliénables les biens de l'Église de Constantinople. Anastase, l. 17 *ej. tit.*, étendit la prohibition d'aliéner aux biens de toutes les églises placées sous la juridiction du métropolitain de Constantinople. Justinien, novelle vii, l'appliqua à tous les établissements religieux dont il fait l'énumération dans son préambule — *xenodochia*, les asiles pour les étrangers — *nosocomia*, les hôpitaux — *brephotrophia*, les maisons d'élevage pour les enfants — *gerontocomia*, les refuges pour les vieillards — *ptochotrophia*, les maisons où sont nourris les pauvres — *orphanotrophia*, les asiles pour les orphelins, etc., etc. Dans la même novelle, nous lisons chap. iii, 2, *rei ecclesiasticæ aut ptochicæ alienatio*, ce qui montre que l'Église n'avait pas ses biens confondus avec ceux de ces établissements.

Mais les règles pour l'aliénation des biens des établissements publics étaient les mêmes que pour l'aliénation des biens de l'Église.

Dans la novelle 120 sur l'aliénation et l'emphytéose des

choses sacrées, Justinien déclare inaliénables d'une manière absolue les biens des églises et des établissements religieux de la ville de Constantinople. Le prince a seulement le droit de les échanger contre d'autres biens supérieurs ou au moins égaux, quand l'intérêt public l'exige.

Quant aux biens des églises qui sont en dehors de Constantinople, ils peuvent être aliénés pour payer les dettes, toutes les fois qu'elles ne peuvent être soldées avec le produit du mobilier, et que le créancier ne veut pas se contenter d'une simple antichrèse.

Voici quelles sont les formalités de l'aliénation :

L'administrateur de la maison rend ses comptes à celui dont il tient ses pouvoirs et qui est en général l'évêque : il affirme sous serment, avec l'assentiment de la majorité de ses collègues, que la dette existe et qu'elle ne peut être payée avec les meubles. Le bien de l'Église est alors affiché pendant 20 jours et adjugé au plus offrant ; le prix sert à acquitter la dette. S'il ne reçoit pas cet emploi, la propriété n'est pas transférée à l'acheteur. On insère dans l'acte de vente la clause que rien n'est fait au détriment de l'Église (nov. 120, cap. 6 et 7).

Il est interdit à l'économe et à ses parents de se rendre adjudicataires du bien mis en vente ; s'ils le font, à leur mort, le bien revient à l'Église.

L'aliénation des biens de l'Église est encore permise, lorsqu'on vend un fonds de nul revenu et fort chargé de tributs ou servitudes réelles (cap. 7). Mais il faut que le chef de la maison et la majorité de ses assistants jurent sur les saints Évangiles que l'aliénation est faite pour conserver dans son intégrité l'établissement religieux.

La rédemption des captifs est également une cause légitime d'aliénation des immeubles (nov. cxx, c. 9).

L'aliénation des biens de l'Église n'était donc permise que dans des cas exceptionnels. Un contrat d'un usage fréquent était l'emphytéose. Le bail emphytéotique des biens des établissements publics de Constantinople ne pouvait être fait qu'au preneur et à ses deux heritiers, à moins que le fonds ne fût couvert de ruines, de sorte que l'entretien en fût onéreux pour l'Église. Dans ce cas, l'emphytéose était perpétuelle. Tous les autres biens d'Église, en dehors de Constantinople, pouvaient être donnés à bail emphytéotique perpétuel. L'emphytéose était résolue, si le preneur n'avait pas payé le canon pendant trois ans.

La prescription contre l'Église était la prescription centenaire, d'après la loi 24, c. *de Sacrosanctis ecclesiis*, promulguée en 528 par Justinien ; mais, en 541, la novelle cxxxi, chap. 6, modifia sur ce point la jurisprudence. La prescription centenaire fut réservée pour l'Église de Rome exclusivement, *sola Ecclesia romana gaudente centum annorum spatio vel privilegio.* Quant aux autres Églises, la prescription fut limitée à 40 ans.

Les principes des Novelles de Justinien furent conservés dans les canons postérieurs et dans les décrétales ; l'Église qui se maintint seule au milieu des débris de l'empire romain, maintint ses lois. Tandis que la société civile était à peine constituée, la société religieuse et tous les établissements publics qui dépendaient d'elle acquéraient et aliénaient, en vertu des règles formulées par le canon *sine exceptione* de l'Église latine. Ce canon fut adopté en France par le concile de Meaux, tenu en 845, qui défendit l'aliénation des biens d'Église. Charlemagne dans ses *Capitulaires*, liv. v, chap. 389, admit la prescription centenaire en faveur de l'Église.

Ce prince voulut rattacher à la couronne les établissements d'instruction publique et les hôpitaux. Il fonda des écoles indépendantes des monastères jusque dans son propre palais. En 793, il déclara les hôpitaux établissements royaux, et se réserva de désigner les personnes qui devaient les diriger.

Il défendit aux hospices et hôpitaux d'aliéner leurs immeubles, soit maisons, champs, jardins, contrats de rente, biens de ville et de campagne. Il défendit même de laisser prendre hypothèque sur les immeubles ou de les engager par voie d'emphytéose. Mais ce premier essai de contralisation dura peu. Il tomba avec le prince qui l'avait conçu. L'enseignement et le soulagement des pauvres furent abandonnés aux églises.

Comme les églises ne relevaient que du pape, c'était au souverain pontife qu'il appartenait de régler les modes d'aliénation de leurs biens, et d'annuler les ventes faites en dehors des cas d'absolue nécessité. Plusieurs évêques ayant aliéné contrairement aux canons, les papes publièrent, depuis le commencement du xe siècle jusqu'à l'an 1250, divers décrets où étaient prescrites certaines formules de solennités qui devaient servir de frein à ces aliénations, V. le canon *Alienationes* 37, *caus.* 12, *quæst.* 2 *de l'an* 1119. En 1272, Innocent IV déclara nulles les aliénations faites sans l'accomplissement de ces conditions. Grégoire X, dans le concile de Lyon de 1273, ordonna que pour aliéner il faudrait encore, ontre les formalités précédemment prescrites, une permission du pape. Les évêques devaient faire serment au pape avant leur consécration, de ne point aliéner les biens de leurs églises. Cette dernière formalité ne fut jamais observée en France. Les évêques ne faisaient ce serment qu'au métropolitain, de même que les curés le faisaient à l'évêque.

Durant tout le cours du moyen âge, les établissements publics furent des dépendances des églises. Ils avaient bien une individualité distincte, en ce sens que chaque monastère, chaque léproserie avait ses biens à part : les uns étaient riches, tandis que les autres étaient pauvres, mais tous étaient placés sous l'administration de l'évêque. Les lois qui régissaient leurs aliénations étaient les lois canoniques. L'autorité supérieure de laquelle ils relevaient était le pape.

Si, pour étudier les établissements publics, nous nous plaçons au double point de vue auquel nous avons étudié les communes, nous devons dire que la personnalité civile des établissements publics existait dès le moyen âge, mais qu'ils étaient indépendants du pouvoir civil.

De même que nous avons cherché à quelle époque la tutelle royale sur les communes remplaça la tutelle des seigneurs, de même nous pouvons nous demander comment la tutelle du roi sur les établissements publics succéda à la tutelle du pape.

La tutelle du roi sur les établissements publics découle de la souveraineté. Les établissements publics en effet sont des personnes morales, et, si les simples citoyens sont placés sous la surveillance du souverain, cette surveillance doit être plus rigoureuse à l'égard des êtres moraux qui supposent une collection de forces. En outre, les établissements publics ont une personnalité civile, et cette personnalité civile a été constituée dans un but déterminé : tous leurs actes doivent concourir à l'utilité générale : or, quel peut être le juge de l'utilité générale, sinon le souverain qui représente en lui la nation ?

Domat divisait les communautés en trois catégories : 1° celles qui regardent principalement la religion, comme les chapitres des églises cathédrales, les monastères, etc.; — 2° celles qui se rapportent à la police temporelle, comme les communautés des villes ; — 3° celles qui regardent et la religion et la police temporelle, comme les universités.

Les établissements publics en général appartenaient à la troisième catégorie (1). Ils se rattachaient à la religion,

_____

(1) Nous ne parlerons que des fabriques, des hôpitaux et des universités : les chapitres, les couvents, les monastères, qui sont aujour-

parce qu'ils étaient fondés dans des vues pieuses, et à l'ordre temporel, parce qu'ils répondaient aux besoins de l'État. Au point de vue de la police, le roi exerçait donc une haute tutelle sur ces établissements.

Non-seulement leur caractère religieux n'écartait pas l'intervention du monarque, mais au contraire il l'appelait. Si l'État était indépendant de l'Église, l'Église n'était pas indépendante de l'État. Le roi était l'évêque du dehors. Il protégeait l'Église; mais comme gardien de sa discipline, il devait veiller à ce que cette discipline ne fût pas altérée. De là son immixtion dans les affaires ecclésiastiques.

Ces principes se répandirent en France du xvie siècle au xviie siècle. Plus le pouvoir royal se fortifia, plus il tendit à placer sous sa tutelle les établissements publics.

Dans un édit de Fontainebleau de 1561, qui fut l'œuvre du chancelier de l'Hôpital, Charles IX, se proclamant *vrai conservateur des biens des pauvres*, prescrivit un nouveau mode d'administration pour les hôpitaux dont les biens étaient l'objet de dilapidations.

« Après avoir été dument informé en notre conseil, que les
« hôpitaux et autres lieux pitoyables de notre royaume ont
« été ci-devant si mal administrés que plusieurs, à qui cette
« charge a été commise, approprient à eux et appliquent à
« leur profit la meilleure partie des revenus d'iceux et ont
« quasi aboli le nom d'hôpital et d'hôpitalité, etc.... défrau-
« dant les pauvres de leur nourriture, pour y remédier,
« comme *vrai conservateur des biens des pauvres*, nous sta-
« tuons et ordonnons que tous les hôpitaux, maladreries, lé-
« proseries et autres lieux pitoyables, soit qu'ils soient tenus
« à titre de bénéfice ou autrement ès villes, bourgades, ou
« villages du royaume, seront désormais régis, gouvernés et

d'hui de véritables établissements publics, rentraient dans l'ancien droit dans la classe des *biens d'Église*.

« le revenu d'iceux administré par gens de bien solvables et
« résidant deux au moins dans chaque lieu, lesquels seront
« élus et nommés par les personnes ecclésiastiques ou
« laïques, à qui par les fondations le droit de présentation,
« nomination ou provision appartiendra...... »

Cet édit substituait aux administrations purement ecclésiastiques des hôpitaux des administrations laïques ou ecclésiastiques, au gré des fondateurs. L'édit de Blois de 1576 alla
plus loin : dans son article 55, il interdit l'administration des
hôpitaux aux personnes *ecclésiastiques, gentils-hommes,
archers*, etc., et dans son article 66, il enjoignit « aux officiers
« royaux de faire inventaire de tous les titres et renseigne-
« ments des hôpitaux et maisons Dieu, et de dresser une
« description de leur revenu, » ce qui consacrait pour la
royauté le droit d'intervenir dans ces sortes d'établissements.

Le pouvoir royal agit à l'égard des Universités de la même
manière qu'à l'égard des hôpitaux. Philippe le Bel cassa
l'Université d'Orléans et la reconstitua sur des bases nouvelles
par son ordonnance de 1312, sans l'intervention du saint-
siége. Philippe de Valois fit passer l'Université de Paris
sous la juridiction du prévôt, qui représentait l'autorité
royale. (Ordon. 13 mars 1337, 31 décembre 1340, 17 mai
1345). Charles VII, par lettres patentes du 27 mars 1445,
ordonna que toutes les causes concernant l'Université seraient portées directement devant le parlement. Investir le
parlement du contrôle de l'Université, c'était à la fois soustraire l'enseignement à l'Église, et le subordonner au roi dont
le parlement appliquait les ordonnances.

L'édit de Blois, dans le chapitre qui suit immédiatement
celui des hôpitaux, traite des *Universités* : il ordonne qu'il
sera procédé à *l'entière réformation et rétablissement de
l'exercice et discipline ès dites Universités et colléges, nonobstant oppositions ou appellations quelconques.* Le roi

20

reconstituait en vertu de sa propre autorité tous les établissements d'enseignement, et en conséquence, il promulguait leur règlement.

Et en effet, en 1612, les oratoriens ne purent se former en corporation enseignante que par des lettres patentes vérifiées au parlement. Quand ils allèrent s'établir à Rouen en 1616, ils durent produire leurs statuts au parlement de cette ville.

Les établissements publics avaient donc passé de la tutelle du pape à la tutelle du roi. « C'était un principe, selon « les expressions de Loyseau, que le roi était censé donner « l'être à toute espèce d'assemblée dans ses États, et qu'au-« cune n'était licite sans sa permission. »

Louis XIV, dans l'édit de 1666, posa nettement le principe :

« Voulons et nous plaît qu'à l'avenir il ne pourra être fait « aucun établissement de colléges, monastères, communautés « religieuses ou séculières, même sous prétexte d'hospice, « en aucune ville ou lieu de notre royaume, pays, terres, et « seigneuries de notre obéissance, sans permission expresse « de nous par lettres patentes bien et dûment enregistrées « en nos cours de parlement, et sans que nosdites lettres, « ensemble lesdits arrêts d'enregistrement d'icelles, aient été « enregistrés dans les bailliages, sénéchaussées, ou siéges « royaux dans le ressort duquel ils sont situés. »

Ces défenses furent renouvelées par l'édit d'août 1749, œuvre du chancelier d'Aguesseau, art. 3 : « Renouvelant en « tant que de besoin les défenses portées par les ordonnances « des rois nos prédécesseurs, voulons qu'il ne puisse être « fait aucun nouvel établissement de chapitres, colléges, « maisons, etc., si ce n'est en vertu de notre permission « expresse portée en nos lettres patentes, enregistrées en « nos parlements. »

Si les établissements publics recevaient l'être du pouvoir royal, à plus forte raison relevaient-ils de lui quant à l'administration et quant à la disposition de leurs biens.

Une déclaration royale du 12 décembre 1698 enleva aux ecclésiastiques la direction des hôpitaux et la remit aux communes. Ils devaient être administrés par un bureau ordinaire de direction et des assemblées générales. Le bureau ordinaire de direction se composait du premier officier de la justice du lieu, du procureur du roi au siége ou du seigneur, du maire, de l'un des échevins, consuls ou autres, et du curé. Les assemblées générales étaient composées, outre le bureau ordinaire, des anciens directeurs de l'hôpital et des autres habitants qui avaient droit de se trouver aux assemblées de la communauté du lieu. La présidence de l'un et l'autre conseil appartenait à l'évêque.

D'après l'art. 12 de la déclaration, les baux à ferme des biens ne pouvaient être faits que dans le bureau de la direction des biens, et aux enchères.

D'après l'art. 14, il ne pouvait être intenté ni soutenu aucun procès, fait aucun emprunt ni acquisition, sans une délibération préalable prise dans l'assemblée générale.

Il n'était pas question d'aliénations : étaient-elles interdites ? Oui, dans la pensée des rédacteurs de l'ordonnance, car cette ordonnance est contemporaine des deux édits de 1667, dont l'un défendait l'aliénation du domaine, et l'autre prohibait l'aliénation des biens de communauté.

Mais cette prohibition d'aliéner ne fut jamais reconnue comme un principe de la législation.

Les formalités pour l'aliénation des biens des établissements publics étaient les mêmes que pour l'aliénation des biens de l'Église.

« Si aucunes choses ont été vendues, dit l'art. 79 de l'édit « de Blois de 1576, chapitre des Universités, échangées, « copermutées, engagées, hypothéquées, ou autrement « aliénées, sans autorité de justice et les solennités, en tel

20.

« cas requises et accoutumées en aliénation de biens ecclé-
« siastiques et communautés, non observées ne gardées, se-
« ront telles venditions et aliénations révoquées, cassées et
« annulées. »

« Les lois concernant l'aliénation des biens d'Église sont
« étendues aux monastères et hôpitaux, même aux confré-
« ries, » dit Chopin, de *Sacr. polit.*, liv. III, t. 6, n° 6.

Les formalités de l'aliénation étaient celles prescrites par
le canon *sine exceptione*, que nous avons analysé plus haut.

Les canonistes résumaient ainsi les trois causes d'aliénation des biens d'Église, *nécessité, utilité* et *piété*.

L'aliénation des biens d'Église sans solennités était valable, lorsque les choses aliénées étaient de peu d'importance,
ou que l'aliénation était faite pour l'utilité publique, comme
pour fortifier une ville. L'Église pouvait même être contrainte
de vendre pour utilité publique.

Au lieu d'obtenir le consentement du chapitre, on devait,
pour l'aliénation des biens des établissements publics, obtenir
celui des *supérieurs, sénieurs, maîtres et principaux*, quand
il s'agissait des biens des colléges, et l'autorisation de l'assemblée générale pour les biens des hospices.

Si le bien appartenait à une fabrique, il fallait, outre le
consentement de l'évêque, celui de l'assemblée générale de
la paroisse : le bureau ordinaire des marguilliers ne pouvait
statuer sur une aliénation.

Mais un élément nouveau qui avait remplacé la permission
du pape, c'était le concours du roi : « *En France, il faut
l'autorité du roi,* » dit Fleury, *Instituts du droit canon*,
part. 2, chap. 12, « *parce qu'il est le protecteur des églises
du royaume et le conservateur des biens du royaume.* »
Néanmoins, le pape devait approuver les aliénations faites
par les monastères exempts de l'ordinaire (1).

_____

(1) Bourjon, *Droit commun de la France*, liv. I, t. XXII.

Indépendamment des autres solennités, il fallait, d'après Rousseaud de Lacombe, une information *de commodo et incommodo* à la requête du procureur du roi et l'homologation de la vente par-devant le juge royal, et même, quand il s'agissait de bénéfices consistoriaux, de fondation royale et autres grands bénéfices, chapitres ou communautés, et d'aliénation de biens considérables, il fallait des lettres patentes enregistrées dans les cours, sur procès-verbal *de commodo et incommodo* fait à la requête du procureur général.

D'après une déclaration du 31 janvier 1790, les fabriques ne pouvaient emprunter de l'argent, à intérêt ou à fonds perdu, pour réparations, qu'avec l'autorisation du roi et en vertu de lettres patentes enregistrées au parlement, le tout sous leur responsabilité pécuniaire. On appliqua *à fortiori* ces formalités pour la vente de leurs biens, de même qu'on avait appliqué aux aliénations des communes les formalités exigées par l'édit de 1683 pour leurs emprunts.

Si les solennités n'avaient pas été observées, l'aliénation était nulle. On appliquait par voie d'analogie aux établissements publics l'art. 15 de l'édit de décembre 1606, qui déclarait les aliénations faites par les ecclésiastiques et marguilliers du temporel des églises, sans les solennités requises par les ordonnances et dispositions canoniques, nulles et de nul effet et valeur, et voulait qu'elles fussent cassées.

Les ventes pouvaient encore être annulées, malgré l'observation des solennités, s'il y avait eu lésion.

Dans ces deux cas, les établissements pouvaient rentrer dans leurs droits, en remboursant à l'acquéreur ce qu'il justifiait avoir été employé utilement au profit desdites communautés, et sans restitution du prix de la vente, quand l'acquéreur ne justifiait pas que les communautés venderesses en eussent profité. Nous retrouvons ici les mêmes principes qu'en matière de vente des biens des communautés d'habitants ; les communautés sont assimilées à des mineurs : d'où il suit qu'elles ont le droit de se faire restituer, toutes les fois que la vente n'a pas tourné à leur profit. L'acquéreur qui voulait éviter la restitution devait donc veiller à ce que les deniers fussent employés suivant la destination qui leur avait été assignée par la délibération et par l'acte d'approbation de la vente, et se faire délivrer une expédition des quittances de ceux qui recevaient l'argent.

Le défaut d'utilité de la vente était même la principale cause de nullité des ventes des biens d'Église; d'après plusieurs auteurs cités par Rousseaud de Lacombe, la jurisprudence du parlement de Paris aurait été de considérer les solennités de l'aliénation comme n'ayant été établies que pour en assurer les causes, et de maintenir des aliénations, même irrégulières dans la forme, s'il n'y avait eu lésion notable.

Louis XIV créa, en 1691, des greffiers de gens de main-morte, au greffe desquels on devait faire enregistrer tous les contrats d'aliénation des biens d'Église qui avaient été vendus, échangés ou donnés à cens ou à baux emphytéotiques; faute d'enregistrement, les juges ne devaient avoir aucun égard aux contrats qui avaient été faits, et il était défendu aux parties de s'en servir.

Sous le rapport de la prescription, les établissements publics étaient plus favorisés que les communes. Leurs biens n'étaient jamais sujets qu'à la prescription de 40 ans. Le pape Urbain VII, en 1641, avait tenté d'introduire en France au profit de l'Église la prescription centenaire de l'Église de Rome; mais sa bulle n'avait pas été admise. « Contre l'Église, » dit Loysel, « il n'y a prescription que de 40 ans par les
« ordonnances du roi Charles le Grand et Louis son fils,
« conformément aux constitutions de leurs prédécesseurs em-
« pereurs. »

« La prescription ne court contre l'Église, contre laquelle
« on ne prescrit que par 40 ans, ce qui est une loi générale

« dans le royaume fondée sur les anciennes ordonnances. »
Rousseaud de Lacombe, v° *Prescription*.

Le délai de quarante ans ne protégeait que les tiers détenteurs, ayant un titre revêtu des solennités requises. Les
lettres de rescision ou défaut de cause devaient être obtenues
dans les quarante ans; mais si la vente avait eu lieu sans
solennités, il n'y avait point de prescription. Quelques coutumes, celle d'Aix par exemple, admettaient qu'un délai de
cent ans couvrait la mauvaise foi résultant du défaut de formes,
mais c'était une exception.

En résumé, la personnalité civile des établissements
publics fut toujours reconnue dans l'ancien droit. Mais,
avant Louis XIV, elle résultait du seul fait de leur création :
depuis ce prince, elle ne put résulter que d'une ordonnance du
roi.

Comme la qualité de personne civile n'était accordée aux
établissements publics que dans un but d'utilité générale, il
appartenait au roi d'en régler l'administration. De là le
principe de la minorité des établissements et de la tutelle du
roi.

De ce que les établissements publics étaient en minorité
et sous la tutelle du roi, il suivait qu'ils ne pouvaient aliéner
leurs biens; leurs biens étaient inaliénables, en ce sens qu'étant
affectés à perpétuité à un service public, les administrateurs
ne pouvaient en disposer au préjudice de l'avenir; mais, dans
quelques cas d'urgente nécessité, le roi pouvait relever l'é-
tablissement de son incapacité et autoriser l'aliénation.

Sous le régime révolutionnaire, la personnalité civile des
établissements publics fut supprimée, comme celle des communes.

Malgré l'assimilation qui existait dans l'ancien droit entre
les biens d'Église et les biens des établissements publics,
l'assemblée nationale ne s'empara pas simultanément des
uns et des autres. Dans son décret du 28 octobre 1792, qui

ordonnait la vente des biens du clergé, elle ajourna tout ce qui concernait : 1° les biens des fabriques ; — 2° les biens des séminaires colléges, des colléges, des établissements d'étude ou de retraite, et de tous établissements destinés à l'enseignement public ; — 3° les biens des hôpitaux, maisons de charité et autres établissements destinés au soulagement des pauvres, en un mot, tout ce que nous avons défini sous le nom *d'établissements publics.*

Mais la convention eut moins de scrupules. Par le décret du 13 brumaire an II, elle déclara propriété de l'État *tout l'actif affecté à titre de fondation ou autre aux fabriques des églises cathédrales, paroissiales et succursales,* et ordonna la vente.

Par le décret du 23 messidor an II, elle dépouilla définitivement les *hôpitaux, maisons de secours, hospices, bureaux de bienfaisance et autres établissements de bienfaisance, sous quelque dénomination qu'ils fussent,* réunit leur actif et leur passif à l'actif et au passif de la nation, et déclara que leurs biens seraient administrés et vendus comme les autres biens nationaux.

Plus tard, elle opéra la même spoliation à l'égard des biens des Universités.

Ainsi, la personnalité des établissements publics était absorbée dans l'État.

Mais cet ordre de choses dura peu. Deux décrets des 9 fructidor an III et 2 brumaire an IV suspendirent l'exécution de la loi du 27 messidor, relativement aux hospices.

Pour les soustraire aux effets de la loi du 28 ventôse an IV, qui créait, comme nous l'avons dit, des mandats territoriaux, la loi du 28 germinal an IV déclara expressément que les biens des hospices seraient exceptés de cette affectation.

Enfin, la loi du 16 frimaire an V remit définitivement les hospices en possession de leur patrimoine : « Les hospices

« civils, dit l'art. 5 de cette loi, sont conservés dans la jouis-
« sance de leurs biens, et des rentes et redevances qui leur
« sont dues par le trésor public ou par les particuliers. »

Cette disposition ne s'appliquait positivement qu'aux hospices civils. Une loi du 20 nivôse l'étendit aux établissements formés pour les secours à domicile.

Plus tard, un arrêté consulaire du 27 prairial an IX, rendu
en interprétation des mêmes lois, déclara également,
art. 1er, « que les biens spécialement affectés aux anciennes
« corporations vouées au service des pauvres et des malades,
« faisaient essentiellement partie des biens destinés aux
« besoins généraux de ces établissements ; qu'en consé-
« quence, et conformément aux lois des 16 vendémiaire et
« 20 ventôse de l'an V, l'administration en serait dévolue
« aux commissions administratives des hospices et des éta-
« blissements de secours à domicile. »

On alla même plus loin. La loi du 16 vendémiaire an V
ordonna que les biens des hospices, qui avaient été vendus en
vertu de la loi du 23 messidor an II, leur seraient remplacés
en biens nationaux du même produit.

Différentes lois successives fixèrent aux hospices un délai
fatal pour envoyer au gouvernement l'état des biens dont ils
avaient été dépouillés et de ceux qui pouvaient leur être donnés
en remplacement. Ceux des établissements charitables qui
se conformèrent à ces dispositions furent envoyés, par des
lois du 8 ventôse an XII, 7, 9 et 17 septembre 1807, en possession définitive des biens qui leur étaient attribués en
remplacement.

La dotation des établissements publics fut même accrue
par l'effet de la loi du 4 ventôse an IX, dont l'art. 1er dis-
pose que « toutes rentes appartenant à la république, dont
« la reconnaissance et le payement se trouveraient inter-
« rompus, et tous domaines nationaux qui auraient été

« usurpés par des particuliers, seraient affectés aux besoins
« des hospices les plus voisins de leur situation (1). »

Une restitution analogue à celle des hôpitaux fut opérée
en faveur des fabriques par le décret du 7 thermidor an xi,
mais on ne remplaça pas les biens qui avaient été aliénés.

Enfin, le décret du 11 décembre 1808 concéda à l'Université les biens ayant appartenu aux Universités, académies
et colléges, qui n'étaient pas encore aliénés ou qui n'étaient
pas définitivement affectés à un service public.

Ainsi fut reconstituée la personnalité civile des trois sortes
d'établissements publics que nous avons étudiés dans l'ancien droit, les *hospices*, les *fabriques* et les *maisons d'enseignement*.

Depuis lors, les établissements publics n'ont pas cessé
d'être considérés comme des personnes civiles, placées sous
la tutelle du gouvernement.

Les règles qui président à l'aliénation de leurs biens sont
les mêmes que celles qui président à l'aliénation des biens
des communes.

De même que l'administration favorise l'aliénation des
biens communaux pour que les communes placent leurs
fonds en rentes sur l'État, de même, et à plus forte raison,
elle favorise la conversion des propriétés immobilières des
établissements publics en rentes sur l'État (2).

---

(1) Les biens ainsi affectés aux hospices ont reçu dans la législation
la dénomination de biens *célés*. Mais par une décision du 7 nivôse
an xii, le gouvernement restreignit l'attribution des hospices aux
biens célés qui seraient découverts par leurs propres agents.

(2) L'administration suit sur ce point une pratique constante. Elle
a toujours considéré les rentes sur l'État comme un genre de propriété plus avantageux pour les établissements publics que les biens-
fonds. Déjà, dans l'édit de 1749, le chancelier d'Aguesseau défendait
aux établissements de mainmorte d'acquérir des biens-fonds, et les
invitait à acheter de préférence des rentes sur l'État. Necker, dans le

Avant d'examiner les règles relatives aux aliénations, il faut définir ce qu'on entend aujourd'hui par établissements publics.

Les établissements publics sont opposés aux établissements privés.

Par *établissements privés*, on entend ceux qui, étant fon-

---

préambule de l'édit de 1780, expose longuement l'intérêt qu'il y a pour les établissements publics à convertir leurs immeubles en rentes.

L'année dernière, une circulaire du ministre de l'intérieur revint sur cette idée, mais au lieu de se borner à un simple conseil, elle imposa, par une voie coercitive, aux commissions administratives des établissements de bienfaisance la vente de leurs immeubles. On y vit l'intention nettement formulée de réaliser le patrimoine immobilier des pauvres

Cette circulaire jeta, non sans raison, une vive alarme dans les esprits. Les hospices et les établissements de bienfaisance ont un droit de propriété sacré, et il n'appartient pas plus au gouvernement de le modifier que de l'anéantir. La tutelle administrative ne lui confère d'autre droit que d'accorder ou de refuser son autorisation à une vente projetée. Elle ne lui permet pas de la provoquer, encore moins d'y contraindre.

Au point de vue économique, la question est une simple question de fait. Il n'est pas juste de soutenir en principe que les établissements publics ont intérêt à vendre leurs immeubles pour acheter des rentes. Tout dépend de la nature des biens-fonds et de la condition d'existence des établissements auxquels ils appartiennent. Dans un grand nombre de circonstances, des fermes ou des bois constitueront pour les hospices une propriété plus avantageuse que des rentes. Que l'administration reste donc dans sa sphère en appréciant l'opportunité des aliénations et des acquisitions qui lui sont soumises, mais qu'elle ne prenne pas l'initiative : qu'elle laisse aux commissions administratives, si zélées et si indépendantes, le soin de déterminer si on doit aliéner et à quelles conditions. C'est en conformité de ces principes que fut rédigée une deuxième circulaire du ministère de l'intérieur, juste appréciatrice des droits et des intérêts des établissements publics.

dés par des particuliers, sont administrés par eux sans aucune intervention de l'autorité publique.

Un avis du conseil d'État du 17 janvier 1806 exige que
« tous les établissements de charité et de bienfaisance diri-
« gés par des sociétés libres, qui rassemblent dans un bâti-
« ment des femmes en couches, des malades et des orphe-
« lins, des vieillards et des pauvres, » soient autorisés par
décret rendu en conseil d'État, sur le rapport du ministre
de l'intérieur. Mais, dans la pratique administrative, on se
contente d'une simple autorisation du ministre ou même du
préfet, à l'égard des établissements qui reçoivent des indi-
gents gratuitement et sans aucun prix de pension.

Cette pratique semble avoir été confirmée par le décret de
décentralisation du 25 mars 1852. Ce décret a limité aux
*hôpitaux, hospices, bureaux de bienfaisance, monts-de-
piété*, les établissements de bienfaisance pour la création
desquels l'autorisation du chef de l'État était nécessaire.

Les établissements publics, au contraire, sont ceux qui,
fondés ou adoptés par l'État, les communes ou les départements, ont une administration dépendante de l'administration publique, et sont de tous points soumis à l'action de
l'autorité.

Entre les établissements privés et les établissements publics, il faut placer les établissements qui ont été déclarés
par un décret d'*utilité publique* (1). Ils diffèrent des établissements privés en ce qu'ils sont des personnes civiles
capables de recevoir et de disposer, et des établissements
publics, en ce qu'ils s'administrent eux-mêmes et ne relèvent
qu'indirectement du pouvoir central.

Les établissements publics ont pour but de répondre aux
divers besoins de la société.

_____

(1) Telles sont les sociétés de secours mutuels. (Décret du 26 mars
1852.)

Ainsi, relativement au culte, les fabriques d'église, les cures, les séminaires et les chapitres diocésains, les consistoires, etc.

Relativement à l'instruction publique, l'Université, les facultés, les académies, les écoles normales, les lycées, les collèges, écoles primaires.

Relativement à l'armée, les écoles militaires, l'administration des Invalides, la Légion d'honneur, etc.

Enfin la classe la plus nombreuse des établissements publics se compose des établissements et bureaux de bienfaisance, généraux, départementaux ou communaux, hospices, asiles, monts-de-piété, caisses d'épargne, etc., etc.

Quelles sont les règles prescrites pour les aliénations ?

Aux termes de la loi du 2 prairial an v sur les communes, qui fut déclarée applicable aux établissements publics, les établissements publics ne pouvaient faire aucune aliénation de leurs biens, sans y être autorisés par une loi. C'est ainsi que la loi du 23 novembre 1808 autorisa les hospices de différentes communes à faire des aliénations et des échanges, en stipulant le remploi en rentes sur l'État.

Il est à remarquer qu'aucune loi n'a abrogé formellement celle du 2 prairial an v, en ce qui concerne les établissements publics. Mais, déjà sous l'empire, le décret du 30 décembre 1809, art. 52, avait permis aux fabriques d'aliéner leurs biens avec l'autorisation de l'empereur. Le rétablissement de la tutelle administrative, sous la restauration, eut pour conséquence de replacer les établissements publics sous la dépendance immédiate de l'autorité royale. L'ordonnance du 31 octobre 1821, sur les hospices, renvoyait aux *règles actuellement en vigueur* pour les acquisitions, ventes, échanges, etc. Or, d'après les règles en vigueur, on vendait les biens des hospices avec la seule autorisation du ministre. Il est d'autant moins douteux que l'ordonnance se référait à cet usage que, dans le préambule, il est dit « *que le roi veut*

« *dispenser les hospices d'un trop fréquent recours à l'in-*
« *tervention du gouvernement.* »

Les mêmes principes furent appliqués à la même époque
aux établissements ecclésiastiques légalement reconnus. La
loi du 2 avril 1817 porte que « les immeubles ou rentes,
« appartenant à un établissement ecclésiastique reconnu par
« la loi, sont possédés à perpétuité par ledit établissement
« et sont inaliénables, à moins que l'aliénation n'en soit au-
« torisée par le roi. » Enfin, en 1825, la loi du 24 mai sur
les congrégations et communautés religieuses de femmes
permet aux établissements dûment autorisés d'aliéner leurs
biens immeubles ou rentes, *avec l'autorisation spéciale du
roi*.

Aujourd'hui même, l'autorisation du préfet suffit pour
aliéner les biens des établissements départementaux ou communaux. En effet, les préfets doivent statuer « sur tous les
« objets d'administration départementale, communale ou
« d'assistance publique, sauf les exceptions indiquées (1). »
Or parmi les exceptions figure seulement la *création d'établissements de bienfaisance*, d'où il suit que le droit d'autoriser les aliénations est compris dans les attributions du
préfet.

Mais cette attribution ne saurait s'étendre aux établissements publics qui appartiennent à l'État, tels que les Invalides, la Légion d'honneur, etc., et, en matière d'assistance
publique, aux établissements généraux de bienfaisance et
d'utilité publique (2), dont les aliénations doivent être autorisées par décret impérial.

(1) Décret du 25 mars 1852, tableau A, n° 25.
(2) Ce sont : 1° l'hospice des Quinze-Vingts ; 2° la maison de Cha-
renton ; 2° l'institution des jeunes Aveugles ; 4° l'institution des Sourds-
muets de Paris et celle des Sourds-muets de Bordeaux. Ces cinq établissements, qui, à la différence des établissements locaux, reçoivent

Ainsi, nul établissement, constitué en personne civile, ne peut aliéner sans autorisation. A l'égard des établissements non reconnus, ils ne peuvent demander d'autorisation, car leurs actes n'existent pas aux yeux de la loi. Leurs aliénations, de même que leurs acquisitions, ne peuvent être faites que par des individus déterminés.

L'administration supérieure est souverainement libre d'accorder ou de refuser son autorisation. Les règles qu'on voudrait lui tracer seraient arbitraires. Si elle n'a pas donné son approbation, la vente est nulle (1).

Lorsqu'un établissement public veut aliéner, il faut :

1° Que la commission administrative prenne une délibération tendant à cet effet, dans laquelle elle indique les avantages de l'aliénation projetée et l'emploi à faire du prix de la vente ;

2° Qu'elle fasse dresser un procès-verbal descriptif et estimatif de l'immeuble à aliéner, et de plus, un plan régulier des lieux, lorsqu'il s'agit d'un bien de quelque importance ;

3° Que ces pièces soient renvoyées au conseil municipal qui donne son avis (2) ;

4° Qu'elles soient ensuite transmises au sous-préfet de l'arrondissement. Ce magistrat fait procéder à une expertise et à une enquête, après quoi il donne son avis sur la demande ;

5° Enfin que ces mêmes pièces soient communiquées au préfet, qui donnera l'autorisation d'aliéner, ou soumettra avec son avis l'affaire au ministre, sur le rapport duquel le décret d'autorisation sera rendu.

des sujets de toutes les parties de la France, appartiennent à l'État et sont entretenus par lui.

(1) Décret du 24 octobre 1809.

(2) Loi du 18 juillet 1837, art. 21, § v.

La vente doit être faite par adjudication publique et aux enchères. Il est défendu aux administrateurs des biens des établissements publics de se rendre adjudicataires (1). La vente à l'amiable n'a lieu que si elle a été autorisée par le même acte que l'aliénation, et dans les trois cas exceptionnels où elle est permise aux communes.

L'autorité judiciaire est seule compétente pour statuer sur la validité des aliénations faites par les établissements publics. En effet, le mandat de l'administration est épuisé dès qu'elle a autorisé l'aliénation. D'ailleurs, c'est un principe que nous avons souvent répété, que les tribunaux ordinaires sont compétents sur toutes les matières dont la connaissance ne leur a pas été enlevée par une loi.

La prescription trentenaire est opposable aux établissements publics (art. 2227 C. Nap.). En matière de procédure, la péremption d'instance court contre eux, sauf leur recours contre les administrateurs (art. 398 C. pr.).

(1) Art. 1596 C. N. La même prohibition est applicable aux receveurs. (Instr. du min. des finances, du 18 juin 1841.)

CONCLUSION.

Nous avons achevé l'examen des règles qui concernent l'aliénation et la prescription des biens de l'État, des communes et des établissements publics, dans le droit ancien et moderne.

Résumons, avant de terminer, les principes généraux qui doivent ressortir de ce travail.

En quoi les lois sur l'aliénation et la prescription des biens de l'État dérogent-elles au droit commun? Telle est dans ses termes les plus généraux la question que nous nous sommes proposé de traiter.

Deux systèmes de législation se sont présentés à nous.

Dans un premier système, on considère les biens de l'État, des communes et des établissements publics comme devant être l'objet d'une faveur spéciale, parce qu'ils sont affectés aux besoins de la nation, et on leur accorde des priviléges que n'ont pas les propriétés particulières.

Dans un second système, au contraire, on considère que créer au profit de l'État, des communes et des établissements publics des priviléges, c'est briser l'unité de la législation, entraver les transactions, et on ne leur accorde pas de

21

droits plus étendus que ceux qui sont propres à tous les citoyens.

A Rome, le fisc avait des priviléges de pure faveur. Dans notre ancien droit, ces priviléges faisaient partie de la constitution politique du pays.

La législation qui nous gouverne aujourd'hui a-t-elle embrassé le système opposé?

Il faut distinguer : l'État, les communes et les établissements publics sont régis par des lois exceptionnelles, toutes les fois que les règles du droit commun porteraient atteinte au principe de la souveraineté. Ils sont soumis, au contraire, au droit commun, toutes les fois que la question de propriété est indépendante du principe de la souveraineté.

Or, qu'implique la souveraineté? Elle implique que l'État sera propriétaire de toutes les choses nécessaires à la sécurité du territoire, à la liberté et aux besoins généraux des citoyens.

D'où il suit que toutes les choses affectées à un service public seront l'objet de règles exceptionnelles, soit qu'elles appartiennent à l'État, aux communes ou aux établissements publics.

Mais la souveraineté n'implique nullement la propriété du sol : « *Imperium*, dit Wolf, *non includit dominium feudorum vel rerum quarumque civium.* » — *Au citoyen appartient la propriété et au pouvoir l'empire*, disait Portalis.

Telle est l'idée capitale de ce travail.

D'où il suit que les biens qui seront entre les mains de l'État, des communes et des établissements publics, sans avoir reçu d'affectation à un service public, n'obtiendront aucun privilége.

Mais si la souveraineté n'implique pas la propriété des biens des citoyens, elle implique un droit de police et de surveillance que Portalis appelait le *domaine éminent*.

A l'égard des communes et des établissements publics, le

domaine éminent se transforme en *tutelle administrative*, parce que les biens des communes et des établissements publics n'appartiennent pas seulement aux générations présentes, mais aux générations futures, et que le représentant des générations futures est le souverain.

De la souveraineté découlent donc deux choses : 1° l'inaliénabilité et l'imprescriptibilité du domaine public ; 2° la tutelle administrative.

Mais, dès que le principe de la souveraineté n'est plus en jeu, l'État, les communes et les établissements publics, assimilés à des particuliers, n'en diffèrent qu'en raison de leur personnalité civile.

L'exercice de leurs droits est soumis à des formes rigoureuses : leurs droits en eux-mêmes sont ceux de tous les citoyens.

Leurs biens sont aliénables, ils sont prescriptibles : sauf quelques particularités que nous avons signalées en matière de vente, les règles de leurs contrats sont conformes au droit commun.

Sous le rapport de la juridiction, ils relèvent des tribunaux administratifs pour la forme de l'acte ; mais les tribunaux judiciaires seuls sont compétents sur le fond.

Cette règle est sans exception, à l'égard des établissements publics. Elle en souffre une à l'égard des communes ; l'interprétation des partages est laissée au conseil de préfecture. En ce qui touche l'État, les adjudications et les concessions seules sont de la compétence administrative.

Il y a lieu de présumer que cette dernière anomalie disparaîtra bientôt, et que la juridiction administrative sera restreinte, ainsi qu'elle doit l'être, aux matières administratives dans lesquelles l'État agit comme représentant des intérêts publics.

Il n'y a donc plus, à proprement parler, de législation

domaniale. Il n'y a plus de législation spéciale aux communes et aux établissements publics.

Nous avons des lois qui tracent les règles auxquelles l'État, les communes et les établissements publics sont tenus de se conformer pour disposer valablement de leurs biens.

Mais cet ensemble de priviléges qui s'attachaient au domaine de la couronne, sous l'ancienne monarchie, pour lui donner un caractère sacré, a disparu avec la monarchie elle-même. L'inaliénabilité et l'imprescriptibilité des biens de l'État, les prérogatives des apanages, la révocabilité perpétuelle des engagements, le pouvoir politique des parlements, le droit du roi de porter sa cause devant la justice sans redouter l'autorité de la chose jugée, ont été effacés du droit public de la France, depuis que le roi a cessé d'avoir entre les mains le domaine de la couronne, comme un dépôt sacré dont il devait compte à ses successeurs.

L'assemblée constituante, en proclamant la séparation du roi et de la nation, en substituant une liste civile aux revenus que le roi tirait de ses domaines, a brisé avec les anciens principes. Depuis cette époque, le temps a emporté pièce à pièce les dernières immunités du domaine. La tendance constante de la législation a été de le ramener au droit commun. L'État a moins besoin de terres que de capitaux.

Le domaine de la couronne et les biens affectés à un service public conservent seuls, par leur inaliénabilité et leur imprescriptibilité, quelques vestiges des prérogatives qui s'étendaient jadis à toutes les propriétés de l'État.

Les communes, sans cesser d'être mineures, ont cessé de puiser dans la plénitude du pouvoir souverain la faculté de se faire restituer contre les aliénations qui leur auraient été désavantageuses, et ne voient plus se prolonger en leur faveur les délais ordinaires de la prescription.

Cette nouvelle législation, conforme aux besoins de notre

temps, comme celle qui l'a précédée était en rapport avec les besoins de la monarchie, offre plus de simplicité et moins d'entraves aux transactions.

Mais après avoir étudié, comme nous l'avons fait, l'ancien droit domanial, qui n'admirerait ces anciens principes du droit public, qui eurent pour interprètes l'Hopital et d'Aguesseau, qui, sous une monarchie absolue, ne permettaient pas au souverain de disposer d'un moulin de ses domaines, qui ordonnaient aux parlements d'opposer à ses volontés une résistance ferme mais respectueuse, et qui *dédiaient* et *consacraient* tellement *les rois au public*, selon la belle expression de Henri IV, que tout ce qui était acquis par le prince était immédiatement acquis par l'État ?

Le principe d'inaliénabilité peut être attaqué par les économistes. Il tarissait une des principales sources du revenu public en supprimant les mutations ; mais, en maintenant les grandes propriétés, il favorisait le développement de l'agriculture.

D'ailleurs, quand on étudie ce principe dans l'ancien droit, il ne faut pas le séparer de l'organisation financière du pays. L'inaliénabilité du domaine permit longtemps à la monarchie de se passer d'impôts. « Le domaine public, » disait le préambule de la loi du 1er décembre 1790, « a formé pen-« dant plusieurs siècles la principale et presque l'unique « source de la richesse nationale et il a longtemps suffi aux « dépenses du gouvernement... » Depuis le jour où le domaine de l'État a pu être aliéné, les impôts se sont multipliés à l'infini.

Si on juge la législation domaniale avant 1789 avec les idées et le sentiment des besoins de notre époque, on l'accusera de grandes imperfections. Mais si, pour l'apprécier, on se réfère à l'état politique de la France au moment où parut, en 1566, l'édit de Moulins, on reconnaîtra que cet édit fut un grand progrès sur le passé.

La législation domaniale, en effet, et c'est là le dernier caractère que nous en signalerons, a constitué l'unité française, soit par les provinces qu'elle a fait entrer dans le domaine de la couronne, soit par les idées qu'elle a fait prévaloir dans la nation. Si nos rois eussent pu conserver un domaine privé, ni la Champagne, ni la Navarre, ni la Bretagne, n'eussent jamais été réunies à la couronne : s'ils eussent pu disposer du domaine royal, à mesure qu'il s'étendait, l'incorporation lente et successive des fiefs, des villes et des provinces dans l'État n'aurait pas eu lieu.

Les grands principes de la constitution française sous la monarchie, l'inaliénabilité de la souveraineté, la distinction entre les droits régaliens et les droits féodaux, l'indépendance des communes vis-à-vis des seigneurs, et leur dépendance vis-à-vis du roi, le droit du roi de donner l'être aux assemblées dans ses états, son droit de protection sur les églises, furent proclamés et soutenus par tous les défenseurs du droit domanial, avant d'être mis en œuvre par la royauté.

L'histoire du pouvoir monarchique en France avant 1789, c'est l'histoire des priviléges inaliénables et des prérogatives sacrées du domaine de la couronne.

TABLE.

De l'aliénation et de la prescription des biens des communes.

De l'aliénation et de la prescription des biens des établissements publics.

—∞—

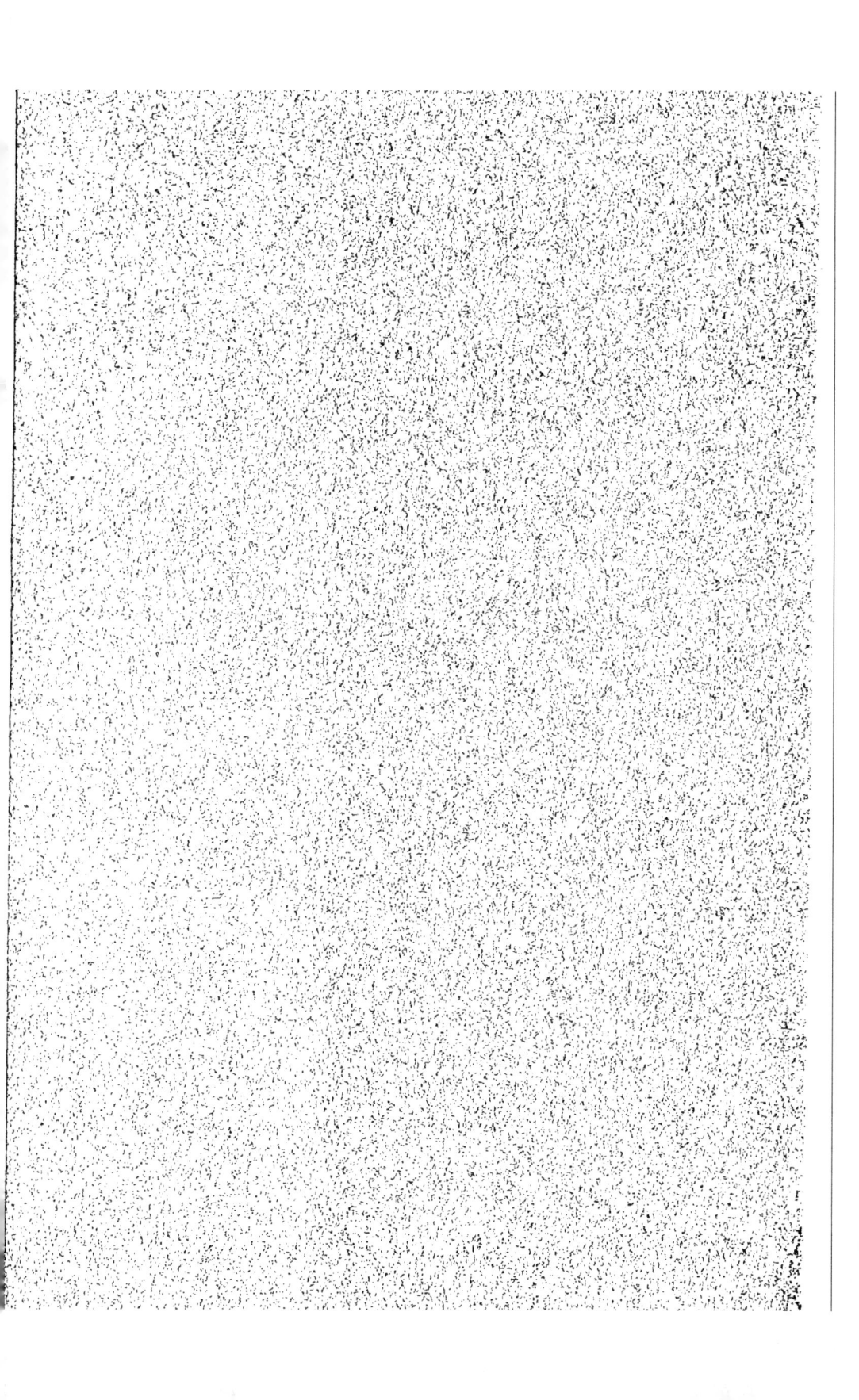

Imprimerie de W. REMQUET et Cie, rue Garancière, 5.

.

www.ingramcontent.com/pod-product-compliance
Lightning Source LLC
Chambersburg PA
CBHW060127200326
41518CB00008B/960